회사는 **엑셀**을 가르쳐주지 않아요

회사는 엑셀을 가르쳐주지 않아요

쏘피(박성희) 지음

메가스터디BOOKS

인턴 시절부터 시작해 입사 후 같은 부서에서 함께 일하면서 선배들에게 엑셀을 배우던 저자의 모습을 기억합니다. 이 책은 평범한 신입사원이었던 한 직장인이 단기간에 팀을 이끄는 든든한 전문가로 거듭난 비법의 기록이자, 지금의 위치에 이르기까지 저자가 치열하게 고민하고 노력해온 결과의 산물이라고 생각합니다.

디지털 전환(Digital Transformation)의 시대인 지금, 엑셀은 대부분의 기업에서 '업무의 기본'으로 인식되고 있습니다. 또한 사회에 첫발을 내딛는 분들이 첫 번째로 넘어야 할 높은 장벽이기도 합니다.

이 책은 눈이 휘둥그레질 정도의 고급 엑셀 기술보다는, 회사에서 처음으로 엑셀을 만나는 분들이 현실적으로 겪게 되는 어려움과 그에 대한 해결법을 친절한 선배의 마음으로 알려줍니다. 이 책을 만난 독자분들이 단순히 회사에서 사용할 엑셀 기술을 배우는 것에 그치지 않고, 엑셀을 통해 회사의 업무를 '이해'할 수 있게 되기를 바랍니다.

— 김찬호, LG전자 TV해외영업지원실장

사회 초년생인 제가 회사에서 업무 다음으로 가장 많이 한 일은 '엑셀 단축키', '엑셀 ~하는 법'을 검색하는 것이었습니다. 쏘피 님 말씀처럼 회사는 학교처럼 친절하게 하나하나 다 알려주지 않더라고요. 저처럼 '엑알못'이라 회사에서 힘들어하시는 사회 초년생분들! 두려워하지 말고, 주눅 들지 말고 공부하면 됩니다! 부장님, 과장님, 대리님 모두의 마음을 사로잡을 수 있는 강의이니 꼭 들어보세요.

— 어*님

강의 들으면서 가장 많이 했던 생각은 '아 나는 여태 이런 기능을 왜 몰랐을까?', '그동안 바보같이 노가다만 했네'였어요. 쓸데없는 내용이 하나도 없고 초보자의 눈높이에 맞춰서 이해하기 쉽게 설명해주셔서 좋았습니다.

— 윤*호 님

기초인 듯 중상급인 듯 정말 필요한 건 깊게 다루고, 자주 쓰지 않는 건 과감하게 뺀 커리큘럼입니다. 역시 한국인의 업무 스피드는 이런 데서 나오는 거였나 생각하게 되네요!

— 최*인 님

유튜브로 엑셀 강의를 찾아보면 내용이 너무 방대하고 지루해서 늘 다 보지 못하고 진척이 없었어요. 엑셀을 배우며 생기는 고민들을 유형별로 다 다뤄주시고 실용적으로 알려주시니 너무나 알찹니다. 사회 초년생과 후배들을 생각해 진심과 열정을 다해 만들어주신 게 느껴져요. 최고!!

— 김*현 님

컴활, 모스 같은 컴퓨터 관련 자격증은 있으나 실무는 말짱 꽝이었습니다. 쏘피 선생님을 만난 후 '하루빨리 강의 들을걸' 하며 후회했습니다. 정말 실무에 필요한 알짜배기 꿀팁들만 모아놓은 느낌입니다.

— 심*경 님

엑셀로 회사 생활에 위기를 맞은 저에게 한 줄기 빛과 같은 강의였습니다! 일은 안 풀리고 사무실에서 도움도 구할 수 없는 처지라 매일이 멘붕이었는데, 이젠 자신감이 붙어 일을 찾아서 하고 있어요. 다 필요 없고 이것만 알면 엑셀은 완전 정복입니다! 족집게 강의란 이런 거구나 싶어요!

- 장*영 님

단기간에 가장 효율적으로 기초와 실용을 모두 잡는 강의입니다. 유튜브에도 다양한 엑셀 강의들이 많지만 그 양이 너무 방대해서 하나하나 듣기에 부담스러웠는데, 쏘피 님의 강의는 실무에 꼭 필요한 것 위주로 짜여 있어 정말 효율적이고 알찹니다.

- ji**ng 님

저 같은 초보자들의 질문을 다 해결해주는 세심한 강의입니다. 실무 기초부터 응용까지 빼놓을 게 없는 강의였습니다. 회사에서 맞닥뜨릴 수 있는 여러 문제들, 간단하지만 센스 있게 업무 효율을 높이는 방법까지. 친한 선배가 아끼는 후배에게 해주는 조언 같아서 귀 기울여 듣게 되더라고요. 이직을 준비하면서 막연하게 엑셀에 대한 두려움이 있었는데, 이 강의를 통해 극복할 수 있었습니다.

-김*동 님

저는 회사 생활 10년 차 직장인입니다. 후배에게 이 강의를 선물하면서 내용을 훑어보니, 직장인들의 '실패의 역사'가 이 강의에 다 녹아 있는 것 같아서 선물하길 잘했다는 생각이 드네요. 입사 초기에 엑셀을 쓰면서 했던 실수나 궁금했던 점들을 정말 잘 설명해줍니다. 이 정도까지 알면 어디 가서 엑셀 못한다는 소리는 안 듣겠네요.

- 김*완 님

엑셀을 비롯한 여러 툴은 얼마나 많은 기능을 알고 있느냐보다는 어떻게 활용하느냐가 더 중요하다고 생각해요. 이런 면에서 쏘피 튜터님 수업은 정말 너무너무 좋았어요! 필요한 것만 딱딱 알려주시고 나아가 상황별로 어떻게 활용할 수 있는지도 알려주셔서, 엑셀을 처음 접하는 사람의 입장에서 이보다 더 쉽게 배울 수는 없을 것 같아요. 엑셀을 어느 정도 해봤다고 하시는 분들도 쏘피 님의 엑셀 활용법을 보면서 개념을 새롭게 재정립할 수 있는 기회가 될 수 있을 것 같아요.

- 제*님

취준생 때 엑셀이 중요하다는 이야기를 듣고 컴활 공부를 했었는데, 공부를 하면 할수록 엑셀이 어렵게 느껴졌어요. 결국 어정쩡하게 입사를 했는데, 어렵게 공부한 탓에 엑셀에 대한 두려움만 커져서 엑셀로 업무를 하라고 하면 괜히 주눅이 들더라고요. 하지만 이제는 엑셀에 대한 자신감이 생기니 회사를 다니는 제 마음가짐도 달라졌어요. 쏘피 님이 어찌 보면 제 삶을 바꿔주셨어요! 제 친동생이 입사한다고 하면 바로 이 강의부터 선물로 줄 거예요. 혹시라도 저처럼 엑셀에 대한 두려움이 있어 자신감 없이 회사를 다니고 있는 분들이 있다면 무조건 이 강의를 들어보세요!

- 박*현 님

10년 차 식상인입니다. 엑셀은 성날 평생을 따라다니네요. 10년이 지나도 계속 따라다닐 것 같습니다. 언제 한번 공부해놔야지 하고 미루고 또 미루고 있었는데, 쏘피 선생님 덕분에 더 이상 미루지 않게 됐습니다. 제가 여태 써왔던 엑셀은 그냥 메모장에 불과했네요.

- 김*주 님

얼마 전 원하던 회사에 신입으로 합격해서 급하게 엑셀이 필요해 이 강의를 들었습니다. 한마디로 '다른 동기들 몰래 저만 보고 싶은 강의'입니다. 대학 다닐 때 유튜브 보고 몇 번 끄적거려본 게 다인데, 확실히 회사에서 쓰는 엑셀은 다르네요. 이제 어디 가서 엑셀 좀 한다고 말할 수 있을 것 같아요!

- 윤*랑 님

입사를 앞두고 설렘과 동시에 '내가 일을 잘할 수 있을까?' 하는 두려움이 함께 몰려왔습니다. 회사에선 엑셀이 필수라는 이야기를 듣고서는, 시중에 나온 책으로 친구들과 스터디도 해보고 자격증 공부도 해보았습니다. 그러나 막상 실무에 투입되니 앞선 공부들은 실무와 동떨어져 있거나 활용하기 어려웠습니다. 이 책은 그 당시 저 같은 사람들에게 도움이 되었으면 하는 마음으로 쓰였습니다.

- 인턴십이나 입사를 앞두고 엑셀이 걱정되는 분
- 직무, 부서 이동으로 엑셀이 갑자기 필요해진 분
- 경력자라 주위에 엑셀을 물어보기 부끄러운 분
- 엑셀을 그저 하얀 모눈종이로만 쓰시는 분

8년 동안 현업에서 배운 실무 엑셀 스킬들과, 오랜 시간 강의해오며 익힌 노하우들을 집합해놓은 책입니다.

1. 복잡한 기능은 다 빼고 핵심만 빠르게

실무에 꼭 필요한 내용으로만 구성된 책입니다. 회사에서 쓰지 않는 기능은 하나도 없어요. 즉, 이 책에 있는 기능만 알면 실무에서 발생하는 많은 일들을 다 처리할 수 있습니다.

2. 실제 업무 상황에 맞춰 재밌게

함수의 정의나 사용법을 단순히 기계적으로 알려드리지 않습니다. 책의 모든 내용은 회사 생활에서 만나게 되는 상황들로 구성되어 있어요. 직장인이라면 '완전 공감!'을 외치실 테고, 예비 직장인이라면 '아, 회사에서는 저런 상황도 생길 수 있구나.' 하고 대비할 수 있을 거예요.

3. 입문자의 눈높이로 이해하기 쉽게

1:1 과외, 그룹 스터디, 대형 강의, 기업 출강, 탈잉 온·오프라인 클래스까지! 총 1만 명이 넘는 수강생을 가르친 노하우로 엑셀 입문자의 눈높이에 맞추어 쉽게 설명했습니다.

엑셀은 사회생활을 하면서 영어처럼 쓰이는 필수 공용 스킬입니다. 여러분이 이 책을 통해서 중요한 스킬을 얻어 조금 더 당당하게 사회에 나가시기를 희망합니다.

일러두기

1. 책에서 쓰인 프로그램은 오피스 365 버전입니다. 그러나 엑셀 2010~2021 모든 버전에 대응 가능합니다. 사용할 수 없는 버전은 별도로 안내를 해두었습니다.

2. 마우스보다는 키보드 단축키를 사용하는 것 중심으로 설명했습니다.

3. 책에서 설명하는 단축키 조작법은 두 가지 종류가 있습니다.

   ❶ '+' 로 결합해둔 단축키는 같이 누르는 키입니다.

   Ctrl + C : Ctrl 키를 누른 상태에서 C를 동시에 눌러야 한다는 뜻입니다.

   ❷ '→' 로 결합해둔 단축키는 순차적으로 누르는 키입니다.

   Alt → W → F → F : 이전 키를 누르고, 손을 뗀 이후에 다음 키로 넘어간다는 뜻입니다.

4. 맥북 사용자들을 위한 Mac 단축키도 추가했습니다.

실습자료 이용 방법

다음 QR코드를 스캔해 실습자료를 무료로 다운받을 수 있습니다. 실습 파일을 다운받아 책의 내용을 손으로 따라 하며 보시면 더욱 빠르게 엑셀을 익힐수 있습니다. 또한, 답안 파일을 통해 배운 것을 복습하거나 기능이 제대로적용되었는지 확인해보시는 것도 좋습니다.

▼ 실습자료 다운받기

자, 그럼 이제 같이 엑셀을 배우러 가볼까요? ☺

차례

CHAPTER 01

엑셀을 모눈종이로 쓰는 당신께

CHAPTER 02

데이터의 기본 : 필터, 틀 고정, 조건부 서식

CHAPTER 03

수식과 함수를 잘 쓰기 위한 기초 다지기

CHAPTER 04

실무자를 위한 날짜 서식 사용법

CHAPTER 05

가정법 IF의 변신 그리고 절.대.참.조!

CHAPTER 06

VLOOKUP만 잘 써도 '엑셀 할 줄 안다!'

CHAPTER 07

VLOOKUP만큼 많이 쓰이는 SUMIF

CHAPTER 08

데이터 분석의 치트키, 피벗테이블

CHAPTER 09

칼퇴를 위한 필살기 모음

CHAPTER 10

숫자보다 그림이 직관적이다, 차트 만들기

CHAPTER 11

공동 작업에 최적화된 구글 스프레드시트

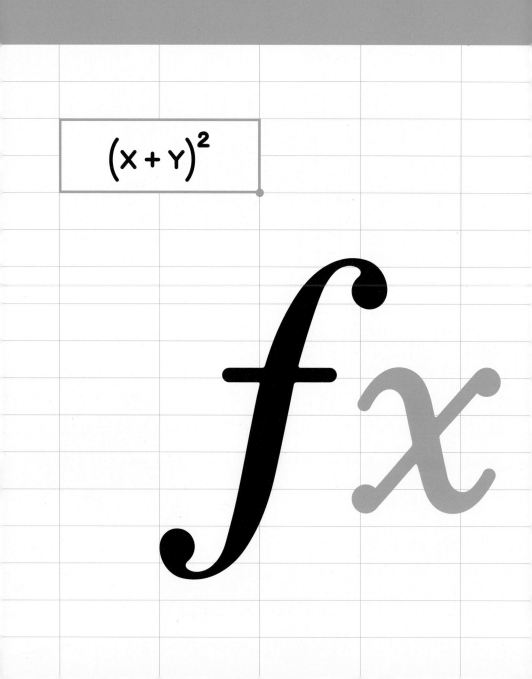

엑셀을
모눈종이로 쓰는
당신께

엑셀이 어렵고 재미없는 프로그램이라고 생각하셨나요? 사실 그렇지 않습니다. 기초 원리부터 잘 이해한다면, 엑셀은 여러분이 생각하는 것보다 훨씬 재미있고 유용한 프로그램입니다. 그러나 이제까지 우리는 엑셀을 처음 시작하는 것이 두려워서, 실무에서 체계적이지 않게 배운 탓에, 각종 오류들의 발생 이유를 몰라서 엑셀을 어려운 프로그램이라고 생각했던 거죠.

Chapter 1에서는 엑셀에 대한 두려움을 타파해볼 겁니다. 엑셀을 전혀 모르는 분은 물론이고, '내가 그래도 이 정도는 알지!' 생각하시는 분들도 놓치고 있었던 기초를 탄탄하게 다질 수 있습니다. 자, 그럼 시작해볼까요?

01 기초가 튼튼해야 당황할 일이 없다

"빼곡하게 많은 메뉴… 메뉴의 모든 기능을 알 수도 없고, 알 필요도 없다."

리본 메뉴

구성요소 [1] 리본 메뉴 • • •

엑셀을 구성하고 있는 큰 구성 요소 3가지 중 가장 먼저 살펴볼 항목은 '리본 메뉴'입니다. 엑셀을 시작하면 가장 처음 두려워하는 게 바로 이 상단에 있는 툴 박스죠.

'리본 메뉴'라고 부르는 이 박스는 엑셀의 모든 기능이 모여 있는 메뉴판 같은 역할을 합니다. 빼곡하게 많은 메뉴들이 있어서 '이걸 다 알아야 하는 건가?' 하고 겁먹을 수 있는데, 그렇지 않습니다. 이 모든 것을 알 필요는 없습니다.

우리는 [홈] 탭을 가장 자주 쓰게 될 예정이고, 나머지 [삽입], [페이지 레이아웃] 등의 다른 탭들은 이후 필요한 기능을 쓸 때에만 알려드릴게요. 우선은 이 툴 박스를 '리본 메뉴'라고 부른다는 걸 기억합시다.

리본 메뉴가 사라졌다?

우리를 당황하게 만드는 것 중 하나가 바로 이 리본 메뉴가 사라지는 현상입니다. 리본 메뉴에 있는 도구를 사용해야 하는데, 리본 메뉴가 사라져버린 거죠. 이런 현상을 '리본 메뉴가 축소되었다'고 합니다.

최상단에 있는 탭 이름을 더블클릭하면 리본 메뉴가 사라집니다. 또는 탭 안에 비어 있는 미색 바탕을 우클릭한 후 [리본 메뉴 축소] 옵션을 클릭해도 리본 메뉴가 사라집니다.

▼ 탭을 더블클릭하거나 탭 내 미색 바탕을 우클릭하면 '리본 메뉴 축소'를 할 수 있다.

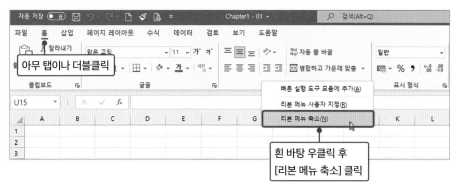

리본 메뉴가 축소되면 최상단에 있던 탭들의 이름만 표시되고, 탭 하단에 있던 도구 아이콘들은 보이지 않습니다. 아이콘을 다시 보기 위해서는 각 탭을 누르면 됩니다. 만약에 리본 메뉴를 원상태로 고정하고 싶다면, 다시 탭을 더블클릭하거나 미색 바탕을 우클릭해서 [리본 메뉴 축소] 옵션을 해제하면 됩니다.

▼ 리본 메뉴를 축소하면 탭 하단 아이콘들이 표시되지 않아서 화면을 넓게 볼 수 있다

'리본 메뉴 축소'는 어떨 때 사용할까요? 엑셀 시트 화면을 더 크게 보면서 작업하고 싶을 때 사용하기도 하고, 또는 개인마다 설정해두는 취향 차이도 있습니다. 정해진 정답은 없으니, 각자의 선호대로 설정하면 됩니다.

구성요소 [2] 셀

이번에는 본격적으로 엑셀 시트 내 구성 요소를 살펴보겠습니다. 엑셀이라고 하면, 네모난 칸들이 빼곡하게 있는 모습이 연상될 텐데요. 이 네모 칸 하나를 '셀(Cell)'이라고 부릅니다. 엑셀을 구성하는 가장 기본적인 구성 요소라고 할 수 있습니다.

▼ 네모 칸 하나를 '셀'이라고 부른다.

각 셀에는 이름이 있습니다. 셀의 이름은 각 열과 행의 좌표로 정해지며, 좌측 상단에 있는 '이름 상자'에서 쉽게 확인할 수 있습니다. 엑셀 안에서 위치를 설명할 때 "여기 이거요~ 저쪽 저거요~" 이렇게 이야기하지 않고, 이름 상자에 보이는 이름으로 칭하면 서로 명확하게 이해할 수 있습니다.

▼ 각 셀은 열과 행의 위치에 따른 이름을 가지고 있다. (C열의 14행 : C14셀)

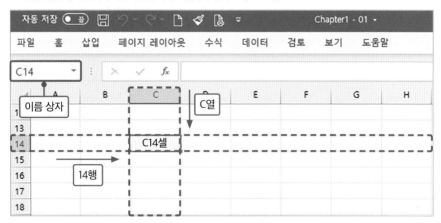

CHAPTER 1 엑셀을 모눈종이로 쓰는 당신께

셀 병합하기

그렇다면 셀은 항상 한 칸으로만 구성되어 있는 걸까요? 그렇지 않습니다. 우리는 언제든지 여러 칸의 셀을 하나로 합칠 수 있습니다. 그 작업을 '셀을 병합한다'고 표현합니다. 셀 병합은 합치고 싶은 셀의 범위를 드래그하여 선택한 후, [홈] 탭에 있는 [🖿병합하고 가운데 맞춤] 아이콘을 클릭하면 됩니다. 이렇게 병합을 하면 여러 개의 셀이 하나의 큰 셀이 되는데, 이런 셀 병합 기능은 표의 양식을 예쁘게 만들 때 유용하게 사용할 수 있습니다.

▼ C19셀과 D19셀을 드래그로 선택한 후, [홈] 탭 > [병합하고 가운데 맞춤]을 클릭하면 한 칸이 된다.

셀 삽입/삭제하기

셀을 새로 삽입하거나 삭제할 때는 열 단위 또는 행 단위로 진행하는 것이 편합니다. 열을 선택하고, 우클릭하면 [삽입]과 [삭제] 항목이 있습니다. [삭제]를 클릭하면 선택한 열이 삭제되고, [삽입]을 선택하면 선택한 열의 '왼쪽'에 새로운 열이 삽입됩니다.

▼ [열 선택 > 우클릭 > 삽입]을 누르면 선택한 열 왼쪽에 새로운 열이 삽입된다.

TIP 열 또는 행을 선택하는 방법

마우스를 열 상단의 알파벳 부분이나 행 좌측의 숫자 부분에 가까이 가져가면 포인터의 모양이 화살표 (⬇ 또는 ➡)로 변하는데요, 이때 클릭하면 해당 열 또는 행의 전체 영역을 선택할 수 있습니다.

행도 마찬가지입니다. 행의 영역을 선택하고, 우클릭 후 [삽입]을 선택하면 '위쪽'에 새로운 행이 삽입됩니다. 평소 업무에서 행과 열의 [삭제/삽입]을 많이 사용한다면 아래의 단축키를 외워둬도 좋습니다.

열/행 선택 후 ── 열/행 삽입 : Ctrl + + 또는 Ctrl + Shift + + [Mac] : Cmd + Shift + +
  └ 열/행 삭제 : Ctrl + - [Mac] : Cmd + -

열과 행의 너비 조정하기

혹시 아래 표에서 ###을 보고 에러가 난 게 아닐까 걱정하셨나요? 걱정하지 마세요. 아주 쉽고 간단하게 수정할 수 있습니다. ### 표시는 셀 안의 내용을 모두 표현하기에 열의 너비가 좁다는 뜻입니다.

▼ ###을 보고 에러가 났다고 미리 겁먹지 말자! 그저 좁아서 그렇다.

	O	P	Q	R	S
10					
11					
12		판매처	1월	2월	
13		백화점	200	300	
14		아울렛	300	400	
15		온라인	1000	###	
16		직영점	400	300	
17		합계	1900	###	
18					

열의 너비는 세 가지 방법으로 넓혀줄 수 있습니다. ❶마우스 포인터를 열의 가장자리에 가까이 가면 양방향 화살표(✛)로 바뀌는데, 이때 클릭 후 드래그하며 너비를 조절합니다. 또는 ❷너비를 조정하고자 하는 열을 우클릭한 후 열 너비를 숫자로 직접 입력하는 방법, ❸열 오른쪽을 더블클릭해 셀에 입력된 텍스트의 길이에 맞춰 너비를 변경하는 방법도 있습니다.

▼ 마우스 드래그 또는 더블클릭으로 조절하거나, 숫자를 입력해 정밀하게 조정할 수도 있다.

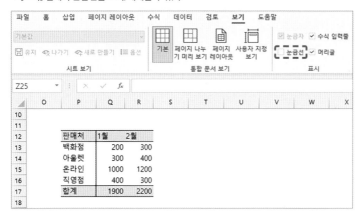

방법 ❶		P	Q	R	S
10					
11					
12		판매처	1월	2월	
13		백화점	200	300	
14		아울렛	300	400	
15		온라인	1000	###	
16		직영점	400	300	
17		합계	1900	###	
18					

방법 ❷		P	Q	R	S
	열 너비 ? ✕				
11					
12	열 너비(C): 3.88			2월	
13	확인 취소		0	300	
14			0	400	
15		온라인	1000	###	
16		직영점	400	300	
17		합계	1900	###	
18					

행의 높이도 같은 방법으로 조정 가능하며, 열이나 행 하나씩뿐만 아니라 여러 열이나 행을 한꺼번에 선택해서 늘리고 줄이는 것도 가능합니다. 보기 좋은 표를 만들 때, 열의 너비와 행의 높이는 꽤나 중요하답니다. 위의 방법을 이용하면 빠르고 쉽게 표를 깔끔히 정돈할 수 있을 거예요.

눈금선 없애기

왜 엑셀은 항상 모눈종이처럼 보일까요? A4 용지처럼 새하얗고 깔끔한 화면을 보고 싶다면 어떻게 하면 될까요?

엑셀은 굉장히 직관적입니다. '보는 것'과 관련 있는 기능이기 때문에 [보기] 탭에서 찾아볼 수 있습니다. [보기] 탭에 있는 [눈금선]을 클릭하면 모눈종이 같은 가이드선이 보이고, 클릭을 해제하면 A4 용지처럼 선 없는 화면으로 볼 수 있습니다.

▼ [보기] 탭에서 눈금선을 표시/해제할 수 있다.

저는 주로 완성된 표를 보고할 때, 깔끔하게 눈금선 없이 설정해두고 사용합니다. 만약 엑셀 작업을 하면서 가이드선이 필요한 경우에는 다시 눈금선을 클릭해서 사용하면 되겠죠?

구성요소 [3] 시트 •••

마지막으로 '시트'에 대해서 알아보겠습니다. 셀들이 모여 구성된 커다란 하나의 종이, 대지를 엑셀에서는 '시트'라고 부릅니다. 말 그대로 종이라는 뜻이죠. 하나의 엑셀 파일 안에는 시트가 한 개만 있는 것이 아니라 여러 개의 시트가 있을 수 있습니다.

시트 삽입/삭제하기

그럼 시트를 한번 만들어볼까요? 시트 가장 우측에 있는 ⊕ 버튼을 클릭하면 새로운 시트가 생성됩니다. 엑셀 2010과 이전 버전은 🖧 아이콘 클릭!

▼ 시트 우측 끝 + 버튼을 누르면 새로운 시트가 삽입된다.

그럼 삭제는 어떻게 할까요? 시트를 우클릭한 후 [삭제]를 클릭하면 해당 시트가 사라집니다.

시트의 위치 이동하기

만약 [★주의사항] 시트를 [시트복사]의 오른쪽에 두고 싶다면 시트명을 드래그해서 옮기면 됩니다. 시트를 클릭한 후 원하는 위치까지 드래그&드롭 하면 원하는 위치로 이동할 수 있습니다.

▼ 옮기고 싶은 시트를 마우스로 클릭 후, 원하는 위치로 드래그&드롭 하면 시트의 위치를 바꿀 수 있다.

시트 이름 바꾸기

시트명을 더블클릭하면 이름을 바꿀 수 있습니다. 앞에서 새로 생성했던 [Sheet1]의 이름을 변경해보도록 할게요. [Sheet1]을 더블클릭한 후 '연습'이라고 입력하고, Enter 키를 누르면 시트 이름이 변경된 걸 확인할 수 있습니다.

▼ 시트를 더블클릭 > 변경할 이름을 입력하고 Enter 키를 눌러주면 이름이 변경된다.

| 1-1.튼튼기초 | 리본메뉴와 셀 | 시트 | 시트복사 | ★주의사항 | Sheet1 | ⊕ |

| 1-1.튼튼기초 | 리본메뉴와 셀 | 시트 | 시트복사 | ★주의사항 | 연습 | ⊕ |

각 시트에 어떤 내용이 들어 있는지 알기 쉽게 이름을 지정해두는 것이 좋습니다. 이름을 잘 정해서 파일 정리를 해두면, 여러분뿐만 아니라 파일을 공유해서 보는 동료들도 각 시트의 내용을 파악하기가 훨씬 쉬워질 거예요.

시트 색깔 바꾸기

이번에는 시트에 색깔을 한번 넣어보겠습니다. 시트명을 우클릭하고, [탭 색]을 클릭하면 여러 가지 색깔을 적용할 수 있습니다.

▼ 시트를 우클릭한 후 [탭 색]을 눌러 원하는 색으로 변경할 수 있다.

이 기능은 주로 주의사항 같은 것들을 표시할 때 사용합니다. 예를 들어 중요하게 알고 있어야 하는 내용은 눈에 잘 띄는 빨간색으로 보여주는 거죠. '이거 꼭 보세요!'라고요. 또는, 제가 아래에 활용해둔 것처럼 종이와 종이 사이에 간지/표지와 같은 기능으로 사용하기도 합니다. 이렇게 정리해두면 엑셀 파일을 열었을 때 시트만 보고도 시트의 구성을 파악하기가 쉽거든요.

▼ 읽는 사람의 주의를 끌기 위해서 시트에 색을 넣어준다.

| 1-1.튼튼기초 | 리본메뉴와 셀 | 시트 | 시트복사 | ★주의사항 | 연습 | ⊕ |

시트 복사하기

[시트복사] 시트에 있는 서울 표의 양식이 마음에 들어서, 이 양식으로 다른 지역의 표도 만들고 싶다고 가정해보겠습니다. 그러면 새로 시트를 만들어서 또 다시 이 표를 그려야 할까요? 아니죠!

▼ 아래 표가 마음에 들어서 똑같은 양식으로 '경기도' 버전을 만들고 싶다.

	A	B	C	D	E	F	G	H	I	J
2										
3										
4		서울	2025년	2026년	2027년	2028년	2029년	2030년	합계	
5		A								
6		B								
7		C								
8		D								
9		E								
10		F								
11		G								
12		H								
13		I								

마음에 드는 시트를 그대로 복사해 사용하면 됩니다. 복사하고 싶은 시트인 [시트복사]를 클릭하고, Ctrl 을 누른 상태로 마우스 좌클릭을 합니다. 그 상태에서 원하는 방향으로 드래그&드롭 하면 [시트복사(2)]라는 새로운 시트가 생깁니다. [Mac] : Option 누른 상태로 드래그

▼ Ctrl 을 누른 상태로 시트를 드래그&드롭 하면 시트가 복사된다. [Mac] : Option

| 1-1.튼튼기초 | 리본메뉴와 셀 | 시트 | 시트복사 | R★주의사항 | 연습 | ⊕ |

| 1-1.튼튼기초 | 리본메뉴와 셀 | 시트 | 시트복사 | 시트복사 (2) | ★주의사항 | 연습 | ⊕ |

완전히 똑같은 시트가 하나 더 만들어졌습니다. 새로 생성된 시트에서 '서울'이라고 입력되어 있던 부분을 '경기'로 바꾸기면 하면 됩니다. 이렇게 간단하게 새로운 표를 만들 수 있어요!

시트 그룹화하기 (시트 동시에 선택하기)

시트 복사하기를 통해 서울, 경기도, 강원, 부산 표를 모두 같은 양식으로 만들었다고 가정해보겠습니다. 그런데 갑자기 팀장님이 합계 열의 노란색이 이상하다고 회색으로 바꿔달라고 하시네요.

▼ 팀장님이 오른쪽 합계에 칠해진 노란색을 회색으로 바꾸자고 하셨다. 모든 시트를!

	A	B	C	D	E	F	G	H	I	J
2										
3										
4		서울	2025년	2026년	2027년	2028년	2029년	2030년	합계	
5		A								
6		B								
7		C								
8		D								
9		E								
10		F								
11		G								
12		H								
13		I								

그럼 이 시트들을 다시 일일이 클릭해서, 범위 선택해서 회색으로 바꾸고, 또 바꾸고, 또 바꿔야 할까요? 그렇지 않죠. 빠르게 한 번에 진행해봅시다.

방법은 간단합니다. 시트를 동시에 선택해서 그룹화하는 겁니다. Ctrl 이나 Shift 키를 누른 상태에서 각각의 시트를 클릭하면, 해당 시트들이 함께 선택됩니다. 컴퓨터에서 폴더를 다중 선택할 때 쓰는 것과 동일합니다. [Mac] : Ctrl = Cmd, Shift = ⇧Shift

Shift를 누른 상태에서 [리본메뉴와 셀] 시트와 [연습] 시트를 선택하면, 그 사이에 있는 모든 시트가 흰색으로 변경된 것 보이시나요? 다중 선택되었다는 뜻입니다.

▼ Shift를 누른 상태에서 [리본메뉴와 셀]과 [연습]을 클릭하면 그 사이에 있는 모든 시트가 그룹화된다.

Ctrl을 누른 상태에서 시트를 누르면, 각 시트를 개별적으로 선택해서 그룹화할 수 있습니다.

▼ Ctrl을 누른 상태에서 시트를 각각 클릭하면, 해당 시트끼리만 그룹화된다.

그룹화된 시트들은 우리가 어떠한 기능을 한 시트에 적용하면, 선택된 전체 시트에 해당 기능이 똑같이 적용됩니다.

[시트복사]와 [시트복사(2)]를 그룹화한 상태에서, [시트복사]에서만 합계 열(I열)의 색을 회색으로 변경해보겠습니다. 우리는 하나의 시트만 색을 변경했는데, [시트복사(2)]에서도 합계 열 부분이 똑같이 회색으로 변경된 것을 확인할 수 있습니다.

▼ [시트복사]와 [시트복사(2)]를 그룹화하면, 한 시트에서만 합계 열을 회색으로 변경해도 다른 시트에도 똑같이 적용된다.

	A	B	C	D	E	F	G	H	I
2									
3									
4		서울	2025년	2026년	2027년	2028년	2029년	2030년	합계
5		A							
6		B							
7		C							
8		D							
9		E							

시트 그룹화를 잘 활용하면 불필요한 반복 작업을 줄일 수 있습니다. 그룹화를 해제하고 싶을 때는, 그룹화되어 있는 시트 중 아무 시트나 우클릭해서 [시트 그룹 해제]를 클릭해주면 됩니다.

시트 간 이동하기

이번에는 우리가 보는 시트 화면을 이동하는 법을 알아보겠습니다. 업무를 하다 보면, 한 파일 내에서 여러 시트를 왔다 갔다 하며 일하는 경우가 많답니다. 물론 가장 쉽게는 마우스로 시트명을 클릭해서 이동해도 됩니다.

▼ [연습] 시트를 보고 싶으면, [연습] 시트를 마우스로 클릭하면 된다.

| 1-1.튼튼기초 | 리본메뉴와 셀 | 시트 | 시트복사 | 시트복사 (2) | ★주의사항 | 연습 | ⊕ |

실무에서는 워낙 시트 이동을 많이 하기 때문에 아래의 단축키를 알아두시면 조금 더 빠르게 업무를 처리할 수 있습니다.

■ **시트 좌측 이동**

[Ctrl] + [Page Up] 또는 [Ctrl] + [Fn] + [↑]

[Mac] : [Option] + [←]

■ **시트 우측 이동**

[Ctrl] + [Page Down] 또는 [Ctrl] + [Fn] + [↓]

[Mac] : [Option] + [→]

그럼 여기까지 엑셀을 구성하는 리본 메뉴와 셀, 시트에 대해서 알아보았습니다.

데이터가 숨어버렸다

"오른쪽에 있는 판매량 상세 데이터는 화면에 안 보였으면 좋겠다."

◇ 쏘피패션 1분기 유통별 판매량

	1월	2월	3월	합계
백화점	302	380	358	1,040
아울렛	38	420	442	900
온라인	161	142	284	587
직영점	253	259	304	816
합계	754	1,201	1,388	3,343

(수량: 개)

◇ 쏘피패션 1분기 판매량

판매처	분류	사이즈	원산지	수량	금액	월
백화점	바지	S	중국	15	450,000	2월
백화점	치마	M	중국	26	1,040,000	3월
직영점	치마	L	베트남	21	525,000	1월
온라인	바지	XL	베트남	66	1,980,000	1월
아울렛						3월
아울렛						2월
직영점						2월
온라인						1월
직영점						1월
아울렛	바지	L	중국	85	2,125,000	2월
백화점	바지	M	한국	65	1,950,000	1월
백화점	치마	M	일본	11	550,000	1월
아울렛	원피스	M	중국	75	2,625,000	2월

데이터는 필요하지만, 굳이 화면에 띄워두고 싶진 않다

셀 숨기기 ● ● ●

쏘피패션의 1분기 유통별 판매량 표와 판매량 상세 데이터가 있습니다. 이 엑셀 시트를 화면에 띄워놓고, 팀장님께 유통별 판매량에 대해 보고하려 합니다. 그런데 오른쪽의 판매량 상세 데이터는 굳이 보여드릴 필요가 없을 것 같아요. 혹시 모르니까 삭제는 하지 않되, 깔끔하게 화면에서만 안 보이도록 하고 싶습니다.

우리가 숨기고 싶은 내용은 J열~P열에 있습니다. 방법은 간단합니다.

■ 열 숨기기
❶ J열~P열 선택
❷ 우클릭 → [숨기기] 클릭

▼ 숨길 열의 범위를 드래그해 우클릭한 후 [숨기기]를 누르면 해당 열을 숨길 수 있다.

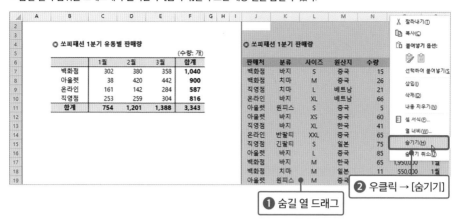

① 숨길 열 드래그

② 우클릭 → [숨기기]

TIP 열 또는 행을 선택하는 방법

마우스를 열 상단 알파벳 부분이나, 행 좌측의 숫자 부분에 가까이 가져가면 포인터의 모양이 화살표(⬇ 또는 ➡)로 변합니다. 이때, 클릭하면 해당 열 또는 행의 전체 영역을 선택할 수 있습니다.

데이터가 사라졌어요! 삭제한 것이 아니라 숨긴 것입니다. 숨긴 열을 보면 미세한 선이 두 줄 그어져 있는데요, 이는 접혀 있다는 표시입니다. 데이터를 숨긴 부분은 알파벳도 같이 숨겨져서 순서도 맞지 않죠.

▼ J열~P열이 숨겨지고, 해당 열 부분에 이중선이 생긴 것을 확인할 수 있다.

	A	B	C	D	E	F	G	H	Q	R
2										
3										
4		◎ 쏘피패션 1분기 유통별 판매량								
5						(수량: 개)				
6			1월	2월	3월	합계				
7		백화점	302	380	358	1,040				
8		아울렛	38	420	442	900				
9		온라인	161	142	284	587				
10		직영점	253	259	304	816				
11		합계	754	1,201	1,388	3,343				
12										
13										

숨긴 열을 다시 화면에 보이게 하고 싶다면 어떻게 할까요? 이중선을 감싸서 드래그한 후에 우클릭 → [숨기기 취소]를 누르면, 숨어 있던 부분이 원래대로 펼쳐지게 됩니다. 생각보다 많이들 헷갈려 하는 부분입니다. 이중선만 우클릭한다거나, 이중선 옆의 열만 우클릭하면 숨기기 취소가 되지 않습니다. 꼭 이중선을 감싸서 드래그해주세요!

▼ 숨겨진 부분의 이중선을 포함한 채로 열을 드래그한 후에, 우클릭 > [숨기기 취소] 한다.

동일한 방법으로 행도 [숨기기]와 [숨기기 취소]가 가능합니다. 이렇게 행 단위, 열 단위로 셀을 숨길 수 있습니다.

셀 숨긴 걸 표시하면서 숨기는 방법　　● ● ●

방금 배운 '숨기기' 기능을 사용하면, 화면에서 해당 열 또는 행이 아예 안 보이게 됩니다. 물론 이중선의 유무를 통해 숨겨져 있다는 것을 확인할 수는 있지만, 자세히 들여다보지 않으면 인지하기가 쉽지 않습니다.

그래서 이번에는 '셀을 숨겼다는 걸 표시하면서 숨기는 방법'에 대해서 알아보려고 합니다.

데이터 그룹 만들기

이전 화면과 마찬가지로 쏘피패션의 1분기 유통별 판매량 표와 상세 데이터가 있습니다. 이번에는 J열~P열을 숨긴 것을 표시하면서 숨겨보겠습니다.

■ **데이터 그룹 만들기**

❶ J열~P열 선택

❷ [데이터] 탭 → [그룹] → [그룹] 클릭

▼ 숨길 열을 드래그한 후, [데이터] 탭 > 개요 부분의 [그룹] > [그룹]을 클릭한다.

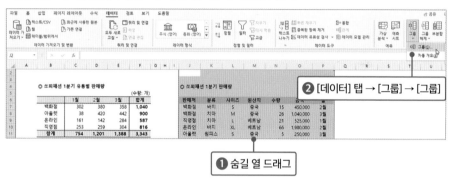

시트 위에 공간이 생기면서 긴 줄과 마이너스 표시가 생깁니다. − 버튼을 클릭하면 긴 줄하단의 열이 접히면서 데이터가 숨겨지고, + 버튼을 클릭하면 다시 열립니다. 데이터 그룹을 사용하면, 이렇게 어디에 무엇을 숨겨두었는지 책갈피처럼 표시되기 때문에 쉽게 알 수 있답니다.

▼ 데이터 그룹을 설정한 열 상단에 긴 선과 − 버튼이 생겼다.

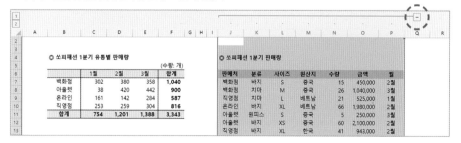

▼ – 버튼을 클릭하면 해당 열이 숨겨지고, + 버튼을 클릭하면 다시 보이게 된다.

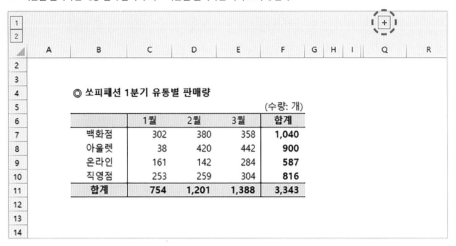

추가로 J열~P열 옆에 있는 S열~U열도 데이터 그룹으로 지정해보겠습니다. 그러면 각각 + 버튼과 – 버튼이 생기게 됩니다. 각각의 버튼을 이용해서 그룹별로 접었다 폈다 하는 것도 가능하고, 좌측에 있는 1, 2 숫자 버튼으로 두 그룹을 동시에 열고 닫는 것도 가능합니다.

▼ 데이터 그룹을 지정한 열을 +, – 버튼으로 각각 별도 조작도 가능하고, 좌측의 숫자 버튼으로 동시 조작도 가능하다.

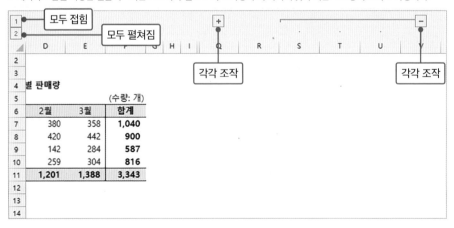

하위 데이터 그룹 만들기

눈치가 빠른 분들이라면 좌측의 숫자에 대해서 의문을 품으셨을 수도 있습니다. 왜 +, − 버튼이 아니라 1과 2라는 숫자로 되어 있을까요? 그 이유는 바로 3, 4, 5도 생길 수 있기 때문입니다. 데이터 그룹으로 숨긴 열 안에 열을 또 그룹하면, 그 안에 하위 그룹이 생기게 됩니다. 예를 들어, 그룹으로 묶어둔 J열~P열 사이에 있는 L열~N열을 데이터 그룹으로 지정해보겠습니다. 그러면 마찬가지로 L열~N열도 +, − 버튼이 생기는 것과 동시에 좌측 상단에 3이라는 숫자가 생긴 것을 확인할 수 있습니다.

▼ 데이터 그룹으로 지정된 범위 안에 한 번 더 데이터 그룹을 지정하면 하위 그룹이 생긴다.

판매처	분류	사이즈	원산지	수량	금액	월
백화점	바지	S	중국	15	450,000	2월
백화점	치마	M	중국	26	1,040,000	3월
직영점	치마	L	베트남	21	525,000	1월
온라인	바지	XL	베트남	66	1,980,000	2월
아울렛	원피스	S	중국	5	250,000	3월
아울렛	바지	XS	중국	60	2,100,000	2월
직영점	바지	XL	한국	41	943,000	2월

◎ 쏘피패션 1분기 판매량

별 판매량 (수량: 개)

2월	3월	합계
380	358	1,040
420	442	900
142	284	587
259	304	816
1,201	1,388	3,343

마찬가지로 +, − 버튼으로 각각 조작할 수도 있지만, 1을 누르면 모든 그룹이 동시에 접히게 되고, 2를 누르면 중간 단계까지만, 3을 누르면 모든 그룹이 한 번에 펼쳐집니다.

▼ 좌측 상단의 1, 2, 3번 버튼에 따라서 숨기는 범위가 달라진다.

행 기준으로도 동일하게 데이터 그룹을 만들어서 사용할 수 있고, 행과 열을 동시에 데이터 그룹하는 것도 가능합니다.

데이터 그룹 해제하기

데이터 그룹을 해제하고 싶을 때는 그룹 전체를 다 열어둔 상태에서 해당 범위를 드래그한 후 [데이터] 탭 → [그룹 해제] → [그룹 해제]를 클릭합니다. 접힌 상태에서 [그룹 해제]를 클릭하면, 열이나 행은 여전히 숨겨져 있는 '숨기기' 상태 그대로 데이터 그룹 기능만 없어집니다. 따라서 다시 해당 영역을 우클릭한 후 [숨기기 취소] 해야 하기 때문에, 전체를 열어둔 상태에서 그룹 해제하는 것을 추천합니다.

▼ 데이터 그룹을 다 열어둔 상태에서 '범위 지정 > [데이터] 탭 > [그룹 해제]'로 해제한다.

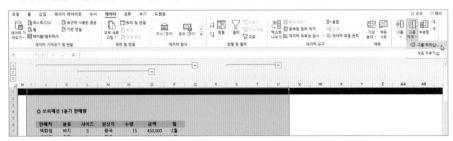

데이터 그룹은 언제 쓰이는 걸까?

데이터 그룹은 표와 함께 가장 많이 쓰입니다. 예를 들어, 우리가 서울 지역 영업 매니저라고 생각해볼게요. 아래의 표에는 서울 내 각 구의 1, 2, 3월 판매수량이 정리되어 있습니다. 표를 보면 강남구나 관악구에서 제품이 많이 판매되었다는 것도 알 수 있고, 강서구가 매출이 점점 떨어지고 있다는 것도 알 수 있습니다. 강서구 중에서도 어느 지점의 매출이 떨어지는지 알고 싶다면, 강서구 좌측 + 버튼을 클릭해 지점별 매출을 볼 수 있습니다.

▼ 한 번에 모든 하위 데이터를 보는 것보다, 필요한 부분만 보는 것이 데이터를 파악하기 쉽다.

지점별 매출			판매수량			
			1월	2월	3월	합계
서울			4,822	4,401	5,815	15,038
	강남구		230	215	296	741
	강동구		175	85	302	562
	강북구		100	48	96	244
	강서구		244	144	94	482
	관악구		311	222	344	877
	광진구		250	111	345	706
	구로구		214	354	124	692
	금천구		155	165	154	474
	노원구		244	122	144	510

지점별 매출			판매수량			
			1월	2월	3월	합계
서울			4,822	4,401	5,815	15,038
	강남구		230	215	296	741
	강동구		175	85	302	562
	강북구		100	48	96	244
	강서구		244	144	94	482
		A	85	55	47	187
		B	74	65	26	165
		C	85	24	21	130
	관악구		311	222	344	877
	광진구		250	111	345	706

이렇게 데이터를 보고 분석할 때는 바텀업(Bottom up) 방식으로 세세한 단위를 모두 보는 것이 아니라, 탑다운(Top down) 방식으로 가장 상위 단위부터 보면서 한눈에 파악하는 것이 좋습니다. 데이터 그룹은 데이터를 여닫음으로써 탑다운 방식으로 정리하기 쉽게 해주기 때문에 실무에서 표와 함께 많이 사용됩니다.

데이터 그룹을 많이 사용하는 표 예시를 하나 더 보도록 하겠습니다. 아래의 표는 쏘피 계열사의 1년 매출입니다. 이때도 월별 매출을 일일이 보지 않고 연간 또는 분기별로만 보고 싶을 때 데이터 그룹을 사용합니다. 각 분기별로 데이터를 보다가, 그 안에 있는 월별 상세 데이터가 궁금할 때 + 버튼을 눌러서 열어서 볼 수 있습니다.

▼ 시계열 표를 작성할 때 데이터 그룹을 사용하면 편리하다.

계열사	1분기	2분기	3분기	10월	11월	12월	4분기	연간
쏘피패션	692	474	384	48	222	344	614	2,164
쏘피전자	474	562	674	122	144	354	620	2,330
쏘피농상	510	620	541	222	344	179	745	2,416

이처럼 '데이터 그룹'은 '숨기기' 기능과 달리 +, - 버튼만 누르면 숨겼다 다시 열었다를 계속해서 반복할 수 있기 때문에, 실무에서 정말 유용하게 사용하는 기능입니다.

시트 숨기고, 찾기 • • •

지금까지는 시트 안에 있는 열이나 행을 숨기고, 취소하는 방법들을 배워보았는데요. 이번에는 시트를 한번 숨겨볼까요? 숨기고자 하는 시트를 우클릭 → [숨기기] 하면 시트가 바로 숨겨집니다.

▼ 시트를 우클릭 > [숨기기] 하면 숨길 수 있다.

숨겨진 시트를 다시 찾는 방법은, 아무 시트나 클릭해서 우클릭 → [숨기기 취소]를 누릅니다. 팝업창에는 숨겨진 시트의 목록이 나오는데, 현재 우리는 시트 한 개만 숨겼기 때문에 [시트 숨기기]라는 시트만 확인 가능합니다. 여기서 열고 싶은 시트를 클릭한 후 [확인] 버튼을 누르면, 해당 시트가 원래대로 돌아가면서 숨기기 취소가 됩니다.

▼ 열려 있는 아무 시트를 우클릭 > [숨기기 취소]를 누른 후, 팝업창에서 시트를 선택한다.

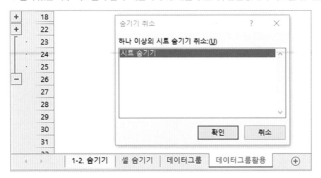

시트는 왜 숨길까요? 파일을 타 부서나 타 회사에 공유 시, 엑셀 파일 내에 저장은 해두고 싶은데(수식이 연동되어 있다거나 참조하기 위해서) 공유받은 사람들이 해당 내용을 보지 않았으면 할 때, 이렇게 시트 자체를 숨겨놓는 경우가 많습니다.

나중에 다른 사람들의 파일을 공유받게 되면 '시트 숨기기 취소'를 한번 눌러보세요. 간간이 재미있거나 유용한 정보를 얻으실 수도 있습니다. 같은 회사여도 공유하지 않는, 하지만 은근히 중요한 내용들이 '숨겨진 시트'에 적혀 있는 경우가 가끔 있거든요 ☺

03 단축키는 꼭 외워야 할까

"엑셀 단축키 모음… 달달 외우면 과연 내 엑셀 작업이 빨라질까?"

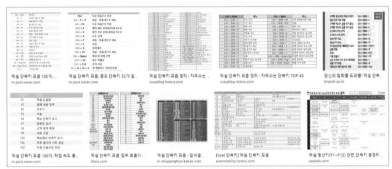

출처: Google

Alt 키는 단축키 내비게이션

단축키는 굉장히 유용합니다. 단축키를 많이 알면 알수록 좋기는 한데, 그렇다고 모든 단축키를 꼭 다 외워야 하는 걸까요? 이렇게 많은 단축키들을 다 외운다는 건 말이 안 되죠😅

여러분께 간단한 팁을 드리겠습니다. 엑셀 화면에서 Alt 키를 눌러보세요. 그럼 리본 메뉴 탭들 위에 알파벳이 쓰여진 박스가 생기는 것을 볼 수 있습니다. 바로 엑셀 단축키 가이드입니다. [홈] 탭은 H, [삽입] 탭은 N, [페이지 레이아웃] 탭은 P···. 이렇게 각 탭으로 들어가는 단축키가 표시되는 거죠.

▼ Alt 키를 누르면 각 탭에 해당하는 단축키 가이드가 표시된다.

[홈] 탭에 있는 기능을 사용하고 싶어서, Alt 키를 누른 이후에 H 를 눌러봤습니다. 그러면 [홈] 탭 안에 있는 아이콘에 또 가이드 박스가 표시됩니다. 예를 들어 아래 이미지처럼 B3셀의 글자 크기를 변경하고 싶다면 FS(F → S)를 누르면 됩니다.

▼ Alt → H 를 누르면 [홈] 탭이 선택되고, 해당 탭 안의 가이드 키가 추가적으로 표시된다.

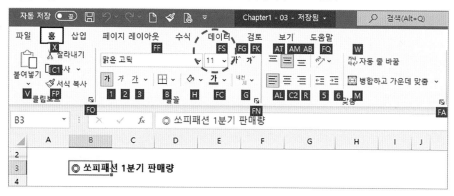

F → S 를 누르고 커서가 글꼴 크기 박스 안으로 이동했다면, 30을 입력한 후 Enter 키를 눌러볼까요? B3셀의 글자가 30 사이즈로 커졌습니다.

▼ 글꼴 크기에 해당하는 단축키 F → S 를 누르고, 숫자 30을 입력했더니 글자 크기가 변경되었다.

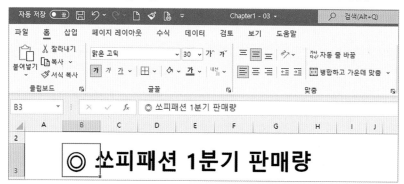

예시로 보여드린 [홈] 탭 이외에 다른 탭에 있는 기능들도 같은 방법으로 사용할 수 있습니다. 군이 모든 단축키를 외울 필요는 없습니다. 이렇게 여러분이 찾아서 쓸 수만 있으면 되는 거죠. 이렇게 사용하다가 자주 쓰게 되는 [Alt] 단축키는 순서를 외워서 바로 적용할 수도 있습니다.

다만 [Alt] 단축키는 맥 OS에서는 사용이 불가능하고 윈도우에서만 사용 가능합니다.

그럼에도 불구하고, 무조건 외워야 하는 단축키 • • •

모든 단축키를 외울 필요는 없지만, 손에 익혀야 하는 가장 기본적인 단축키들이 있습니다. 우리가 앞으로 수식이나 함수를 자유자재로 사용하기 위해서 반드시 손에 익혀야 하는 중요한 단축키들이니 꼭 기억해주세요!

스크롤 내리느라 시간 낭비하지 말아요

[Ctrl] 키와 방향키를 잘 활용하면, 시트 내에서 커서의 이동을 빠르게 할 수 있습니다.
[Mac] : [Cmd] + [방향키]

▼ 먼저, 커서를 B5셀에 두고 시작한다.

	A	B	C	D	E	F	G	H	I	J	K
4											
5		판매처	분류	사이즈	원산지	수량	금액	월			
6		백화점	바지	S	중국	15	450,000	2월			
7		백화점	치마	M	중국	26	1,040,000	3월			
8		직영점	치마	L	베트남	21	525,000	1월			

B5셀에 커서를 두고, [Ctrl] 키를 누른 상태에서 오른쪽 방향키를 눌러보겠습니다. 갑자기 커서가 오른쪽에 있는 H5셀로 이동했습니다. 오, 신기하죠?

▼ B5셀에서 Ctrl 키를 누르고 → 방향키를 누르면, 우측 끝에 있는 H5셀로 커서가 이동한다.

▲	A	B	C	D	E	F	G	H	I	J	K
4											
5		판매처	분류	사이즈	원산지	수량	금액	월			
6		백화점	바지	S	중국	15	450,000	2월			
7		백화점	치마	M	중국	26	1,040,000	3월			
8		직영점	치마	L	베트남	21	525,000	1월			

이번에는 H5셀에서 Ctrl 을 누르고, 아래 방향키를 눌러보겠습니다. H5셀에 있던 커서가 H69셀로 이동했습니다.

▼ H5셀에서 Ctrl 키와 ↓ 방향키를 누르면, 가장 하단에 있는 H69셀로 이동한다.

▲	A	B	C	D	E	F	G	H	I	J	K
66		직영점	셔츠	M	베트남	95	1,425,000	1월			
67		온라인	치마	M	한국	7	280,000	3월			
68		직영점	바지	S	베트남	44	1,100,000	3월			
69		아울렛	바지	M	베트남	35	1,050,000	2월			
70											

Ctrl + 방향키 는 커서가 데이터 안에 있을 때는 데이터의 끝으로 이동합니다. 이 단축키를 활용하면 전체적인 데이터가 어떻게 구성되어 있는지 스크롤을 내리지 않고도 빠르게 확인할 수 있어요. 예시 파일은 69행까지밖에 없지만, 실무에서 작업하는 엑셀 파일은 1만 행이 넘을 때도 있거든요. 그렇게 긴 데이터를 마우스 스크롤로 내리는 것도 만만치 않은 일입니다. 내가 지금 보고 있는 데이터가 도대체 몇 행까지 있는 건지 궁금하다면, Ctrl 키를 누른 상태에서 ↓ 방향키를 눌러 간단하게 확인할 수 있겠죠.

만약 커서가 빈칸에 위치하고 있거나 다음 칸이 빈칸인 경우에 Ctrl + 방향키 를 사용하면, 다음 데이터가 있는 셀까지 이동합니다. 다음 데이터가 없고 쭉 빈칸만 이어진다면 엑셀의 끝으로 갑니다. 막히는 구간이 없으니 엑셀의 가장 끝으로 가게 되는 겁니다.

▼ Ctrl 키와 방향키를 이용하면 아래와 같이 셀 커서 이동을 쉽게 할 수 있다.

CHAPTER 1 엑셀을 모눈종이로 쓰는 당신께

범위 선택은 Shift 키와 방향키로 선택

이번에는 마찬가지로 B5셀에 커서를 두고, (Shift) 키를 누르면서 오른쪽 방향키를 눌러 보겠습니다. 마치 마우스로 드래그한 것처럼 범위가 선택됩니다. 앞으로 '범위를 지정'하거나, '범위를 선택'할 때는 마우스로 드래그하는 대신 (Shift) 키와 방향키를 이용해서 선택해주세요.

▼ B5셀에 커서를 둔 채로 (Shift) 키와 → 방향키를 누르면, 오른쪽으로 범위를 선택할 수 있다.

	A	B	C	D	E	F	G	H	I	J	K
4											
5		판매처	분류	사이즈	원산지	수량	금액	월			
6		백화점	바지	S	중국	15	450,000	2월			
7		백화점	치마	M	중국	26	1,040,000	3월			
8		직영점	치마	L	베트남	21	525,000	1월			

빠르게 범위를 지정할 때는 Ctrl, Shift 키를 동시에

그렇다면 (Ctrl)과 (Shift) 키를 동시에 누르면 어떻게 될까요? 범위를 순식간에 선택할 수 있습니다. Q5셀에 커서를 두고, (Ctrl) + (Shift)를 누른 상태에서 방향키 →, ↓를 차례대로 누르면 표 전체가 선택됩니다.

▼ (Ctrl) + (Shift) 키를 동시에 누른 상태에서 순차적으로 →, ↓ 방향키를 누르면 하나의 표를 빠르게 선택할 수 있다.

	P	Q	R	S	T
4					
5		월	수량	금액	
6		1월	754	21,862,500	
7		2월	1,201	42,882,000	
8		3월	1,388	40,839,000	
9		합계	3,343	105,583,500	
10					
11					

앞으로 함수나 수식을 쓸 때, 표 하나를 통째로 선택해야 하는 일이 굉장히 많습니다. 이럴 때 유용하게 쓸 수 있는 단축키가 바로 (Ctrl)과 (Shift) 키를 같이 누르면서 방향키를 움직이는 단축키입니다.

또는 (Ctrl) + (A) 단축키를 눌러 커서가 속해 있는 범위를 한 번에 잡는 방법도 있습니다. 엑셀에서 A는 주로 'all'을 뜻하며, '내가 속해 있는 부분을 다 선택해줘'라는 의미로 보면 됩니다. 둘 중에 편한 방식을 사용하세요.

TIP **선택한 표의 범위를 재조정하고 싶을 때**

$\boxed{\text{Ctrl}}$ 키에서 손을 떼고 $\boxed{\text{Shift}}$ 키와 방향키만으로 미세하게 조정하면 됩니다. $\boxed{\text{Ctrl}}$과 $\boxed{\text{Shift}}$ 키를 모두 누른 상태에서 방향키를 누르면 범위가 너무 크게 움직이기 때문입니다.

그 외 기본적인 단축키

셀을 이동하고 선택하는 단축키 이외에 기본적인 단축키에 대해서도 알아보겠습니다. 아래의 단축키들은 엑셀뿐만 아니라 다른 툴에서도 공통적으로 쓰이는 단축키라서 이미 많이 익숙할 수도 있습니다.

저장 : $\boxed{\text{Ctrl}}$ + $\boxed{\text{S}}$ (Save의 약자) [Mac] : $\boxed{\text{Cmd}}$ + $\boxed{\text{S}}$

열심히 작업한 파일이 날아가지 않도록 수시로 저장하는 습관을 들이는 것을 추천합니다! [다른 이름으로 저장]을 하고 싶을 때는 $\boxed{\text{F12}}$ 키를 누르면 창이 뜹니다.

▼ $\boxed{\text{F12}}$ 키를 누르면 열리는 [다른 이름으로 저장] 창에서 파일 이름을 변경하여 저장할 수 있다.

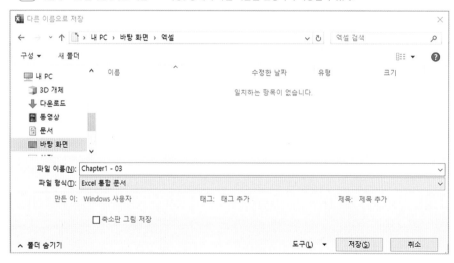

되돌리기 : `Ctrl` + `Z` [Mac] : `Cmd` + `Z`

방금 수행한 작업을 취소하고 싶을 때 많이 쓰는 단축키입니다. 예를 들어, 아래와 같이 세 개의 셀에 노란색을 칠해주었는데요. 이 작업을 다 취소해볼게요. `Ctrl` + `Z`, `Ctrl` + `Z`, `Ctrl` + `Z` 이렇게 단축키를 세 번 눌러주면 '취소, 취소, 취소'가 되어 색을 칠하기 전으로 되돌아갑니다.

▼ `Ctrl` + `Z` 키를 누르면 직전에 수행한 명령을 취소하고 되돌려준다.

	A	B	C	D	E	F	G	H
2								
3		◎ 쏘피패션 1분기 판매량						
4								
5		판매처	분류	사이즈	원산지	수량	금액	월
6		백화점	바지	S	중국	15	450,000	2월
7		백화점	치마	M	중국	26	1,040,000	3월
8		직영점	치마	L	베트남	21	525,000	1월

복사/붙여넣기 : `Ctrl` + `C` / `Ctrl` + `V` [Mac] : `Cmd` + `C` / `Cmd` + `V`

엑셀뿐만 아니라 다양한 툴에서도 공통적으로 이용되는 단축키입니다. B3셀에 입력된 '◎ 쏘피패션 1분기 판매량'을 G3셀에 복사하고 싶다면, B3셀에 커서를 둔 뒤 `Ctrl` + `C` 를 누릅니다. 그리고 붙여넣을 셀에 커서를 이동한 후 `Ctrl` + `V`를 누르면 복사된 B3셀의 내용이 G3셀에 똑같이 입력됩니다.

▼ `Ctrl` + `C`를 누르면 해당 셀의 커서가 깜빡인다.

	A	B	C	D	E	F	G	H	I
2									
3		◎ 쏘피패션 1분기 판매량							
4									
5		판매처	분류	사이즈	원산지	수량	금액	월	
6		백화점	바지	S	중국	15	450,000	2월	
7		백화점	치마	M	중국	26	1,040,000	3월	
8		직영점	치마	L	베트남	21	525,000	1월	

▼ 붙여넣고 싶은 G3셀로 커서를 옮긴 뒤, Ctrl + V 를 누르면 이전에 복사한 데이터가 입력된다.

	A	B	C	D	E	F	G	H	I
2									
3		◎ 쏘피패션 1분기 판매량					◎ 쏘피패션	1분기 판매량	
4								🗐 (Ctrl) ▾	
5		판매처	분류	사이즈	원산지	수량	금액	월	
6		백화점	바지	S	중국	15	450,000	2월	
7		백화점	치마	M	중국	26	1,040,000	3월	
8		직영점	치마	L	베트남	21	525,000	1월	

여기까지는 많이 쓰이는 단축키니까 손에 익히는 게 좋습니다. 외우는 게 아닙니다! 손에 익히는 거예요 ☺

반복 작업에 자괴감 들 때

앞서 Ctrl + Z라는 '실행 취소' 단축키를 배웠습니다. Ctrl + Z, Ctrl + Z, Ctrl + Z를 반복하면 이전에 수행한 작업을 계속해서 취소할 수 있었죠. 반대로 이번에는 우리가 방금 했던 작업을 하고, 또 하고, 또 하고 싶습니다. 어떻게 하면 될까요? 자, 반복 작업이 귀찮은 여러분께 추천하는 해결책 세 가지입니다.

해결책 #1. 직전 행동을 반복하는 F4

팀장님과 함께 엑셀 화면을 모니터에 띄워놓고 데이터를 보고 있다고 가정하겠습니다. 팀장님께서 "쏘피 씨, 제가 지금 말하는 거 중요한 거니까 노란색으로 표시 좀 해주세요. 여기 노란색 칠해주세요."라고 하셨어요. 그리고 여기도, 여기도, 칠해달라고 합니다. 그래서 하나씩 색칠하고 있는데 하다 보니 이 노란색을 칠하러 마우스를 왔다 갔다 하는 게 너무 귀찮아진 거예요. 자, 엑셀의 발전은 귀찮은 걸 해결할 때 생깁니다.

▼ '범위 지정 > 노란색 페인트 통 클릭', '범위 지정 > 노란색 페인트 통 클릭' … 별건 아닌데 계속 반복하다 보니 너무 귀찮다.

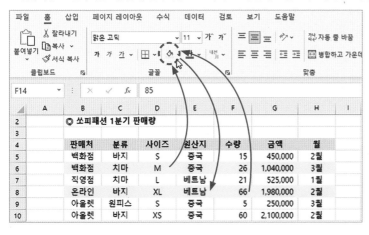

6행과 8행은 직접 노란색 페인트 통을 클릭해서 색깔을 칠했다면 10행은 다른 방법으로 적용해볼까요? 매우 간단합니다. F4 키 단 하나로 직전 행동을 반복하게 만들 수 있습니다. 자, 우선은 우리가 하고자 하는 작업을 처음에는 직접 해야 합니다.

■ **반복 작업을 알아서 하는 F4**

1. 원하는 범위에 노란색을 칠한다.

2. 다른 범위를 선택하고,

3. F4 키를 누른다. (직전 작업 반복 - '노란색이 칠해진다')

4. 다른 범위를 또 지정하고, F4 키를 누를 때마다 노란색이 칠해진다.

[Mac] : F4 키 또는 Cmd + Y

F4 키는 우리가 방금 수행한 기능을 반복하는 단축키입니다. 직전에 한 작업이 '노란색을 칠한다'였으니, 이후에 범위를 지정하고 F4 키만 눌렀을 뿐인데도 '노란색을 칠한다'는 작업을 반복할 수 있게 되는 것이죠!

▼ 범위만 지정하고, F4 키를 누르면 직전에 한 작업이 반복된다. 노란색이 칠해졌다!

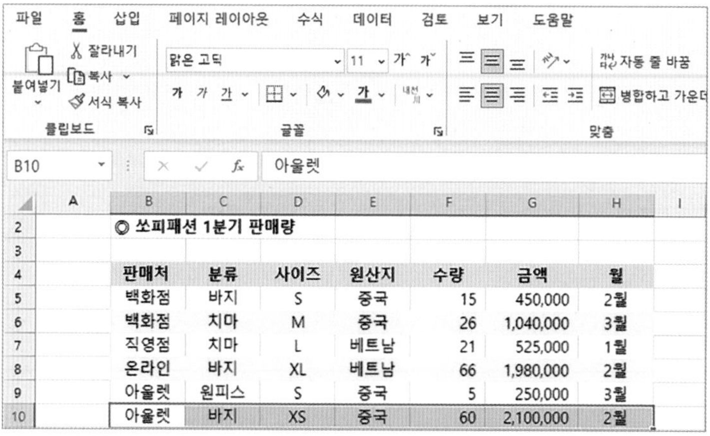

'숨기기'를 반복해보자

다른 기능에도 적용해볼까요? 같은 데이터에서 수량, 금액이 있는 F열, G열을 '숨기기' 해보겠습니다. F열, G열의 열 전체 범위를 선택한 후에 우클릭 → [숨기기]를 클릭했습니다(Chapter 1-2 참고). 다른 범위도 숨기고 싶은데 매번 우클릭하기 귀찮잖아요. 반복,

반복, 반복하고 싶다면 F4 키를 활용하는 겁니다. '숨기기'를 반복하고 싶은 K열~M열까지 열 전체 범위를 선택한 후에 F4 키를 눌러줍니다. '우클릭 → [숨기기]'를 누르는 것 대신 F4 키 하나만 있으면 '숨긴다'는 행동을 쉽게 반복할 수 있습니다!

▼ F열~G열을 숨기기 작업한 이후에, K열~M열을 지정해서 F4 키만 누르면 숨기기가 반복된다.

	A	B	C	D	E	H	I	J	K	L	M	N
2		◎ 쏘피패션 1분기 판매량										
3												
4		판매처	분류	사이즈	원산지	월						
5		백화점	바지	S	중국	2월						
6		백화점	치마	M	중국	3월						
7		직영점	치마	L	베트남	1월						
8		온라인	바지	XL	베트남	2월						
9		아울렛	원피스	S	중국	3월						
10		아울렛	바지	XS	중국	2월						

이 외에도 다양한 기능들을 반복할 수 있습니다. 이전 장에서 배웠던 '데이터 그룹'도 반복할 수 있고, 셀에 선을 긋거나, 행을 삽입하는 등 여러 가지 기능을 반복할 수 있습니다. F4 키로 간단하게 반복 작업을 수행하다 보면 어느새 여러분의 업무 시간이 굉장히 단축되어 있을 겁니다. 별것 아닌 행동일지라도 단축키 없이 마우스 클릭을 반복하다 보면 손목이 점점 아파오기 시작하거든요. 우리의 손목 건강을 위해 움직임을 최소화해야 합니다!

TIP   F4 기능의 한계

F4 키는 엑셀의 기능을 반복하는 단축키입니다. 안타깝게도 수식이나 함수는 반복할 수 없답니다.

해결책 #2. 마음에 드는 양식을! 서식 복사   • • •

방금까지는 F4 키로 '직전 수행 작업 반복'을 해보았는데요, 이번에는 '서식 복사'에 대해서 알아보겠습니다.

엑셀에서 '서식'이라고 하는 것은 글꼴, 맞춤, 표시 형식 등의 문서 양식을 지칭합니다. 서식에 대한 더 자세한 이야기는 Chapter 1-5에서 다룰 예정이니, 우리는 우선 마음에 드는 서식을 복사하는 방법을 배워보도록 할게요.

마법의 브러시 아이콘으로 서식 복사하기

아래의 데이터에서 6행의 글꼴색을 빨간색으로, 배경색은 노란색으로 바꿔보았습니다. 서식이 생겼어요. 이 서식이 매우 마음에 듭니다. 그래서 이 서식을 6행뿐만 아니라 10행에도, 12행에도 적용하고 싶어요. 그런데 10행이랑 12행 범위를 지정하고, 또 빨간색 누르고, 또 노란색 누르고 하는 작업을 반복하려니 정말 귀찮네요 ☹ 우리 이런 거 하기 싫어서 엑셀 배우는 거잖아요?

▼ 6행에 지정한 서식을 10행에도 똑같이 적용하고 싶은데, 다시 서식을 적용하는 과정이 너무 귀찮다.

	A	B	C	D	E	F	G	H	I
2		◎ 쏘피패션 1분기 판매량							
3									
4		판매처	분류	사이즈	원산지	수량	금액	월	
5		백화점	바지	S	중국	15	450,000	2월	
6		백화점	치마	M	중국	26	1,040,000	3월	
7		직영점	치마	L	베트남	21	525,000	1월	
8		온라인	바지	XL	베트남	66	1,980,000	2월	
9		아울렛	원피스	S	중국	5	250,000	3월	
10		아울렛	바지	XS	중국	60	2,100,000	2월	

복사하고 싶은 서식이 있는 범위를 선택하고, [홈] 탭 좌측 클립보드 내에 위치한 [서식 복사]라고 하는 브러시 모양의 도구(⚡️ 서식 복사)를 클릭합니다. 이 브러시는 마치 그림판의 스포이드처럼 '서식을 추출하고 적용'하는 역할을 한답니다. [서식 복사] 버튼을 클릭해서 활성화된 마우스 포인터로 새로 서식을 적용하고 싶은 범위를 선택만 하면, 바로 해당 서식과 동일하게 변경됩니다.

▼ 6행을 드래그한 후 [홈] 탭 > [서식 복사]를 클릭하면 마우스 포인터가 브러시 모양으로 변한다.

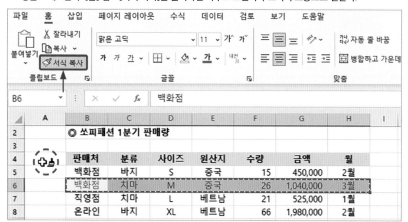

▼ 활성화된 마우스 포인터로 원하는 범위를 선택하면, 해당 영역에 복사한 서식이 적용된다.

⊿	A	B	C	D	E	F	G	H	I
2		◎ 쏘피패션 1분기 판매량							
3									
4		판매처	분류	사이즈	원산지	수량	금액	월	
5		백화점	바지	S	중국	15	450,000	2월	
6		백화점	치마	M	중국	26	1,040,000	3월	
7		직영점	치마	L	베트남	21	525,000	1월	
8		온라인	바지	XL	베트남	66	1,980,000	2월	
9		아울렛	원피스	S	중국	5	250,000	3월	
10		아울렛	바지	XS	중국	60	2,100,000	2월	
11		직영점	바지	XL	한국	41	943,000	2월	

F4 키랑 '서식 복사'랑 뭐가 다른 거야?

자, 이쯤에서 궁금증이 하나 생깁니다. F4 키와 '서식 복사'의 다른 점이 무엇일까요? D12:D15셀에 '노란 배경색을 칠하고 → 글꼴은 빨간색으로 → 밑줄도 긋고 → 기울임꼴 적용도 하고 → 마지막으로 텍스트를 굵게 처리'까지 했습니다. 이 서식을 E12:E15셀에도 적용하려고 반복 단축키인 F4 키를 누르면 어떻게 될까요? 텍스트가 굵게만 처리되었습니다.

▼ 방금 만든 서식이 마음에 들어서 F4 키를 눌렀더니, 마지막에 한 작업인 '텍스트 굵게'만 적용되었다.

⊿	A	B	C	D	E	F	G	H	I
11		직영점	바지	XL	한국	41	943,000	2월	
12		온라인	반팔티	XXL	중국	65	1,293,500	1월	
13		직영점	긴팔티	S	일본	75	2,775,000	1월	
14		아울렛	바지	L	중국	85	2,125,000	2월	
15		백화점	바지	M	한국	65	1,950,000	1월	
16		백화점	치마	M	일본	11	550,000	1월	

왜냐하면 F4 키는 '직전에 수행한 작업을 반복하는 키'이기 때문입니다. 예시의 경우, 직전 행동이 '텍스트를 굵게 만든다'는 명령이었기 때문에 이 서식 전체를 복사한 것이 아니라 텍스트를 굵게 만드는 작업을 반복하게 된 것이죠.

반면에 '서식 복사'는 우리가 2년 전에 만들어두었던 파일이든, 다른 사람의 파일을 받았든, 방금 작업 했든 상관없이 해당 서식 전체를 복사해서 적용해줍니다.

'서식 복사'를 계속해서 진행하고 싶을 때

'서식 복사'를 사용하다 보면, 하나의 서식을 여러 범위에 계속 복사하고 싶은 경우가 생깁니다. 예를 들어 C5셀 '빨간 글꼴&노란 배경색' 서식을 지정하고, 해당 서식을 '바지'라고 적힌 셀마다 복사하고 싶어요.

배운 대로 차근히 C5셀을 선택하고 → [서식 복사] 아이콘을 클릭하고 → C8셀을 클릭했습니다. 그리고 C10셀과 C11셀에도 똑같이 적용해야 하는데, 서식 복사 기능이 종료된 후라서 다시 [서식 복사] 아이콘을 클릭해주어야 합니다. 이 행동을 반복하다 보면 또 귀찮죠.

▼ 서식 복사를 반복해서 진행하고 싶은데, 한 번 사용하고 나면 기능이 종료된다.

	A	B	C	D	E	F	G	H	I
4		판매처	분류	사이즈	원산지	수량	금액	월	
5		백화점	바지	S	중국	15	450,000	2월	
6		백화점	치마	M	중국	26	1,040,000	3월	
7		직영점	치마	L	베트남	21	525,000	1월	
8		온라인	바지	XL	베트남	66	1,980,000	2월	
9		아울렛	원피스	S	중국	5	250,000	3월	
10		아울렛	바지	XS	중국	60	2,100,000	2월	
11		직영점	바지	XL	한국	41	943,000	2월	

브러시 아이콘을 재차 누르지 않고도 서식 복사를 반복해서 사용하고 싶다면, 복사하고 싶은 서식 범위를 지정한 후 [서식 복사] 아이콘을 더블클릭하면 됩니다. 그러면 브러시 모양으로 변경된 마우스 포인터가 ESC 를 누르기 전까지 계속 활성화되어 있습니다.

▼ '서식 복사' 아이콘을 빠르게 더블클릭하면 ESC 를 누르기 전까지 계속 사용할 수 있다.

	A	B	C	D	E	F	G	H	I
4		판매처	분류	사이즈	원산지	수량	금액	월	
5		백화점	바지	S	중국	15	450,000	2월	
6		백화점	치마	M	중국	26	1,040,000	3월	
7		직영점	치마	L	베트남	21	525,000	1월	
8		온라인	바지	XL	베트남	66	1,980,000	2월	
9		아울렛	원피스	S	중국	5	250,000	3월	
10		아울렛	바지	XS	중국	60	2,100,000	2월	
11		직영점	바지	XL	한국	41	943,000	2월	

서식 복사를 계속 반복하고 싶을 때 유용하게 쓸 수 있는 방법입니다. 특히 표를 만들 때는 실선이나 점선을 긋는 등의 작업을 여러 번 반복할 일이 많잖아요. 이럴 때 [서식 복사] 아이콘을 더블클릭해서 복사, 복사, 복사하면 조금 더 편하게 작업할 수 있습니다.

해결책 #3. 자주 쓰는 기능은 빠른 실행 도구에 • • •

'서식 복사'를 써보니까 아주 편리해서 자주 쓰게 되네요. 그런데 매번 사용할 때마다 [홈] 탭에 들어가고 찾아서 클릭하려니 이것 또한 번거로운 일이 아닐 수 없습니다. 이럴 때는 '빠른 실행 도구'를 설정할 수 있습니다. 빠른 실행 도구란 엑셀 창 최상단 탭보다도 위에 고정적으로 위치한 아이콘 자리입니다. 기본적으로는 '저장'과 '실행 취소', '다시 실행'만 설정되어 있습니다.

▼ 엑셀 좌측 최상단에 위치한 '빠른 실행 도구'에는 '저장', '실행 취소', '다시 실행' 버튼이 있다.

이 '빠른 실행 도구'에 우리가 자주 쓰는 기능들을 추가해보겠습니다.

▼ [기타 명령] 팝업창에서 원하는 명령을 추가/제거할 수 있다.

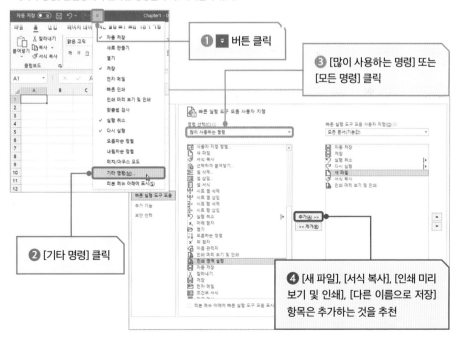

❶ ▾ 버튼 클릭

❸ [많이 사용하는 명령] 또는 [모든 명령] 클릭

❷ [기타 명령] 클릭

❹ [새 파일], [서식 복사], [인쇄 미리 보기 및 인쇄], [다른 이름으로 저장] 항목은 추가하는 것을 추천

확인을 누르면 좌측 상단 창에 새로운 도구들이 추가된 것 보이시나요? 일종의 '바로 가기' 키라고 보면 됩니다. 원래는 상위 탭을 클릭한 후 다시 하위 아이콘을 클릭해야 하는 작업을 '바로 가기' 키로 한 번에 누를 수 있게 한 것입니다.

▼ 자주 쓰는 아이콘들을 빠른 실행 도구에 추가해두면 빠르게 찾아서 사용할 수 있다.

▼ Alt 키를 누르면, 빠른 실행 도구 아이콘에 숫자 단축키가 적용된다.

빠른 실행 도구들은 Alt 키를 눌렀을 때 1, 2, 3, … 이런 식으로 단축키로도 바로 사용할 수 있게 됩니다(Chapter 1-3 참고). 이렇게 자주 사용하는 기능들은 빠른 실행 도구에 추가해두면 편리하게 사용할 수 있습니다. 파워포인트나 워드 등 다른 마이크로소프트 오피스 프로그램에서도 동일하게 사용 가능하니 한번 활용해보세요!

CHAPTER 1 엑셀을 모눈종이로 쓰는 당신께

05 초심자를 괴롭히는 셀의 다양한 얼굴

이번 장에서는 서식에 대해 조금 더 깊게 알아보겠습니다. 엑셀 작업을 하다가 의외로 서식 부분에서 당황스러운 순간들을 마주하는 경우가 많습니다. 별거 아니라고 여길 수 있지만, 서식을 제대로 이해하지 못하면 '어, 엑셀 왜 이러지?' 하는 상황이 올지도 모릅니다.

서식이란?

서식은 주로 [홈] 탭에 위치하고 있습니다. 가볍게 살펴보자면 글꼴, 맞춤, 표시 형식 등이 있는데요, 이 서식들을 자유자재로 활용하기 위한 [셀 서식]이라는 창이 있습니다. [셀 서식] 창을 띄우는 방법은 크게 3가지가 있습니다.

▼ 홈 탭의 글꼴, 맞춤, 표시 형식, 스타일 내의 명령들을 '눈시의 방역-서식'이라고 한다.

1. Ctrl + 1 키를 누르거나 [Mac] : Cmd + 1
2. 셀을 마우스로 우클릭한 후 [셀 서식]을 클릭하거나
3. [홈] 탭의 글꼴/맞춤/표시 형식 박스 우측 하단의 네모(⏹)를 클릭하는 방법입니다.

엑셀로 실무를 하다 보면 서식을 수정해가며 '데이터를 보기 좋게 만드는' 후작업을 하는 일이 종종 있습니다. 특히 정해진 양식을 철저하게 지켜야 하는 보수적인 기업일수록 셀 서식을 자주 쓰기 때문에 Ctrl + 1 단축키는 외워두면 유용하게 쓸 수 있습니다.

▼ [셀 서식] 창에서는 셀의 다양한 서식을 한 번에 설정할 수 있다.

숫자를 표현하는 다양한 방식 ● ● ●

서식에서 '글꼴'과 '맞춤'은 직관적으로 알기가 쉬운데, '표시 형식'은 조금 노력이 필요합니다. 아래 숫자가 적힌 표를 보면서 알아보겠습니다. 현재 B9:B14셀과 C9:C14셀은 모두 '일반' 표시 형식으로 설정되어 있습니다. B9:B14셀의 범위를 선택한 후, 이 범위의표시 형식을 '숫자'로 변경하여도 크게 달라지는 점은 없습니다. 왜냐하면 셀에 숫자를입력하면 기본으로 이미 엑셀에서 숫자라고 인식하기 때문입니다.

▼ 표시 형식을 '일반'에서 '숫자'로 바꾸었지만 아무런 변화도 생기지 않았다.

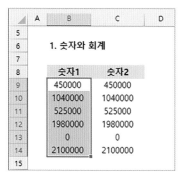

천 단위 구분 기호

직장인들은 이런 긴 숫자를 보면 답답한 느낌이 들 거예요 😩 천 단위마다 쉼표를 찍어주고 싶죠? 완성되지 않은 찝찝한 느낌이 있잖아요. 천 단위에 쉼표를 한 땀 한 땀 직접 찍지 말고, 엑셀 기능을 활용해 쉽게 표시해볼까요?

▼ [셀 서식] 창의 '숫자' 범주에서 '1000 단위 구분 기호'를 설정할 수 있다.

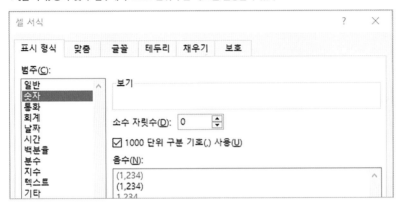

Ctrl + 1 또는 셀을 우클릭해서 [셀 서식] 창을 띄우고, 표시 형식의 '숫자' 범주를 클릭합니다. 우측에 해제되어 있는 '1000 단위 구분 기호 사용'을 클릭한 후 확인을 누릅니다. 그러면 간단하게 천 단위마다 쉼표(,)가 표시된 것을 볼 수 있습니다.

▼ 실무에서는 '천 단위 구분 기호'가 없으면 미완성된 숫자처럼 보인다.

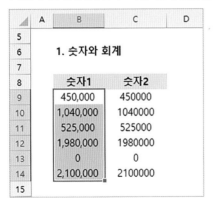

'숫자'와 '회계' 형식의 차이

천 단위 구분 기호를 표시하는 더 간단한 방법이 있습니다. 표시 형식 박스에 있는 '쉼표 스타일'이라는 아이콘(,)을 클릭하는 겁니다. C9셀부터 C14셀까지(C9:C14) 범위를 선택한 후, 표시 형식 박스의 쉼표 아이콘을 눌러보겠습니다. 이 아이콘을 클릭하면, 천 단위 구분 기호가 표시되면서 위의 박스에는 '회계' 형태로 표시됩니다.

▼ 쉼표 스타일 아이콘을 클릭하면 '회계' 형태로 바뀌면서 천 단위 구분 기호도 표시된다.

자, 그러면 '숫자' 표시 형식을 적용한 숫자1 열과 '회계' 표시 형식을 적용한 숫자2 열을 비교해보겠습니다.

천 단위 구분 기호가 적용된 것은 둘 다 동일하지만, '회계'가 적용된 숫자2 열은 우측 정렬이 되어서 숫자의 높낮이, 즉 수의 크기를 쉽게 판단할 수 있습니다. 또한 0을 -로 표시함으로써 0.xxx처럼 소수점인 것이 아니라 말 그대로 0의 상태라는 것을 확실하게 나타내줍니다.

▼ '회계' 형식을 사용하면 숫자를 깔끔하게 정리할 수 있다.

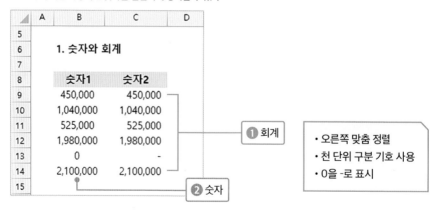

다시 말하면 '회계' 형식을 누르는 순간 ❶ 오른쪽 맞춤으로 정렬되고, ❷ 천 단위 기호가 표시되며, ❸ 0을 -로 나타내게 됩니다. 이러한 특징들이 큰 숫자를 쉽게 읽는 데 도움이 되기 때문에, 일반적으로 회사에서는 '회계' 형태를 쓰는 경우가 많습니다.

눈에 보이는 숫자와 실제 숫자가 다르다?

우리나라 화폐 단위엔 0이 정말 많습니다. 그러다 보니, 셀 안에 넣기도 힘들고 읽기도 쉽지 않아서 회사에서는 보통 0을 생략해서 보고하곤 합니다. 천 원 단위 또는 백만 원 단위 등으로요. 예를 들어, 천 원 단위 기준으로 매출 보고를 한다고 하면 매출 숫자에서 뒤에 0 세 개를 빼고 보고해야겠죠.

▼ 쓰기도, 읽기도 힘들어서 천 원 단위를 생략해서 표시하고 싶다.

이럴 때, 아래 두 가지 방법으로 천 원 단위를 생략할 수 있습니다.

첫 번째, 숫자에 1,000을 나누는 방법 (사칙연산 수식 : Chapter 3-1 참고)

두 번째, 셀 서식을 이용해서 보이는 형태만 바꾸는 방법

이번 장에서 우리는 두 번째 방법, 셀 서식을 이용해서 보이는 형태만 바꾸는 방법에 대해 알아보겠습니다.

❶ 우선, 단위를 변경할 숫자가 포함된 셀 범위를 선택한 후 [셀 서식] 창을 띄웁니다. Ctrl + 1

❷ 우리가 원하는 형태로 지정해서 사용할 것이기 때문에 [사용자 지정]을 클릭!

❸ 숫자의 가장 기본 형태인 '#,##0'을 찾아서 클릭해줍니다.

▼ [셀 서식] 창을 띄운 뒤 [사용자 지정]에서 '#,##0'을 선택한다. 숫자의 가장 기본 형태!

④ [형식] 박스 안의 #,##0 뒤에 쉼표(,)를 입력합니다.

　[보기] 박스 안의 숫자가 '450,000 → 450'으로 변한 것 보이시나요?

⑤ 확인 버튼을 누르면 선택한 범위의 숫자들이 모두 천 단위가 생략되어 표시됩니다.

▼ #,##0 뒤에 쉼표를 하나 붙여서 #,##0,이 되면 천 단위가 생략되어 보인다.

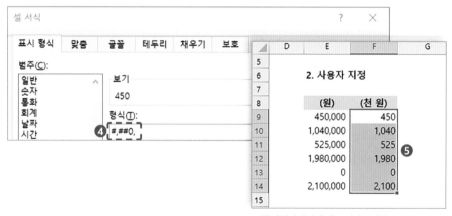

▲ 천 단위가 생략된 채 표시되고 있다.

다만, 여기서 주의할 점은 이 숫자의 속성 자체는 원래 숫자를 유지하고 있다는 점입니다. 숫자의 실젯값은 450,000이지만 화면 속 셀에 표시되는 형태만 천 단위가 생략된 것입니다. 따라서 이 숫자로 다른 숫자와 연산을 하게 되면 기존 숫자인 450,000으로 계산됩니다.

▼ F9의 실젯값은 450,000으로 유지되어 있으나 셀에서 보이는 값만 450으로 변경되었다.

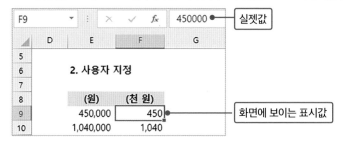

천 단위로 변경한 것처럼 백만, 십억 등 큰 단위로도 표시 형태를 변경할 수 있습니다. 이렇게 표시 형태만 바꾸는 방법은 엑셀 초심자가 쉽게 예상하기 어려운 일입니다. 저도 신입사원 때 표시 형태 때문에 굉장히 당황했던 경험이 있습니다. 분명 눈에 보이는 숫자는 450인데, 이 숫자로 연산을 했더니 말도 안 되는 이상한 숫자가 나오는 거죠 😨

▼ 숫자는 #,##0 형식을 통해서 보이는 형태를 다양하게 변형할 수 있다.

실제 값	형식	보이는 형태
	#,##0	10,000,000
10000000	#,##0,	10,000
	#,##0,,	10

자, 우리는 이제 눈에 보이는 숫자와 실제 숫자가 다를 수 있다는 것을 배웠습니다. 앞으로 다른 동료의 파일을 볼 때, 이런 일이 생겨도 당황하지 않을 수 있겠죠?

TIP   숫자를 나누지 않고, 표시 형식으로 변형하는 이유는?
해당 숫자가 다른 함수/수식에 맞물려서 계산되는 경우가 종종 있기 때문입니다. 이 숫자의 실젯값이 변해버리면, 수식의 결괏값도 함께 바뀌므로 가급적 숫자 본래의 값을 유지시키고자 하는 것입니다.

사용자 지정 서식 응용하기

앞에서 배운 '사용자 지정 서식'을 조금 더 적극적으로 활용해보겠습니다. 다음 유통별 시장 점유율 표에 29년 대비 30년의 점유율 증감을 표시하려고 합니다. %의 변동 폭은 %p(퍼센트포인트)로 나타내기 때문에, 표시 형식을 %가 아닌 %p로 바꿔주려고 해요.

▼ 증감값을 % 대신 %p로 써주고 싶은데… 기본 서식에는 없다?

	29년	30년	(X) 증감
A사	50%	40%	-10%
B사	20%	24%	4%
C사	15%	30%	15%
기타	15%	6%	-9%
합계	100%	100%	

3. 사용자 지정 응용

■ 유통별 시장 점유율

* % 의 변동폭 → %p

표시 형식을 바꾸고자 하는 범위(L11:L14)를 선택하고 [셀 서식] 창을 띄웁니다(Ctrl + 1). 사용자 지정 서식에서 가장 기본이 되는 #,##0 뒤에 %p를 입력한 후 확인을 누릅니다. 간단하죠?

▼ #,##0 뒤에 원하는 기호(%p)를 입력하면 해당 서식으로 화면에 출력된다.

보기
-10%p

형식(T):
#,##0%p

음수와 양수에 별도의 표시 형식을 부여할 수도 있습니다. 사용자 지정 서식의 형식 목록 중 #,##0;[빨강]-#,##0이 있습니다. 이 형식은 세미콜론(;)을 기준으로 왼쪽은 양수, 오른쪽은 음수에 대한 표시 형식을 지정할 수 있습니다.

#,##0 ; [빨강] -#,##0
　양수　　　　음수

예를 들어 양수일 때는 10%p↑ / 음수일 때는 10%p↓로 나눠서 표시하고 싶다면, 아래와 같이 사용자 지정 서식을 변경해주면 됩니다.

#,##0%p↑;[빨강]#,##0%p↓

▼ #,##0;[빨강]-#,##0 서식을 활용하면 양수와 음수를 구분해 다양한 표시 형식 지정이 가능하다.

(예시 1)	(예시 2)	(예시 3)
#,##0%p;[빨강]-#,##0%p	#,##0%p;[빨강]▲#,##0%p	#,##0%p↑;[빨강]#,##0%p↓
-10%p	▲10%p	10%p↓
4%p	4%p	4%p↑
15%p	15%p	15%p↑
-9%p	▲9%p	9%p↓

숫자 맨 앞에 있는 0이 사라져요 ● ● ●

셀에 휴대폰 번호 01012341234를 입력해보면, 맨 앞에 0이 사라지고 1012341234만 남게 됩니다. 왜 그럴까요? 엑셀에서는 숫자를 입력하는 순간, 자동으로 '숫자' 형식으로 인식하기 때문입니다. 숫자는 맨 앞에 '0'이 있을 수가 없으니까, 엑셀에서 알아서 0이 안 보이도록 제거해버린 것이죠.

만약 앞에 0이 그대로 남아 있도록 하고 싶다면, 엑셀에게 미리 '나는 숫자를 쓰는 것이 아니야'라고 알려주어야 합니다. 숫자가 아닌 우리가 쓰는 글자 그대로, 즉 텍스트 형식으로 변형하는 것입니다. 방법은 간단해요. 셀 앞에 작은따옴표(')를 입력하면 됩니다.

셀에 01012341234가 아닌 '01012341234를 입력하면, 앞에 작은따옴표(')는 보이지 않고 0은 남은 채로 01012341234만 표시됩니다. 동시에 셀 좌측 상단에 초록색 삼각형이 뜨게 되는데, 이는 입력된 숫자가 '텍스트 형식으로 저장된 숫자'라는 것을 알려주는 표시입니다.

▼ 맨 앞에 작은따옴표(')를 입력하면 해당 셀은 텍스트 형식으로 변경된다.

숫자▶	1012341234	숫자▶	1012341234
텍스트▶	'01012341234	텍스트▶	01012341234

날짜 서식

이번에는 셀에 날짜 형식을 한번 입력해보겠습니다. 셀에 2030-01-09(연도-월-일) 또는 2030/01/09(연도/월/일) 형태로 입력하면, 해당 셀의 서식이 자동으로 '일반'에서 '날짜'로 변경됩니다. 예를 들어, 비어 있던 일반 형식 W9셀에 2030-01-09을 입력하면, 해당 표시 형식은 날짜로 변경됩니다.

그런데 어떤 다른 이유로 인해, 해당 셀에 날짜가 아닌 415라는 숫자를 쓸 일이 생겼다고 가정해보겠습니다. 숫자 415를 입력하는 순간, 415가 아닌 1901-02-18이라는 이상한 날짜가 표시됩니다. 엑셀 초보자들은 이럴 때 '헉 큰일 났다. 뭔가 잘못되었나 봐!' 하고 당황하게 되는데요, 그러지 않으셔도 됩니다 😊

커서를 W9셀에 둔 상태로 [홈] 탭 → [표시 형식]의 박스를 클릭해보겠습니다. 이 표시 형식을 열어보면, 숫자는 415 / 간단한 날짜는 1901-02-18로 되어 있습니다.

▼ 날짜 서식으로 바뀌어 있는 셀에 숫자 415를 입력했더니, 1901-02-18로 보인다.

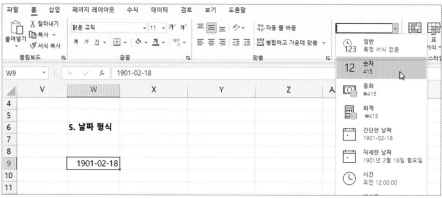

엑셀에서는 1900년 1월 1일은 숫자 1로 매칭되어 있습니다. 1900-01-01 = 1, 1900-01-02 = 2, 1900-01-03 = 3 … 이런 식으로 날짜와 숫자를 매칭해서 계속 이어집니다. 2030-01-01 = 47484, 즉 2030년 1월 1일은 1900년 1월 1일로부터 47484번째 날인 거죠.

날짜	1900-01-01	1900-01-02	1900-01-03	...	2030-01-01	2030-01-02
숫자	1	2	3	...	47484	47485

이러한 특성 덕분에 엑셀은 날짜끼리 빼고 더하기를 할 수 있습니다. 이 내용은 'Chapter 4. 달력 만들기'에서 더 자세하게 다루도록 하겠습니다. 우선 날짜와 숫자가 서로 연결되어 있다는 사실을 이해하고 당황하지 않는 것이 중요합니다.

셀이 날짜 형식으로 표시되었을 때, 숫자 형식으로 바꾸고 싶다면 [홈] 탭 → [표시 형식] 박스에서 [숫자]를 클릭해서 바꾸기만 하면 됩니다.

 잠깐만요! **%와 %p의 차이**

사회 새내기분들이 많이 헷갈려 할 수 있는 부분이에요.

%(퍼센트)는 말 그대로 백분율을 나타내고, %p(퍼센트포인트)는 %의 변화 폭을 나타냅니다. 예를 들면 50% → 40%로 줄어든 것을 우리가 기존에 배워온 변화율로 계산하면,

   (이전 숫자 - 변한 숫자) / 이전 숫자 x 100 입니다.

   (50 - 40) / 50 x 100 = 20 으로 산출되고, 이는 20% 하락했다고 말할 수 있습니다.

그러나 이렇게 표현하는 것이 쉽지도 않고 직관적이지 않아서, %의 변동 폭은 아래와 같이 표현합니다.

   50 - 40 = 10, 10만큼 줄어들었구나! "10%p가 하락했다"

앞으로 %의 변동 폭에 대해 이야기할 때는 %p를 사용해보세요!

06 엑셀은 인쇄도 쉽지 않다

신입사원들이 종종 부탁받는 것이 있습니다. 바로 인쇄인데요. 까짓것, 당당하게 인쇄해서 전달하려 했으나 이것도 생각보다 만만치 않습니다. 엑셀은 인쇄도 쉽지가 않아요. 파워포인트나 워드 같은 파일은 그냥 인쇄 버튼만 누르면 되는데, 엑셀은 항상 이상하게 출력되곤 하거든요.

인쇄 미리보기 ●●●

엑셀 파일을 본격적으로 인쇄하기에 앞서서 미리 확인해야 하는 것이 있습니다. 바로 어떤 영역이 인쇄되는지를 미리 보는 것입니다. 파워포인트나 워드는 인쇄되는 영역이 명확한 반면, 엑셀은 시트 영역이 사방으로 넓게 퍼져 있기 때문에 [인쇄 미리보기]를 통해 정확한 인쇄 범위를 확인해야 합니다.

[파일] 탭 → [인쇄]를 클릭하면, 어떤 화면이 인쇄되는지 미리 볼 수 있습니다. 또는 Chapter 1-4에서 배운 '빠른 실행 도구'에 [인쇄 미리보기 및 인쇄] 버튼을 설정해두면 보다 편리하게 사용할 수 있습니다.

인쇄 : Ctrl + P [Mac] : Cmd + P

▼ [인쇄] 창에서 현재 설정되어 있는 인쇄 페이지 영역을 미리 확인할 수 있다.

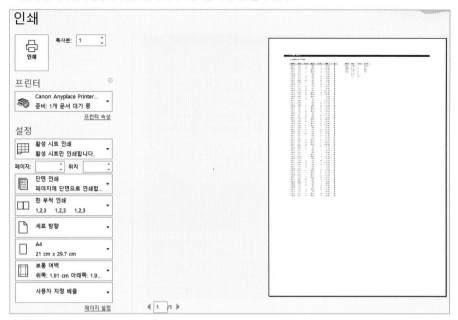

인쇄를 빠르게 하는 2 STEP

엑셀 인쇄는 아래 두 단계만 제대로 하면 됩니다.

1. 인쇄할 영역을 지정하고
2. 알맞은 크기로 조정해서 프린트합니다.

첫 번째, 인쇄 영역을 지정하기 위해서는 먼저 현재 지정되어 있는 영역을 눈으로 확인해야 합니다. [보기] 탭 → [페이지 나누기 미리보기]를 클릭하면 인쇄 영역을 쉽게 확인할 수 있습니다. 회색 영역이 인쇄되지 않는 영역이고, 파란색 선 안의 흰색 영역이 인쇄되는 영역입니다.

▼ [보기] 탭 > [페이지 나누기 미리보기]에서 현재 설정 영역을 눈으로 확인하고 조정할 수 있다.

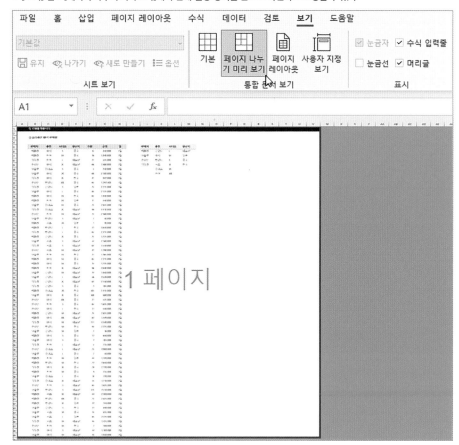

눈으로 확인하는 것뿐만 아니라, 바로 조정도 가능합니다. 인쇄 영역을 표시하는 파란색 선에 마우스를 가져가면 포인터가 양방향 화살표(↔)로 바뀝니다. 이때, 클릭 후 드래그 해서 원하는 영역을 선택할 수 있어요.

이게 STEP 1, 영역이 어떻게 나뉘어 있는지 보고 우리가 원하는 범위로 조정하는 과정 입니다.

▼ [보기] 탭 > [페이지 나누기 미리보기]에서 파란색 선을 조정하여 인쇄 영역을 설정한다.

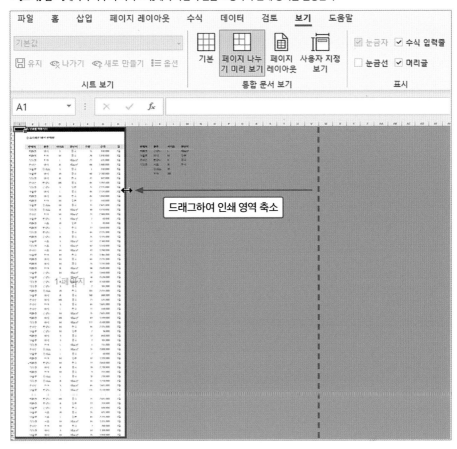

드래그하여 인쇄 영역 축소

 TIP 다시 원래 화면 상태로 보고 싶을 때는 [보기] 탭 → [기본]으로 변경하면 됩니다.

자, 그럼 지금 이 상태에서 인쇄를 눌러서 미리보기를 해볼까요? 어라, 분명히 잘 줄여놨
는데도 여전히 썩 마음에 들지는 않네요. 왜 그럴까요?

▼ 인쇄 영역 설정은 잘 되었지만, 아직 화면에 알맞게 인쇄되지는 않는다. 이럴 땐 하단의 [페이지 설정]을 누르면 더 상세하게 조정할 수 있다.

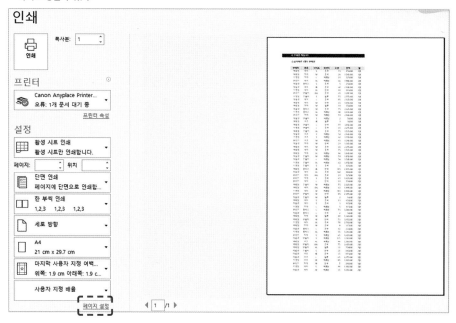

바로 STEP 2, 두 번째 과정으로 가볼게요. [인쇄] 창 하단에 있는 [페이지 설정] 창을 클릭합니다. 그다음 [페이지] 탭에서 [배율] 부분을 보면, [확대/축소 배율]과 [자동 맞춤]이 있습니다. 우리가 직접 하기보다는 컴퓨터에게 맡기도록 합시다. [자동 맞춤]에서 우리는 '세로'로 인쇄할 예정이고, 2장 정도로 나누면 적당할 것 같아서 '용지 높이'를 2로 입력했습니다.

▼ 상세한 조정이 가능한 [페이지 설정] 창   ▼ 두 페이지로 알맞게 조정되었다.

이렇게 설정 후 '미리보기'를 통해 여러분이 보기에 적당하다 싶은 수준으로 계속 조정해주시면 됩니다. 적당함의 기준은 눈에 보이는 완성도를 말하는 것이고요.

자, 정리해보면 인쇄 영역 확정 → 자동 맞춤 설정 → 인쇄. 어떤가요, 간단하죠?
[Mac] : [인쇄] 창 → [세부사항 보기] → [크기 조절] 클릭 후 설정 가능

특정 행을 반복해서 인쇄하기 ●●●

이렇게 완성한 출력물을 팀장님께 드렸더니, 하나만 수정해서 다시 인쇄해달라고 하시네요. 현재 출력한 인쇄물의 두 번째 페이지에는 표의 맨 윗부분, 즉 표의 구분 항목이 인쇄되지 않았기 때문입니다. 두 번째 페이지에도 표의 최상단을 포함해서 다시 인쇄해봅시다.

▼ 두 번째 페이지에는 표의 구분 항목이 나와 있지 않아서 보는 사람이 불편함을 느낄 수 있다.

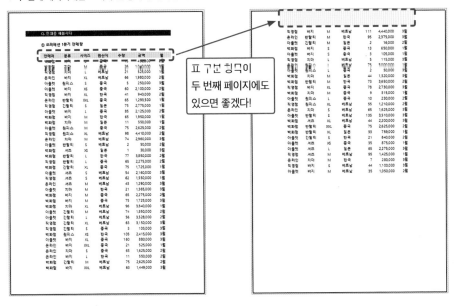

표를 인쇄하다 보면 이렇게 출력해야 하는 경우가 꽤 자주 발생합니다. 방법을 모르면 해당 행을 복사해서 일일이 끼워넣는 작업을 해야 하는데요. 저도 입사하고 몇 개월 동

안은 쉬운 방법이 있을 거라고는 생각도 못 하고 행 복사 작업을 손으로 일일이 반복했습니다. 그나마 두세 장 정도면 할 만한데, 같은 작업을 몇십 장씩 하다 보니 실수도 생기고 '이걸 왜 하고 있나' 하는 생각도 들더라고요. 그래서 찾게 된 방법입니다. 여러분은 저처럼 시간 낭비하지 마시고, 바로 이 방법을 사용해보세요!

❶ [페이지 레이아웃] 탭 → [페이지 설정] 박스 하단에 있는 네모 박스(⤦) 를 클릭

    [Mac] : 바로 [페이지 설정] 클릭

❷ [페이지 설정] 창에서 [시트] 탭 클릭

❸ [반복할 행] 박스 안에 커서를 한 번 클릭

❹ ➡ 모양으로 바뀐 마우스 포인터로 반복하고자 하는 행을 클릭 → [확인]

▼ [페이지 레이아웃] 탭 > [페이지 설정] 박스 우측 하단 네모를 누르면 [페이지 설정] 창이 뜬다.

▼ [시트] 탭 > [반복할 행] 박스 안에 커서를 찍은 후 반복하고자 하는 행을 클릭한다.

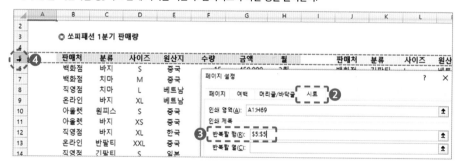

이렇게 반복할 행을 설정해주면, 다음 이미지처럼 표 윗부분이 2페이지에도 인쇄되는 것을 볼 수 있습니다. 만약 3페이지, 4페이지가 있다면 해당 페이지에도 똑같이 반복됩니다.

▼ 반복 설정한 5행(표의 구분 항목)이 2페이지에도 반복되고 있다.

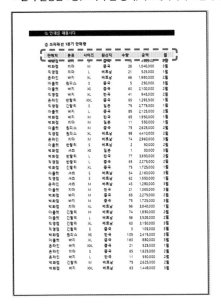
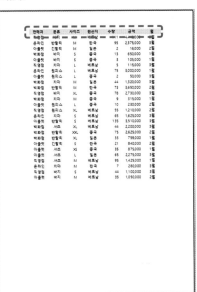

여러 시트 한 번에 인쇄하기

엑셀은 기본적으로는 우리가 현재 띄워놓은 시트, 즉 하나의 시트만 인쇄합니다. 그러나 항상 하나의 시트만 인쇄할 수 있는 것은 아닙니다. 같은 파일 내에 있는 여러 시트를 인쇄하고 싶을 때는 어떻게 해야 할까요?

Chapter 1-1에서 배운 '시트 그룹화하기'를 사용해서 한 번에 인쇄할 수 있습니다. Ctrl 키나 Shift 키를 누른 상태로 시트를 클릭하면 시트가 동시에 선택되는데요. 시트가 동시에 선택된 상태에서 인쇄를 누르면 해당 시트들이 모두 한꺼번에 인쇄됩니다.
예를 들어, Shift 키를 누른 상태로 [인쇄] 시트와 [인쇄연습2] 시트를 클릭하고 인쇄하면 함께 선택된 [인쇄], [인쇄연습1], [인쇄연습2] 총 3개의 시트가 출력됩니다.

▼ [인쇄] 시트와 [인쇄연습1], [인쇄연습2] 시트를 한 번에 인쇄하고 싶어서 그룹화했다.

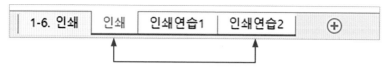

이제 여러 시트를 인쇄할 때도 각각 눌러 인쇄하지 않고 한 번에 그룹화해서 인쇄할 수 있겠죠?

CHAPTER 02

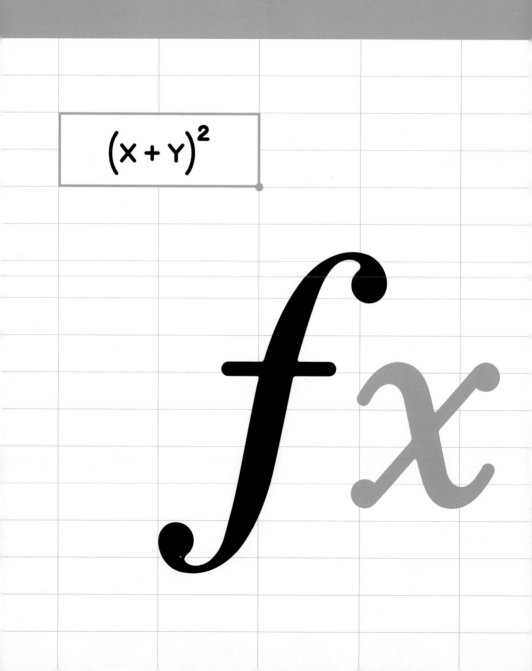

데이터의 기본
: 필터, 틀 고정, 조건부 서식

Chapter 1에서는 엑셀의 기초적인 기능들에 대해 알아봤습니다. Chapter 2에서는 본격적으로 데이터 분석을 하기에 앞서 가장 기본이 되는 '데이터'에 대해서 배워보겠습니다. 데이터가 무엇이고, 이 데이터를 어떤 툴을 활용해서 어떻게 뜯어보면 쉽게 분석할 수 있는지 알아봅시다!

01

원하는 정보만
쏙쏙 걸러주는 필터

"원하는 정보만 쏙쏙 걸러서 볼 수 있는 필터 기능!"

	A	B	C	D	E	F	G	H	I
4									
5		판매처	분류	모델명	사이즈	원산지	수량	금액	월
6		백화점	바지	P13CN	S	중국	15	450,000	2월
7		백화점	치마	SK15CN	M	중국	26	1,040,000	3월
8		직영점	치마	SK32VN	L	베트남	21	525,000	1월
9		온라인	바지	P44VN	XL	베트남	66	1,980,000	2월
10		아울렛	원피스	OP24CN	S	중국	5	250,000	3월
11		아울렛	바지	P32CN	XS	중국	60	2,100,000	2월

	A	B	C	D	E	F	G	H	I
4									
5		판매처	분류	모델명	사이즈	원산지	수량	금액	월
6		백화점	바지	P13CN	S	중국	15	450,000	2월
30		백화점	바지	P32CN	M	중국	65	2,275,000	2월
61		백화점	반팔티	ST32CN	XXL	중국	75	2,625,000	2월

로우 데이터 (Raw data) ●●●

데이터를 씹고, 뜯고, 맛보고 즐기기 위해서 가장 중요한 조건이 하나 있습니다. 바로 '좋은 로우 데이터'여야 한다는 것입니다. 로우 데이터, 말 그대로 날 것(Raw)의 데이터라고 하는데요. '어떠한 가공도 거치지 않은 원본 데이터'를 지칭합니다. 원본 데이터, 날 데이터, 데이터베이스 등으로도 불리며 여러분이 회사에서 가장 많이 볼 수 있는 형태의 파일입니다.

▼ 로우 데이터는 어떠한 가공도 거치지 않은 원본 데이터를 뜻한다.

▲	A	B	C	D	E	F	G	H	I
4									
5		판매처	분류	모델명	사이즈	원산지	수량	금액	월
6		백화점	바지	P13CN	S	중국	15	450,000	2월
7		백화점	치마	SK15CN	M	중국	26	1,040,000	3월
8		직영점	치마	SK32VN	L	베트남	21	525,000	1월
9		온라인	바지	P44VN	XL	베트남	66	1,980,000	2월
10		아울렛	원피스	OP24CN	S	중국	5	250,000	3월
11		아울렛	바지	P32CN	XS	중국	60	2,100,000	2월
12		직영점	바지	P51KR	XL	한국	41	943,000	2월
13		온라인	반팔티	ST24CN	XXL	중국	65	1,293,500	1월
14		직영점	긴팔티	LT521JP	S	일본	75	2,775,000	1월
15		아울렛	바지	P15CN	L	중국	85	2,125,000	2월

1. 최상단 행에는 데이터의 속성값을 정의해주는 제목들이 있고 (ex. 판매처, 분류, 모델명…)

2. 해당 속성별로 '열 단위(세로)'로 분류되어 있는데

3. 각 행에는 한 건의 정보만 누적되어 있는 형태입니다. (ex. 6행 : '백화점'에서 판매된 '바지' 모델 'P13CN'의 'S' 사이즈는 '중국'산인데 2월에 15개, 총 45만 원 판매됨)

4. 또한, 전체 데이터 안에는 빈 행이나 병합되어 있는 셀이 없어야 합니다.

위의 조건들을 만족한 형태가 가장 기본적이고 잘 정리된 로우 데이터라고 합니다. 회사 시스템에서 데이터를 다운로드받거나, 데이터 전문 회사에서 데이터를 받을 때 볼 수 있는 기본적인 파일의 형태입니다. 우리가 직접 데이터를 만들 때도 마찬가지로 위의 형태대로 만들어야 향후 배울 필터나 피벗 등의 기능을 적용하기 쉽습니다.

필터 ● ● ●

방대하게 나열되어 있는 로우 데이터를 그냥 그대로 보기에는 막막하겠죠? 우리가 원하는 정보만 골라 볼 수 있도록 '필터' 기능을 써보도록 하겠습니다. 필터는 가장 많이 쓰이는 기능이라서 엑셀을 아예 모르시는 분들도 어렴풋이 들어봤을 수도 있는데요, 제대로 한번 알아보겠습니다!

필터 생성하기

필터는 '정말 정말' 많이 쓰는 기능이기 때문에, 단축키를 외우는 것을 강력하게 추천드립니다. 모든 단축키를 외울 필요는 없지만 이제부터 알려드릴 단축키 두 개는 꼭 외우시길 바라요. 그 첫 번째가 필터입니다. 자, 그럼 필터를 만들어볼까요?

■ **필터 만드는 방법**

❶ 커서를 데이터 안 아무 곳에나 둡니다.

❷ Alt → D → F → F 를 누릅니다. 한꺼번에 누르느라 고생할 필요 없어요. 순차적으로 연달아 입력하면 됩니다.

❸ 데이터 최상단 행에 버튼이 생겼다면, 필터가 제대로 생성된 것입니다.

❹ 해제하는 것도 똑같이 Alt → D → F → F 입니다. 한 번만 외우면 돼요!

▼ Alt → D → F → F 를 누르면, 데이터 최상단 제목행에 필터 버튼이 생성된다.

	A	B	C	D	E	F	G	H	I
4									
5		판매처 ▼	분류 ▼	모델명 ▼	사이즈 ▼	원산지 ▼	수량 ▼	금액 ▼	월 ▼
6		백화점	바지	P13CN	S	중국	15	450,000	2월
7		백화점	치마	SK15CN	M	중국	26	1,040,000	3월
8		직영점	치마	SK32VN	L	베트남	21	525,000	1월
9		온라인	바지	P44VN	XL	베트남	66	1,980,000	2월
10		아울렛	원피스	OP24CN	S	중국	5	250,000	3월
11		아울렛	바지	P32CN	XS	중국	60	2,100,000	2월
12		직영점	바지	P51KR	XL	한국	41	943,000	2월

TIP Ctrl + Shift + L 도 필터를 생성/해제하는 단축키입니다. 다만, 이 단축키는 세 가지 키를 동시에 눌러야 해서 저는 Alt → D → F → F 로 각각 누르는 것을 선호합니다. 뒤에 배우게 될 단축키들 또한 Alt 기반이 많아서 Alt 버전의 단축키를 외우시는 것을 추천드립니다.
[Mac] : Cmd + Shift + F

만약 단축키를 외우기 어렵다면, [홈] 탭 → [정렬 및 필터] → [필터]를 클릭하면 같은 기능을 사용할 수 있습니다. 하지만 필터 단축키는 외우는 것을 추천드려요.

최상단 머리글에 생긴 화살표 버튼을 클릭해보겠습니다. B열의 '판매처' 옆 화살표를 클릭했더니, 백화점, 아울렛, 온라인, 직영점 네 개의 항목이 보입니다. 행이 길어서 항목이 많은 줄 알았는데, 알고 보니 딱 네 개로만 구성되어 있었네요.

▼ 필터 버튼을 클릭하면 데이터의 구성 요소를 파악할 수 있다.

마찬가지 방법으로 사이즈의 구성도 확인할 수 있고, 물건을 어디에서 받아오는지 원산지도 알 수 있습니다. 이렇게 필터 버튼은 중복된 항목을 제외한 목록을 나열해주기 때문에, 데이터가 기본적으로 어떻게 구성되어 있는지를 확인할 수 있어요.

원하는 데이터만 걸러서 보기

이제 원하는 정보만 좁혀서 볼 수 있도록 '필터링'까지 해보겠습니다. 필터 생성 후 제목행의 버튼을 열어서 보고 싶은 항목만 클릭한 후 확인을 눌러주면 되는데요. 우리는 마우스가 아니라 단축키를 사용해보도록 하겠습니다.

■ 버튼 클릭해서 목록 열기

[Alt] + [↓] [Mac] : [Option] + [↓]

판매처 셀(B5셀)에 커서를 두고 [Alt] + [↓] 누르면, 판매처 목록이 열림

■ 체크박스 항목 선택/해제하기

⌈↓⌋ 또는 ⌈↑⌋ 방향키로 이동 후, ⌈Space Bar⌋로 선택 [Mac] : 없음

'백화점' 항목만 보고 싶으면 '(모두 선택)' 해제 후, '백화점' 체크박스 선택

원하는 항목을 다 선택했다면 ⌈Enter⌋를 누르면 됩니다.

▼ ⌈Alt⌋ + ⌈↓⌋로 해당 열의 필터 버튼을 열고 ⌈Space Bar⌋로 체크박스 선택, ⌈Enter⌋로 확인한다.

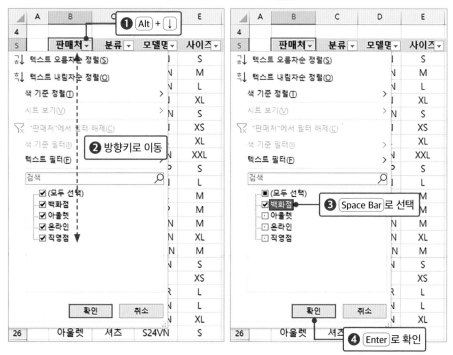

백화점만 선택했을 경우, 백화점이 입력되어 있는 행의 데이터만 걸러서 볼 수 있습니다. 특정 데이터만 보면서 분석해야 할 때 이렇게 필터를 거는 것입니다.

해제할 때는 다시 ⌈Alt⌋ → ⌈D⌋ → ⌈F⌋ → ⌈F⌋를 눌러 필터 자체를 없애도 되고, 또는 판매처 버튼을 클릭해서 '(모두 선택)' 항목에 체크하면 필터링이 풀리게 됩니다.

CHAPTER 2 데이터의 기본 : 필터, 틀 고정, 조건부 서식

▼ 판매처 중 '백화점'에 해당하는 행만 걸러서 데이터를 확인할 수 있다.

	A	B	C	D	E	F	G	H	I	J
4										
5		판매처 ▼	분류 ▼	모델명 ▼	사이즈 ▼	원산지 ▼	수량 ▼	금액 ▼	월 ▼	
6		백화점	바지	P13CN	S	중국	15	450,000	2월	
7		백화점	치마	SK15CN	M	중국	26	1,040,000	3월	
16		백화점	바지	P32KR	M	한국	65	1,950,000	1월	
17		백화점	치마	SK44JP	M	일본	11	550,000	1월	
22		백화점	셔츠	S32JP	XS	일본	1	30,000	3월	
23		백화점	반팔티	ST44KR	L	한국	77	3,850,000	2월	
25		백화점	긴팔티	LT32CN	XL	중국	75	1,725,000	1월	

데이터 정렬하기

팀장님께서 '직영점에서 가장 많이 팔린 상품이 무엇인지' 알려달라고 하셨어요. 우선 '직영점'으로 데이터를 거른 후에, '수량'을 가장 많이 팔린 순으로 나열해야겠네요. 필터의 '정렬' 기능을 활용해보겠습니다.

1. 판매처 제목 셀(B5셀)에서 Alt + ↓
2. 직영점 항목 체크박스 Space Bar 로 선택 → Enter
   ┐ 직영점 데이터만 필터링하기
3. 수량 제목 셀(G5셀)에서 Alt + ↓
4. '숫자 내림차순 정렬'에서 바로 Enter
   ┐ 수량 큰 순서대로 정렬하기

오름차순이라고 하는 것은 작은 숫자부터 큰 숫자로 올라가는 것이고, 내림차순은 큰 숫자에서 작은 숫자로 내려오는 것입니다. 지금 우리는 큰 순서부터 정렬해서 보는 것이 용이하므로 '내림차순'을 선택합니다.

▼ 판매처 중 '직영점'에서 판매된 상품을 '많이 팔린 순서대로' 정렬하고 싶다.

	A	B	C	D	E	F	G	H	I	J
4										
5		판매처 ▼	분류 ▼	모델명 ▼	사이즈 ▼	원산지 ▼	수량 ▼	금액 ▼	월 ▼	
8		직영점	치마	S	급↓ 숫자 오름차순 정렬(S)			525,000	월	
12		직영점	바지	P	힉↓ 숫자 내림차순 정렬(O)			943,000	2월	
14		직영점	긴팔티	L'	색 기준 정렬(T)		>	2,775,000	1월	
19		직영점	원피스	O	시트 보기(V)		>	4,410,000	2월	
24		직영점	반팔티	S'				2,275,000	2월	
27		직영점	셔츠	S	▽ "수량"에서 필터 해제(C)			1,550,000	1월	
35		직영점	긴팔티	L'	색 기준 필터(I)		>	3,150,000	3월	

필터를 이용해 베트남산 M 사이즈 바지를 많이 팔았다는 것을 쉽게 확인할 수 있습니다. '수량' 옆에 화살표 버튼을 자세히 보면, 내림차순이 적용되었음을 알 수 있도록 '↓'가 표시되어 있네요. '판매처' 옆에도 필터링이 적용되었다는 뜻의 깔때기 표시가 생겼습니다.

▼ 수량을 기준으로 내림차순 정렬되었다.

	A	B	C	D	E	F	G	H	I	J
4										
5		판매처 ▼	분류 ▼	모델명 ▼	사이즈 ▼	원산지 ▼	수량 ↓	금액 ▼	월 ▼	
8		직영점	바지	P521VN	M	베트남	111	4,440,000	3월	
12		직영점	원피스	OP32VN	XL	베트남	98	4,410,000	2월	
14		직영점	셔츠	S32VN	M	베트남	95	1,425,000	1월	
19		직영점	바지	P32CN	XL	중국	78	2,730,000	3월	
24		직영점	긴팔티	LT521JP	S	일본	75	2,775,000	1월	
27		직영점	반팔티	ST24CN	L	중국	65	2,275,000	2월	
35		직영점	긴팔티	LT32VN	XL	베트남	63	3,150,000	3월	

오름차순, 내림차순 적용한 것은 바로 실행 취소(Ctrl + Z) 하지 않으면 다시 원래 순서대로 돌아가기가 어렵다는 점 참고해주세요.

텍스트 필터링하기

이번에는 회사에서 모델명에 'VN'이 포함된 모델에 어떤 문제가 생겼다고 합니다. 그래서 모델명에 'VN'이 포함된 것만 골라내야 하는 상황입니다. 이전까지는 기존에 있는 항목 중에 선택만 하면 되었는데, 이번에는 텍스트 안에서 한 번 더 필터링해야 하는 상황입니다. 자, 우선 '모델명'이 기준이니까 모델명 셀(D5셀)로 커서를 이동해서 Alt + ↓ 로 항목을 열겠습니다. 텍스트 필터 하단 검색창에 VN을 검색해보겠습니다. VN을 검색 후, Enter 를 누르면 VN이 포함된 항목의 행만 필터링됩니다.

▼ 텍스트 필터 하단 검색창에 'VN'이라고 입력하면, VN이 포함된 항목만 표시된다.

▼ 모델명 중 'VN'이 포함된 행만 걸러서 데이터를 확인할 수 있다.

	A	B	C	D	E	F	G	H	I	J
4										
5		판매처	분류	모델명	사이즈	원산지	수량	금액	월	
8		직영점	치마	SK32VN	L	베트남	21	525,000	1월	
9		온라인	바지	P44VN	XL	베트남	66	1,980,000	2월	
19		직영점	원피스	OP32VN	XL	베트남	98	4,410,000	2월	
20		온라인	치마	SK521VN	M	베트남	74	2,960,000	3월	
21		아울렛	반팔티	ST15VN	S	베트남	2	50,000	2월	
26		아울렛	셔츠	S24VN	S	베트남	54	2,160,000	3월	

검색창 상단의 [텍스트 필터]에서는 '같음, 같지 않음, 시작 문자, 끝 문자, 포함' 등의 다양한 조건값 설정이 가능합니다. 참고로 '같음 = 철자가 완벽하게 같은 것'만 필터링하는 것이므로 '포함'을 선택하면 조금 더 광범위하게 검색할 수 있다는 것도 알아두세요.

▼ [텍스트 필터] 항목에서는 더 다양한 조건으로 텍스트를 걸러낼 수 있다.

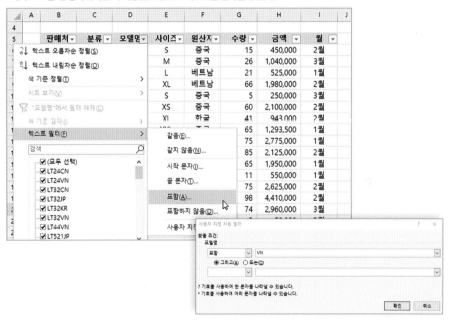

엑셀 2007과 그 이전 버전은 검색창이 없기 때문에 [텍스트 필터]만 사용 가능합니다. 텍스트 포함 검색이 워낙 많이 사용되는 기능이기 때문에, 마이크로소프트에서 이 검색창을 업데이트해준 것이겠죠?

필터의 필터링 조건을 조금 더 보기 쉽게 해주는 기능이 있습니다. 슬라이서(Slicer)라는 기능인데요, 이 기능을 활용하면 각 필터의 항목들을 버튼으로 시각화시켜서, 데이터와 함께 띄워놓고 볼 수 있습니다.

▼ 슬라이서는 필터 항목을 별도의 박스로 만들고, 박스 안 버튼을 통해 필터링하는 기능이다.

슬라이서는 일반 로우 데이터에서는 바로 사용할 수 없고, '표' 형태나 향후에 배울 '피벗 테이블'로 변형한 후 사용 가능합니다.

■ 슬라이서 사용 방법

❶ 표 형태로 변형 : 데이터 안에 커서를 둔 후, [삽입] 탭 → [표] → [확인]

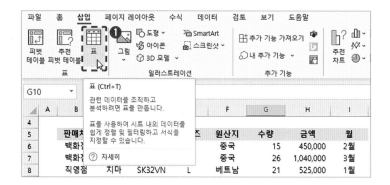

❷ 표 안에 커서를 두면 활성화되는 [테이블 디자인] 탭 클릭

❸ [슬라이서 삽입] 클릭

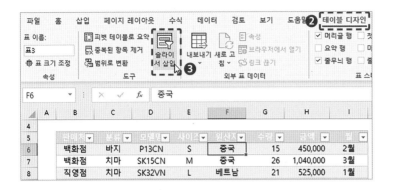

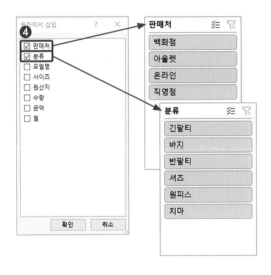

❹ 원하는 범주를 클릭하면, 해당 범주 박스가 생성됨

범주 박스 내 항목은 마우스로 한 개씩 클릭해도 되고, Ctrl 키와 Shift 키를 통해서 복수의 항목을 선택할 수도 있습니다.

기존 필터에서는 어떤 항목들이 선택되어 있는지 필터링 조건들을 보면서 데이터를 동시에 확인할 수 없는 반면, 슬라이서는 데이터 옆 범주 박스에서 선택된 버튼을 볼 수 있습니다. 또한, 각 필터 버튼을 클릭한 후 항목을 선택해야 하는 작업 과정을 단순하게 줄여줌으로써 빠르게 필터링할 수 있습니다.

슬라이서 기능은 시각적으로 중요한 대시보드를 만들 때 유용하게 사용해보세요.

부장님이 짜증 내는 이유, 틀 고정

"화면 스크롤을 아래로 내렸더니, 각 데이터가 무슨 항목인지 알 수 없게 되어버렸다."

	판매처	분류	모델명	사이즈	원산지	수량	금액	월
6	백화점	바지	P13CN	S	중국	15	450,000	2월
7	백화점	치마	SK15CN	M	중국	26	1,040,000	3월
8	직영점	치마	SK32VN	L	베트남	21	525,000	1월
9	온라인	바지	P44VN	XL	베트남	66	1,980,000	2월
10	아울렛	원피스	OP24CN	S	중국	5	250,000	3월
11	아울렛	바지	P32CN	XS	중국	60	2,100,000	2월
12	직영점	바지	P51KR	XL	한국	41	943,000	2월

38	아울렛	바지	P44CN	XL	중국	160	880,000	3월
39	온라인	바지	P32CN	XXL	중국	21	525,000	1월
40	온라인	치마	SK44CN	S	중국	65	1,625,000	2월
41	온라인	바지	P32KR	L	한국	11	550,000	2월
42	백화점	긴팔티	LT44VN	M	베트남	75	2,625,000	2월
43	백화점	바지	P32VN	XXL	베트남	63	1,449,000	3월
44	직영점	바지	P521VN	M	베트남	111	4,440,000	3월
45	온라인	반팔티	ST15KR	M	한국	95	2,375,000	3월
46	아울렛	긴팔티	LT32JP	M	일본	2	16,000	2월

틀 고정이란? ●●●

위의 데이터 화면을 모니터에 띄워놓고 부장님과 같이 보면서 데이터를 검토 중이었습니다. 스크롤을 아래로 내리면서 보고 있었는데, 부장님이 답답해하면서 "쏘피 씨, 데이터를 제대로 볼 수가 없잖아요. 틀 고정 좀 해주세요."라고 말씀하세요.

부장님이 짜증 내는 이유는 바로 '틀 고정' 때문입니다. 화면이 내려가면서 최상단 행의 머리글이 보이지 않으니 윗부분을 고정해달라는 뜻입니다.

틀 고정 만들기 : 커서의 위치가 중요하다 •••

틀 고정을 생성할 때는 커서의 위치가 중요합니다. 커서를 중심으로 커서 위쪽과 왼쪽이
고정되기 때문입니다.

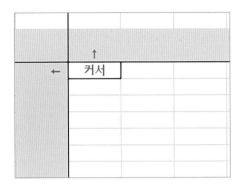

■ **틀 고정 만드는 방법**

1. Alt → W → F → F

   또는,

2. [보기] 탭 → [틀 고정] → [틀 고정]

[Mac] : 단축키 없음

 Alt → W → F → F 키는 동시에 입력할 필요 없이, 순차적으로 누르면 됩니다.

예를 들어 '판매처(B열)/분류(C열)/모델명(D열)'까지는 고정해서 보고 싶고, 머리말행
5행까지도 고정되었으면 좋겠어요. 이런 경우 E6셀에 커서를 두면, 이 커서를 기준으로
위쪽과 왼쪽이 틀 고정이 될 겁니다.

▼ 틀 고정을 하면, 커서 왼쪽에 긴 십자(十) 모양 선이 생긴다.

	A	B	C	D	E	F	G	H	I	J
2										
3		◎ 쏘피패션 1분기 판매량								
4										
5		판매처	분류	모델명	사이즈	원산지	수량	금액	월	
6		백화점	바지	P13CN	S	중국	15	450,000	2월	
7		백화점	치마	SK15CN	M	중국	26	1,040,000	3월	
8		직영점	치마	SK32VN	L	베트남	21	525,000	1월	
9		온라인	바지	P44VN	XL	베트남	66	1,980,000	2월	
10		아울렛	원피스	OP24CN	S	중국	5	250,000	3월	
11		아울렛	바지	P32CN	XS	중국	60	2,100,000	2월	
12		직영점	바지	P51KR	XL	한국	41	943,000	2월	
13		온라인	반팔티	ST24CN	XXL	중국	65	1,293,500	1월	

E6셀에 커서를 둔 상태에서 Alt → W → F → F 키를 누르니 긴 십자(+) 선이 생겼어요.

그 상태로 마우스 스크롤을 내려볼까요? 화면을 쭉 내렸을 때, 틀 위의 항목들은 고정되어 내려오지 않는 게 보이시나요? 오른쪽으로도 화면 스크롤을 움직여볼까요? 마찬가지로 D열 모델명까지는 가만히 고정되어 있고, E열부터의 화면만 움직입니다. 이게 바로 틀 고정입니다.

▼ 화면을 아래로 내려도 5행까지의 상단 행은 고정되어 있다.

▼ 화면을 오른쪽으로 움직여도 D열까지의 좌측 열은 고정되어 있다.

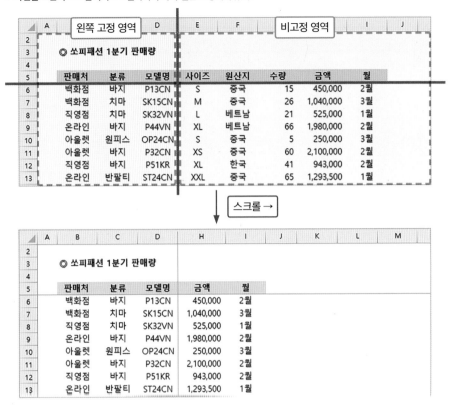

그럼 틀 고정을 해제할 때는 어떻게 할까요? 설정할 때와 똑같습니다. 해제 시에는 커서의 위치와 관계없이 Alt → W → F → F 키를 누르면 틀 고정이 사라집니다. ([보기] 탭 → [틀 고정] → [틀 고정 취소])

표에 틀 고정을 해놓은 당신, 센스쟁이!　● ● ●

틀 고정은 표를 볼 때 많이 씁니다. 표 상단 머리글과 표 왼쪽에 필드 영역을 고정해서 보는 경우가 많기 때문이죠. 워낙 기본으로 자주 쓰는 기능이기 때문에 단축키를 외워두시면 유용하게 쓰실 수 있답니다!

예시 1

	지점별 매출			판매수량			
				1월	2월	3월	합계
서울				4,822	4,401	5,815	15,038
	강남구			230	215	296	741
	강동구			175	85	302	562
	강북구			100	48	96	244
	강서구			244	144	94	482
	관악구			311	222	344	877
	광진구			250	111	345	706
	구로구			214	354	124	692
	금천구			155	165	154	474
	노원구			244	122	144	510
	도봉구			48	222	344	614
	동대문구			122	144	354	620

예시 2

계열사	1월	2월	3월	1분기	4월	5월	6월	2분기	7월	8월	9월	3분기	10월	11월	12월	4분기	연간
쏘피패션	214	354	124	692	154	155	165	474	111	135	138	384	48	222	344	614	2,164
쏘피전자	155	165	154	474	175	85	302	562	354	155	165	674	122	144	354	620	2,330
쏘피농장	244	122	144	510	354	122	144	620	154	85	302	541	222	344	179	745	2,416

CHAPTER 2 데이터의 기본 : 필터, 틀 고정, 조건부 서식

앞에서는 왼쪽 열과 상단 행을 둘 다 고정했다면, 이번에는 상단 행만 고정하고 싶습니다. 이런 경우에는 커서를 어디에 위치시켜야 할까요?

왼쪽은 고정할 필요가 없으니까 맨 왼쪽에 둔다고 생각을 해봅시다. 그리고 위는 고정할 거니까 고정할 행 바로 아래에 커서를 두면, 1) 그 위로는 고정이 되고 2) 왼쪽은 아무것도 고정되지 않습니다. 이 상태로 Alt → W → F → F 키를 누르면, 행에만 선이 하나 생겼습니다. 스크롤을 쭉 내려보세요. 상단 행만 고정된 상태로 왔다 갔다 할 수 있게 되었네요!

▼ 고정하려는 행 하단의 가장 왼쪽(A열)에 커서를 두면 행만 고정할 수 있다.

	A	B	C	D	E	F	G	H	I	J	K
2											
3		◎ 쏘피패션 1분기 판매량									
4											
5		판매처	분류	모델명	사이즈	원산지	수량	금액	월		
6		백화점	바지	P13CN	S	중국	15	450,000	2월		
7		백화점	치마	SK15CN	M	중국	26	1,040,000	3월		
8		직영점	치마	SK32VN	L	베트남	21	525,000	1월		
9		온라인	바지	P44VN	XL	베트남	66	1,980,000	2월		
10		아울렛	원피스	OP24CN	S	중국	5	250,000	3월		
11		아울렛	바지	P32CN	XS	중국	60	2,100,000	2월		
12		직영점	바지	P51KR	XL	한국	41	943,000	2월		
13		온라인	반팔티	ST24CN	XXL	중국	65	1,293,500	1월		
14		직영점	긴팔티	LT521JP	S	일본	75	2,775,000	1월		
15		아울렛	바지	P15CN	L	중국	85	2,125,000	2월		
16		백화점	바지	P32KR	M	한국	65	1,950,000	1월		
17		백화점	치마	SK44JP	M	일본	11	550,000	1월		
18		아울렛	원피스	OP24CN	M	중국	75	2,625,000	2월		

	A	B	C	D	E	F	G	H	I	J	K
2											
3		◎ 쏘피패션 1분기 판매량									
4											
5		판매처	분류	모델명	사이즈	원산지	수량	금액	월		
6		백화점	바지	P13CN	S	중국	15	450,000	2월		
7		백화점	치마	SK15CN	M	중국	26	1,040,000	3월		
8		직영점	치마	SK32VN	L	베트남	21	525,000	1월		
9		온라인	바지	P44VN	XL	베트남	66	1,980,000	2월		
10		아울렛	원피스	OP24CN	S	중국	5	250,000	3월		
11		아울렛	바지	P32CN	XS	중국	60	2,100,000	2월		
12		직영점	바지	P51KR	XL	한국	41	943,000	2월		
13		온라인	반팔티	ST24CN	XXL	중국	65	1,293,500	1월		
14		직영점	긴팔티	LT521JP	S	일본	75	2,775,000	1월		
15		아울렛	바지	P15CN	L	중국	85	2,125,000	2월		
16		백화점	바지	P32KR	M	한국	65	1,950,000	1월		
17		백화점	치마	SK44JP	M	일본	11	550,000	1월		
18		아울렛	원피스	OP24CN	M	중국	75	2,625,000	2월		

03 데이터에 생명을 불어넣는 조건부 서식

"조건부 서식을 활용하면 데이터에서 의미를 찾아내기 쉽다."

◎ 쏘피패션 1분기 판매량

판매처	분류	모델명	사이즈	원산지	목표수량	현재수량	진척률
백화점	바지	P13CN	S	중국	90	15	17%
백화점	치마	SK15CN	M	중국	50	40	80%
직영점	치마	SK32VN	L	베트남	44	21	48%
온라인	바지	P44VN	XL	베트남	75	66	88%
아울렛	원피스	OP24CN	S	중국	35	5	14%
아울렛	바지	P32CN	XS	중국	90	60	67%
직영점	바지	P51KR	XL	한국	35	41	117%
온라인	반팔티	ST24CN	XXL	중국	95	65	68%
직영점	긴팔티	LT521JP	S	일본	105	75	71%

◎ 쏘피패션 1분기 판매량

판매처	분류	모델명	사이즈	원산지	목표수량	현재수량	진척률
백화점	바지	P13CN	S	중국	90	15 ●	17%
백화점	치마	SK15CN	M	중국	50	40 ○	80%
직영점	치마	SK32VN	L	베트남	44	21 ●	48%
온라인	바지	P44VN	XL	베트남	75	66 ○	88%
아울렛	원피스	OP24CN	S	중국	35	5 ●	14%
아울렛	바지	P32CN	XS	중국	90	60 ●	67%
직영점	바지	P51KR	XL	한국	35	41 ●	117%
온라인	반팔티	ST24CN	XXL	중국	95	65 ●	68%
직영점	긴팔티	LT521JP	S	일본	105	75 ○	71%

조건부 서식이란?

텍스트와 숫자가 빼곡한 데이터에서 유의미한 시사점을 얻어내는 것이 쉬운 일은 아닙니다. 그렇지만 기준점에 따른 표시가 있다면 데이터를 읽기가 조금 더 쉽겠죠? 예를 들어 판매수량이 30개 미만이면 '판매수량에 문제가 있다'고 해당 셀에 빨간색으로 색칠해서 주의를 주는 식이죠.

이와 같은 작업을 할 때, 만약 이번 장에서 배울 '조건부 서식'을 모른다면 판매수량이 30개 미만인 셀을 눈으로 일일이 확인해서 해당하는 셀에 빨간색을 직접 채워야 할 겁니다. 한참 걸리겠죠.

조건부 서식은 '어떤 조건에 부합하는 셀에 특정 서식을 적용하는' 기능입니다.

■ **조건부 서식**

❶ Where : 어떤 셀이

❷ What : 무슨 조건을 만족하면

❸ How : 어떤 서식을 적용할 것인지

Chapter 1에서 '서식'이란 [홈] 탭에 있는 글꼴, 맞춤, 표시 형식, 스타일 등 글의 양식을 지칭하는 것이라고 배웠던 거 기억나시나요? 조건부 서식 역시 [홈] 탭에서 설정할 수 있습니다. [홈] 탭의 [조건부 서식]을 클릭하면 여러 가지가 나오는데, 가장 많이 쓰는 두 가지는 [셀 강조 규칙]과 [아이콘 집합]입니다.

▼ [홈] 탭 > [조건부 서식]을 이용하면 조건에 따른 서식을 지정할 수 있다.

셀 강조 규칙

조건부 서식을 사용할 때 가장 먼저 해야 하는 일은 어디에 적용할지 '범위를 지정하는 것'입니다. 우리는 H열의 '현재수량'이 30개 미만인 것을 표시하고 싶습니다. 따라서 H6셀부터 H69셀까지(H6:H69) 범위를 선택해주겠습니다.

▼ ❶ Where : 서식을 적용할 H6셀부터 H69셀까지 범위를 선택한다.

	A	B	C	D	E	F	G	H	I	J
4										
5		판매처	분류	모델명	사이즈	원산지	목표수량	현재수량	진척률	
59		아울렛	반팔티	ST521VN	S	베트남	165	135	82%	
60		백화점	셔츠	S15VN	XL	베트남	74	44	59%	
61		백화점	반팔티	ST32CN	XXL	중국	69	75	109%	
62		백화점	반팔티	ST44JP	XL	일본	63	33	52%	
63		아울렛	긴팔티	LT32KR	S	한국	51	21	41%	
64		아울렛	셔츠	S44CN	XS	중국	68	35	51%	
65		아울렛	셔츠	S24JP	L	일본	95	65	68%	
66		직영점	셔츠	S32VN	M	베트남	89	95	107%	
67		온라인	치마	SK24KR	M	한국	37	7	19%	
68		직영점	바지	P32VN	S	베트남	74	44	59%	
69		아울렛	바지	P521VN	M	베트남	65	35	54%	

조건부 서식에서 [셀 강조 규칙]을 보면 '~보다 큼', '~보다 작음', '같음', '텍스트 포함' 등이 있는데요. 우리가 원하는 조건은 '30개 미만'인 경우이니 [~보다 작음]을 클릭합니다.

▼ [셀 강조 규칙]은 숫자/텍스트/날짜에 따른 조건값을 설정할 수 있어서 많이 쓰인다.

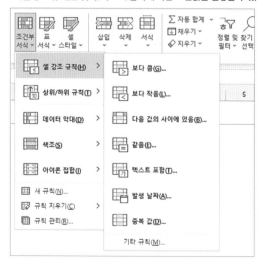

TIP 다른 조건값들도 사용해보세요! 그중 특히 많이 쓰이는 '중복값'은 해당 범위에 중복된 항목을 표시해주는 기능입니다.

[~보다 작음]을 클릭하면, 아래와 같은 상세 설정 팝업창이 뜹니다.

▼ ❷ What : 특정 조건값을 만족했을 때, ❸ How : 특정한 서식이 적용되도록 지정할 수 있다.

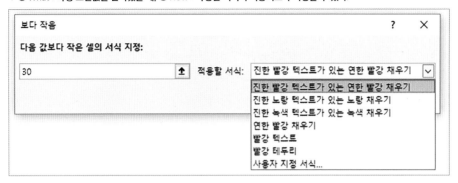

팝업창 안에 기본으로 임의의 값이 적혀 있는데, 우리가 직접 30이라고 입력하겠습니다. 적용할 서식에는 '진한 빨강 텍스트가 있는 연한 빨강 채우기'가 기본값으로 되어 있는데요. 이 서식이나 다른 옵션들을 사용해도 괜찮고, '사용자 지정'에서 원하는 서식으로 자유롭게 정해주셔도 좋습니다.

❶ Where : 어떤 셀이 → H6:H69

❷ What : 무슨 조건을 만족하면 → 30보다 작으면

❸ How : 어떤 서식을 적용할 것인지 → 진한 빨강 텍스트가 있는 연한 빨강 채우기

▼ 지정한 영역 내 30 미만 숫자 셀만 선별되어, 우리가 지정한 서식이 적용되었다.

	A	B	C	D	E	F	G	H	I	J
4										
5		판매처	분류	모델명	사이즈	원산지	목표수량	현재수량	진척률	
6		백화점	바지	P13CN	S	중국	90	15	17%	
7		백화점	치마	SK15CN	M	중국	50	40	80%	
8		직영점	치마	SK32VN	L	베트남	44	21	48%	
9		온라인	바지	P44VN	XL	베트남	75	66	88%	
10		아울렛	원피스	OP24CN	S	중국	35	5	14%	
11		아울렛	바지	P32CN	XS	중국	90	60	67%	
12		직영점	바지	P51KR	XL	한국	35	41	117%	
13		온라인	반팔티	ST24CN	XXL	중국	95	65	68%	
14		직영점	긴팔티	LT521JP	S	일본	105	75	71%	
15		아울렛	바지	P15CN	L	중국	68	85	125%	
16		백화점	바지	P32KR	M	한국	109	65	60%	
17		백화점	치마	SK44JP	M	일본	41	11	27%	

진척률 신호등 관리

이번에는 '아이콘 집합'을 활용해서 조건부 서식을 적용해보겠습니다. 판매 진척률이 100% 이상은 초록색, 70% 이상은 노란색, 그 아래는 빨간색으로 표시하고 싶습니다. 방법은 마찬가지로 어떤 셀에 적용할지를 지정하는 것부터 시작합니다.

진척률 열(I열) 아래 서식을 적용할 I6:I69셀을 선택한 후, [홈] 탭 → [조건부 서식] → [아이콘 집합]으로 마우스를 옮깁니다. 여기에 나열되어 있는 아이콘들을 그냥 클릭하면 규칙이나 조건을 지정할 수가 없기 때문에 하단의 [기타 규칙]을 클릭해야 합니다.

▼ [아이콘 집합]에서는 다양한 기호를 사용하여 서식을 나타낼 수 있다.

[기타 규칙]을 클릭하면, 기본 아이콘이 삼색 신호등으로 설정되어 있습니다. 아이콘 스타일에서 원하는 다른 아이콘으로 바꿀 수 있습니다. 우리는 가장 많이 쓰이는 삼색 아이콘을 사용해보겠습니다.

▼ [기타 규칙]에서 '아이콘 스타일', '규칙', '종류' 등을 설정할 수 있다.

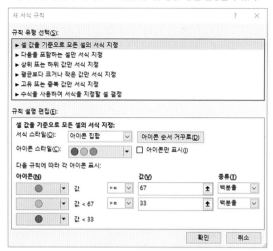

규칙에 따른 아이콘 표시를 설정할 때 주의할 사항이 있습니다. '100% 이상인 경우', '70% 이상인 경우'와 같이 셀에 입력되어 있는 %값을 기준으로 조건을 나눌 때에는 종류 설정을 '백분율'이 아니라 '숫자'로 변경해야 합니다. 숫자로 설정한 후에 100% = 1, 70% = 0.7과 같이 입력해야 합니다.

> **TIP** 아이콘 규칙 종류에서 '백분율' 설정은 셀의 값이 70%라고 쓰여 있는 것을 의미하는 것이 아니라, 우리가 '지정한 범위 안에서 해당 셀의 값이 70%에 해당하는지'를 의미합니다. 예를 들어, I열에 있는 64개의 셀 중에 17%(0.17)라는 숫자가 전체 64개 중에 70% 안에 드는 숫자라면 노란색 신호등으로 표시되는 거죠.

▼ 100% 이상인 경우에는 숫자 1 이상, 70% 이상인 경우는 숫자 0.7 이상으로 표현한다.

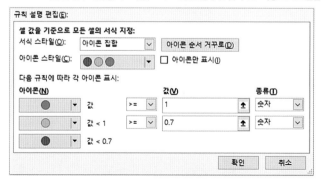

확인을 누르기 전에 한 가지 체크할 것이 있습니다. 아이콘 스타일 옆에 [아이콘만 표시] 사용 여부입니다. [아이콘만 표시]를 클릭하면, 숫자는 보이지 않고 아이콘만 나오게 됩니다. 반대로 클릭하지 않으면, 숫자와 아이콘이 한 개의 셀에 함께 표시됩니다.

▼ 신호등 서식으로 '아이콘만 표시한 경우'와 '아이콘과 숫자를 같이 나타낸 경우'

조건부 서식, 이래서 좋아요!

신호등 관리나 셀 강조는 왜 하는 걸까요? 데이터를 보고 긍정적인 의미의 초록색이 많다면, '아, 진척이 잘 되고 있구나!' 생각할 수 있겠죠. 반대로 빨간색이 많으면 '큰일이다. 무언가 조치를 취해서 빨리 진척될 수 있도록 해야겠군.' 이런 생각을 할 수도 있습니다. 이렇게 방대한 데이터에 생명을 불어넣음으로써 숫자만 보고는 잘 알 수 없었던 시사점들을 발견하는 겁니다.

▼ 신호등 아이콘을 활용하면 진척 현황을 한눈에 파악하기가 쉽다.

또한, 조건부 서식의 기능적인 장점도 있습니다. 조건부 서식을 쓰지 않고 정렬이나 필터를 통해서 직접 색을 칠했다고 가정해봅시다. 이 경우, 만약 진척률이 80%에서 105%로 변하게 되면 또 다시 직접 색을 바꾸어주어야 합니다.

그러나 조건부 서식은 '해당 범위=셀' 위치 규칙이 걸려 있는 것이기 때문에 직접 일일이 바꾸지 않아도 그 안에 있는 숫자가 변경된다면 색도 알아서 변하게 됩니다. 따라서 다시 추가 작업을 할 필요가 없기 때문에, 양식을 한 번 정해두고 매번 업데이트하면서 사용하기에도 용이합니다.

▼ 셀 안의 값이 80% → 105%로 바뀌면, 규칙에 의해 자동으로 서식도 초록색으로 변경된다.

	G	H	I	J
4				
5	목표수량	현재수량	진척률	
6	90	15	17%	
7	50	40	80%	
8	44	21	48%	
9	75	66	88%	
10	35	5	14%	
11	90	60	67%	
12	35	41	117%	
13	95	65	68%	
14	105	75	71%	

	G	H	I	J
4				
5	목표수량	현재수량	진척률	
6	90	15	17%	
7	50	53	105%	
8	44	21	48%	
9	75	66	88%	
10	35	5	14%	
11	90	60	67%	
12	35	41	117%	
13	95	65	68%	
14	105	75	71%	

앞에서 배웠던 필터와 같이 결합해서 사용할 수도 있습니다. [필터] 버튼을 누르면, 아까까지는 사용할 수 없었던 [색 기준 필터], [색 기준 정렬]이 활성화되어 있습니다. 이제는 셀 안에 색깔이 생겼기 때문에, 이런 식으로 [정렬 및 필터]를 사용해 추가 분석도 할 수 있습니다.

▼ [색 기준 정렬], [색 기준 필터]를 활용해서 추가적인 분석도 가능하다.

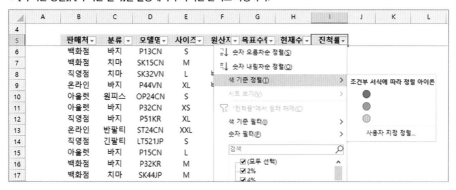

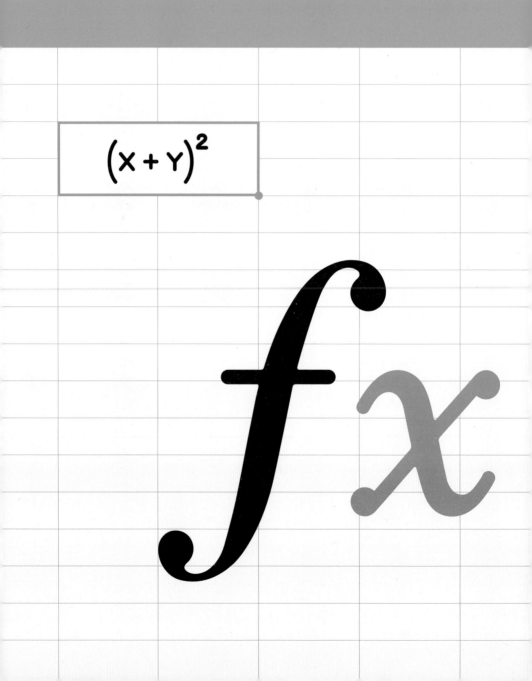

CHAPTER 03

수식과 함수를
잘 쓰기 위한
기초 다지기

지금부터는 엑셀의 활용성을 극대화하는 수식과 함수에 대해 알아보겠습니다.
다양한 수식과 함수를 만나기에 앞서, 수식을 입력하는 방법과 작동 원리를 알
려드릴게요. 기본 원리를 이해한다면 엑셀이 조금 더 쉽게 느껴질 거예요!

01 함수는 슈퍼계산기

수식과 함수를 시작하는 마법의 주문이 있습니다. 수식/함수를 통해 결괏값을 나타내고자 하는 셀에 = 을 입력하는 거예요. '자, 이제 계산할 준비가 됐어!'라는 뜻입니다.

간단한 수식 입력

A열과 B열에 있는 숫자를 더해서 C열에 나타내려고 합니다. C1셀에 =1+1 입력 후 Enter를 누르면 2로 알맞은 값이 출력됩니다. 하지만 C2셀, C3셀에도 동일하게 합을 구하고자 C2셀에 =2+2, C3셀에 =3+3을 일일이 입력한다면, 안타깝게도 엑셀을 단순 계산기로 사용하는 것과 다름없습니다.

▼ C1셀에 =1+1을 입력하면, 2가 나온다.

	A	B	C	D
1	1	1	=1+1	
2	2	2		
3	3	3		
4				

	A	B	C	D
1	1	1	2	
2	2	2		
3	3	3		
4				

엑셀은 위치를 참조한다

엑셀을 조금 더 똑똑하게 활용해보겠습니다. 그러려면 '엑셀은 위치를 참조한다'라는 기본 작동 원리를 이해해야 합니다.

C1셀에 =A1이라는 위칫값을 입력해보겠습니다. 출력된 값은 숫자 1이지만, 숫자 1을 직접 쓴 것과는 내포하는 의미가 전혀 다릅니다. '현재 위치(C1)로부터 왼쪽으로 두 번

째 셀(A1)에 있는 값을 나타내라'는 명령어입니다. 따라서 A1 안의 값이 2로 바뀐다면, C1에 나타나는 값도 2로 동시에 변경됩니다.

▼ C1에 =A1을 입력하면, C1으로부터 왼쪽 두 번째 셀을 가져오라는 의미다.

◢	A	B	C	D
1	1	2	=A1	
2	3			
3				
4				

◢	A	B	C	D
1	1	2	1	
2	3	4		
3				
4				

TIP **= 을 입력한 이후에, 셀을 입력할 때는**

1. 마우스로 직접 셀을 클릭해도 되고,
2. 셀 이름을 타자로 입력해도 되고,
3. 키보드의 방향키를 누르면 생성되는 네모 칸을 방향키로 이동해가며 사용해도 됩니다.

'위치를 참조한다'는 기본 규칙을 이해했다면, 이제 엑셀의 강력함을 느껴볼 차례입니다. 수식을 입력한 C1셀을 복사해보겠습니다. C1셀에 커서를 둔 상태에서 Ctrl + C로 복사하고, C2셀에 Ctrl + V로 붙여넣기 합니다. [Mac] : Cmd + C, Cmd + V

그러면 C2셀에는 1이라는 숫자가 복사되는 것이 아니라, 숫자 3이 출력됩니다. 왜 그럴까요? 바로 '현재 셀 위치에서 왼쪽 두 번째 값을 가지고 온다'라는 명령을 복사했기 때문입니다.

▼ C1셀을 복사하면 숫자가 아닌 수식이 복사된다.

◢	A	B	C	D
1	1	2	1	
2	3	4	=A2	
3				
4				

왼쪽 두 번째

◢	A	B	C	D
1	1	2	1	=B1
2	3	4	3	
3				
4				

왼쪽 두 번째

TIP 수식이나 함수가 입력된 셀에서 F2 키를 누르면, '어느 셀을 참조하고 있는지'를 눈으로 볼 수 있어요. 눈으로 보아야 정확하니, 수식을 완성한 후에는 꼭 F2 키를 누르고 확인해보세요!

이처럼 엑셀에서 수식을 복사한다는 것은 '셀의 값'이 아니라 '셀의 위치 명령'을 복사한다는 뜻입니다. 이게 가장 중요해요. 엑셀이 강력한 이유는 바로 이 원리를 활용해서, 수식을 일일이 입력하지 않아도 되기 때문입니다.

기본적인 사칙연산을 풀어보면서 '수식 복사'를 실습해보겠습니다. 먼저, 자주 쓰이는 사칙연산 기호는 아래와 같습니다.

▼ 사칙연산 기호

의미		더하기	빼기	곱하기	나누기	거듭제곱
기호		+	-	*	/	^
A1 4	*B1* 2	=A1+B1	=A1-B1	=A1*B1	=A1/B1	=A1^B1
결과값→		6	2	8	2	16

본격적으로 수식 복사를 통해 계산을 해볼까요? D6셀에 =B6+C6이라고 입력하게 되면 '현재 위치(D6)로부터 왼쪽 두 번째 셀(B6)과 왼쪽 첫 번째 셀(C6)을 더하라'는 의미입니다. 결괏값은 2로 =1+1을 입력했을 때와 동일한 값이 출력됩니다.

그러나 이번에는 매번 수식을 입력할 필요 없이, D6셀을 복사해 D7셀과 D8셀에 붙여넣기 하면 각자 현재 위치 기준에서 '왼쪽 두 번째 셀 + 왼쪽 첫 번째 셀' 계산 작업을 수행합니다.

▼ 위치 명령을 복사하기 때문에, 수식을 매번 입력하지 않아도 된다.

◢	B	C	D	E
4	의미		더하기	빼기
5	기호		+	-
6	1	1	=B6+C6	
7				
8				

◢	B	C	D	E
4	의미		더하기	빼기
5	기호		+	-
6	1	1	2	
7	2	2	=B7+C7	
8	3	3		

왼쪽에서 두 번째 + 왼쪽에서 첫 번째

이 원리를 이해하면 앞으로 배우게 될 더 복잡한 수식과 함수를 사용할 때에도 쉽게 확장할 수 있고, 시간도 크게 단축할 수 있습니다.

여러 셀에 한 번에 복사하기 •••

여러 셀에 같은 수식을 복사해야 할 때 하나씩 일일이 Ctrl + C, Ctrl + V 해도 되지만, 한 번에 복사하는 방법도 있습니다. 우선 복사할 셀을 Ctrl + C 한 이후에 같은 수식을 붙여넣을 범위를 모두 선택합니다. 해당 범위에서 Ctrl + V를 누르면, 범위 전체에 '위치 명령' 붙여넣기가 적용됩니다.

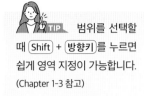

TIP 범위를 선택할 때 Shift + 방향키를 누르면 쉽게 영역 지정이 가능합니다.
(Chapter 1-3 참고)

▼ 수식을 복사한 상태에서 범위를 지정하고 '붙여넣기' 하면, 해당 범위 전체에 수식이 적용된다.

	B	C	D	E
4	의미		더하기	빼기
5	기호		+	
6	1	1	2	
7	2	2		
8	3	3		

❶ D6 복사 Ctrl + C

	B	C	D	E
4	의미		더하기	빼기
5			+	-
6	1	1	2	
7	2	2	4	
8	3	3	6	

❸ 붙여넣기 Ctrl + V

❶ D6:D8 범위 지정
(D7:D8만 지정해도 OK)

또는 마우스로 작업할 때는 '자동 채우기'라는 기능을 사용할 수 있습니다. 셀 우측 하단에 마우스를 가까이 가져가면 포인터가 +로 변성되는데요, 이때 더블클릭해주면 수식이 자동으로 데이터 끝까지 채워집니다. 이를 '자동 채우기'라 합니다.

▼ 셀 우측 하단에 마우스를 올려 + 모양이 생겼을 때 더블클릭하면 데이터가 끝나는 지점까지 수식이 복사된다.

	B	C	D	E
4	의미		더하기	빼기
5	기호		+	-
6	1	1	2	
7	2	2		
8	3	3		

더블클릭

	B	C	D	E
4	의미		더하기	빼기
5	기호		+	-
6	1	1	2	
7	2	2	4	
8	3	3	6	
9				
10				

사칙연산처럼 '계산하는 방법을 기호로 표현한 것'을 수식이라고 합니다.

함수는 복잡한 수식을 간단하게 해결하기 위해 만든 '명령어의 종류'를 칭합니다.

예를 들어,

=A1+B1+C1+D1+E1+F1 이렇게 나열한 것은 '수식'이고

=SUM(A1:F1) 이렇게 더하기 명령을 간단하게 표현한 것이 '함수'입니다.

함수는 수식을 간략히 할 뿐만 아니라 컴퓨터 프로그래밍처럼 다양한 명령을 수행하기 때문에 함수를 잘 활용하는 것이 중요합니다. 그럼, 다양한 함수에 대해서는 뒤에서 더 자세히 다뤄볼게요.

02 복붙이 끝이 아니야

방금 전 수식을 복사 후 붙여넣기 했을 때, 혹시 뭔가 이상한 점 느끼셨나요? 우리가 원래 처음에 본 셀은 D6셀만 연두색이었고 나머지는 흰색이었는데 Ctrl + C, Ctrl + V 했더니 붙여넣은 부분까지 모두 연두색이 되어버렸어요. 왜 그럴까요?

Ctrl + V는 전체 붙여넣기　● ● ●

우리가 일반적으로 알고 있던 Ctrl + C, Ctrl + V는 '전체 복사', '전체 붙여넣기'를 한 것입니다. 여기에서 말하는 '전체'란 숫자, 수식뿐만 아니라 서식도 포함됩니다. 서식은 앞의 장에서도 다뤘듯 글꼴의 색과 크기라든가, 테두리, 맞춤, 표시 형식 등의 스타일을 말해요.

▼ Ctrl + V로 붙여넣으면, 수식과 함께 서식도 복사되는 '전체 붙여넣기'가 된다.

	B	C	D
4	의미		더하기
5	기호		+
6	1	1	2
7	2	3	
8	3	4	
9			

	B	C	D
4	의미		더하기
5	기호		+
6	1	1	2
7	2	3	5
8	3	4	7
9			

[선택하여 붙여넣기] 1. 수식 복사　● ● ●

실무에서는 기존의 서식이 변하면 곤란해지는 경우가 많아요. 특히 표 안에 선이 그어져 있으면, 전체 복사로 가져올 때 선이 망가지는 경우가 종종 있습니다. 선이 제대로 그어져 있지 않거나 망가진다면 미완성된 표처럼 보이기 때문에, 보고하기 위해서 다시 선을 고치는 작업을 하게 되죠. 이런 불필요한 작업을 하지 않기 위해서! 애초에 복사, 붙여넣기를 할 때부터 수식만 깔끔하게 넣는 명령을 써보려고 해요.

자, 더하기를 수식 복사해보겠습니다. D6셀에 =B6+C6 입력 후 Enter까지 눌렀습니다.

❶ 복사할 수식이 있는 D6셀을 Ctrl + C 한 후, 붙여넣을 범위를 지정합니다.

　[Mac] : Cmd + C

❷ Alt → E → S 단축키를 입력해서 '선택하여 붙여넣기' 창을 띄웁니다. 붙여넣기 항목 안에서 '수식'을 선택하면 수식만 복사됩니다.

　[Mac] : Cmd + Ctrl + V 또는, Cmd + Opt + V

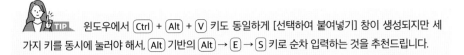

TIP 윈도우에서 Ctrl + Alt + V 키도 동일하게 [선택하여 붙여넣기] 창이 생성되지만 세 가지 키를 동시에 눌러야 해서, Alt 기반의 Alt → E → S 키로 순차 입력하는 것을 추천드립니다.

'수식(F)'을 선택할 때는 마우스로 클릭해도 되고, F 키를 마지막에 이어서 Alt → E → S → F 누른 후에 Enter 키를 눌러도 됩니다. 이렇게 하면, 짠! 서식은 하나도 안 가져 왔고, 수식만 복사된 것을 확인할 수 있습니다.

▼ '수식 복사'를 선택하면, 연두색 바탕(서식) 없이 수식만 복사된다.

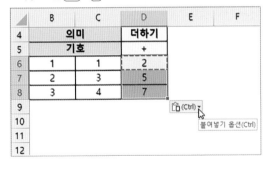

여기서 잠깐! 마우스를 활용하시는 분들은 이런 방법도 있습니다. 원래 복사/붙여넣기 하듯이 Ctrl + C, Ctrl + V 하고 나면, 우측 하단에 '붙여넣기 옵션'이 뜹니다. 여기에서 '수식'을 선택하면 마찬가지로 수식만 붙여넣어지게 됩니다.

▼ 마우스로는 Ctrl + V까지 입력 후, 우측 하단 '붙여넣기 옵션'에서 '수식'을 선택할 수 있다.

이렇게 마우스로도 많이 사용합니다만, 단축키 Alt → E → S → F → Enter 까지 한 번에 누르는 것이 손에 익숙해지면 훨씬 빠르고 쉽게 복사/붙여넣기 할 수 있습니다.

[선택하여 붙여넣기] 2. 값 복사

방금 수식으로 구한 D6, D7, D8 셀의 2, 5, 7이라는 숫자를 우측에 있는 표의 3월 부분에 복사하려 합니다. 복사할 D6:D8 영역을 Ctrl + C 한 후에, D6셀의 연두색 바탕은 같이 복사돼서 따라오면 안 되니까 '수식 복사'를 해야겠다고 생각했습니다. K5열에 커서를 두고, Alt → E → S → F → Enter 했는데 0, 0, 0이 출력됩니다. 어떻게 된 일일까요?

▼ D6:D8 셀의 숫자를 복사하고 싶어서, K5:K7셀에 '수식 복사'했더니 오로지 '수식'만 복사되었다.

	B	C	D	E	F	G	H	I	J	K	L
4	의미		더하기					1월	2월	3월	1분기
5	기호		+				미국			0	
6	1	1	2				영국			0	
7	2	3	5				프랑스			0	
8	3	4	7				독일				(Ctrl) ▾
9							이태리				

	B	C	D	E	F	G	H	I	J	K	L
4	의미		더하기					1월	2월	3월	1분기
5	기호		+				미국			=I5+J5	
6	1	1	2				영국			0	
7	2	3	5				프랑스			0	
8	3	4	7				독일				
9							이태리				

F2 키를 누르면, 우리가 입력한 수식이 어느 위치를 참조하고 있는지 눈으로 확인할 수 있습니다. K5셀에서 F2 키를 눌렀더니, I5셀과 J5셀을 더한 것으로 나옵니다. 엑셀은 위치 명령을 복사한다는 것, 기억하시나요? 수식 복사를 했으니 서식이 복사되지는 않았지만 엑셀의 기본 원리에 의해서 '왼쪽 두 번째 값 + 왼쪽 첫 번째 값'이라는 명령을 복사한 거죠. 우리는 2, 5, 7이라는 숫자 그 자체를 복사했으면 좋겠는데 말이에요.

이렇게 셀 안에 있는 숫자나 글자 그 자체의 값을 복사하고 싶을 때에는 '값 복사'라는 방법을 사용할 수 있습니다.

❶ 복사하고 싶은 2, 5, 7의 범위(D6:D8)를 Ctrl + C 합니다.

❷ 붙여넣고자 하는 범위(K5셀)를 클릭한 후에 [선택하여 붙여넣기] 창을 띄웁니다.

　　[Window] : Alt → E → S 또는 Ctrl + Alt + V

　　[Mac] : Cmd + Ctrl + V 또는 Cmd + Opt + V

❸ 이전에는 수식 복사였다면, 이번에는 값 복사입니다. '값(V)' 항목을 선택합니다. 마우스로 클릭해도 되고, 키보드로 단축키 V를 입력하셔도 됩니다.

▼ [선택하여 붙여넣기] 창에서 '값'을 선택하면, 수식도 서식도 없이 해당 셀의 값만 복사된다.

값 복사는 수식도 안 가져오고, 서식도 안 가지고 옵니다. 오로지 셀 안에 적혀 있는 숫자 또는 글자의 값만 그대로 복사해서 가져옵니다.

값 복사도 수식 복사와 마찬가지로 Ctrl + C, Ctrl + V 한 후 마우스로 우측 하단 [붙여넣기 옵션]에서 선택할 수도 있습니다.

▼ 마우스로는 Ctrl + V까지 입력 후, 우측 하단 [붙여넣기 옵션]에서 '값'을 선택할 수 있다.

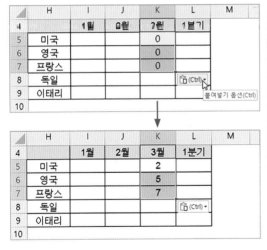

값 복사는 언제, 어떻게 사용할까?

D6:D8을 Ctrl + C 복사한 후에 위치를 바꾸지 않고 그 자리 그대로에서 Alt → E → S → V → Enter를 눌러 '값 복사' 해보았습니다. 이렇게 같은 자리에서 값 복사를 하면 D6, D7, D8셀에 있던 수식이 다 사라지고 2, 5, 7이라는 값만 남습니다.

▼ 수식이 입력된 셀을 복사해서, 그 자리에 그대로 '값 복사' 하면 수식이 사라진다.

이렇게 수식을 없애기 위해 값 복사를 많이 쓰는데요, 다음 세 가지 상황에서 사용합니다. 첫 번째, 엑셀 파일의 용량을 줄이기 위해서입니다. 엑셀 파일에 수식이 많으면 용량이 커집니다. 용량이 커지면 엑셀 파일에 오류가 자주 나기도 하고, 작업 수행 속도가 느려질 때가 있습니다. 또는 파일을 다른 사람에게 전달해야 하는데 용량이 너무 크면 안 되는 경우도 있죠. 이럴 때 값 복사를 쓰면 용량을 쉽게 줄일 수 있습니다.

두 번째, 수식이 변경됨에 따라 발생하는 오류를 줄이기 위해서입니다. 완벽하게 엑셀 수식을 짜고 결괏값을 도출해두었어도 수식이 살아 있는 상태에선 실수로 수식을 잘못 건드리는 일이 생길 수 있습니다(생각보다 종종 발생합니다). 실수로 키보드를 잘못 누르는 바람에 결괏값에 오류가 발생한다면 너무 속상하겠죠. 이러한 위험을 줄이기 위해서 '지금 나온 결괏값이 완벽해! 바뀌면 안 돼!'라고 생각할 때 마찬가지로 값 복사를 해줍니다.

세 번째, 내가 입력한 수식을 남에게 숨기기 위해서도 값 복사를 씁니다. 다른 회사에 파일을 넘길 때는 당연하고 같은 회사일 경우에도 수식을 보여주지 않는 경우가 많습니다. 수식 안에는 우리가 비밀로 하고 싶은 중요한 Key 값이 있을 수도 있고 Logic 자체를 숨기고 싶을 수도 있거든요. 그렇기 때문에 다른 사람에게 파일을 공유할 때 값 복사를 걸어서 공유하는 경우가 많습니다.

> 주의! 수식이 걸려 있는 원본 파일은 본인이 꼭 가지고 있어야 합니다! 값 복사 파일을 공유할 때에는 반드시 '다른 이름으로 저장' 후 공유해주세요. 수식이 걸려 있는 파일을 갖고 있지 않으면 향후 수식을 수정해야 하거나 검증이 필요한 순간에 확인할 수 없게 됩니다.

시트에 있는 모든 수식을 '값 복사' 하기

그러면 수식이 걸려 있는 것들을 일일이 찾아서 이렇게 값 복사를 해야 할까요? 그렇지 않습니다. 엑셀 시트 왼쪽 상단의 모서리 부분을 클릭하면 시트 전체 영역이 선택됩니다. 시트 전체를 선택한 상태에서 Ctrl + C 한 후 Alt → E → S → V → Enter 를 누르면, 시트 전체에 있는 모든 수식이 '값 복사' 됩니다.

수식을 하나하나 찾아서 값 복사를 하지 않아도 모든 수식이 사라집니다. 만약에 파일 전체를 다 값 복사 하고 싶다면? Chapter 1-1에서 배운 '시트 그룹화하기'를 이용해서 그룹화한 후에 아무 시트나 전체 선택한 후 값 복사를 하면 엑셀 파일 전체가 값 복사 됩니다.

▼ 맨 왼쪽 상단 모서리를 클릭하면, 시트 전체 영역을 선택할 수 있다.

	A	B	C	D	E	F	G	H	I	J	K	L	M	N	O	P
			의미		더하기				1월	2월	3월	1분기				
5			기호		+						2					
6			1	1	2			미국			2					
7			2	3	5			영국			5					
8			3	4	7			프랑스			7					
9								독일								
10								이태리								
11																
12																
13																
14																
15																
16																
17																
18																
19																
20																

잠깐만요! [선택하여 붙여넣기] 창이 안 떠요

의미		더하기
기호		+
1	1	2
2	3	5
3	4	7

깜빡깜빡 복사 활성화 상태

간혹 아무리 단축키를 잘 눌러도 [선택하여 붙여넣기] 창이 안 뜬다고 하는 분들이 계세요. 여기서 주의할 것은 '붙여넣기'는 '복사'가 활성화된 상태에서만 가능하다는 점입니다! '복사'가 된 항목이 있어야 비로소 '붙여넣기'가 가능한 거니까요.

복사할 항목에서 Ctrl + C 를 누르면 해당 셀 또는 영역의 박스가 깜빡깜빡하고 있을 거예요. '선택하여 붙여넣기' 단축키를 입력하기 전에, 깜빡깜빡 복사가 활성화되어 있는지 확인해보세요 ☺

03 숫자 함수는 이것만 알아도 OK

이제까지 엑셀이 수식을 어떻게 처리하는지 기본적인 원리를 배워봤다면, 이번 장에서는 여러 가지 숫자 함수들을 써보며 실습해보겠습니다. 그 전에 함수를 잘 쓰기 위한 꿀팁도 알려드릴 게요.

함수를 잘 쓰기 위한 기초 다지기 • • •

0.5초 만에 함수 입력하기

SUM이라는 함수를 입력하고 싶다고 가정해볼게요(SUM 함수에 대한 설명은 뒤에서 다시 하겠습니다). 가장 기본은 우선 함수를 쓰겠다는 준비 신호 = 을 눌러주시고, 그다음 SUM 을 입력한 후, 괄호를 열어서 시작, 괄호를 닫고 끝내는 것입니다.

▼ 기본적으로는 = 과 원하는 함수, 그리고 여는 괄호를 입력하며 시작한다.

◢	A	B	C	D	E
1					
2		=SUM(			
3		SUM(number1, [number2], ...)			
4					

그런데 함수를 직접 입력하다가 유혹이 생기는 순간이 옵니다. 입력하는 도중에 다양한 함수가 쭉 나열되어 있는 옵션창이 뜨기 때문이죠. 여기서 우리가 SUM 함수를 골라서 Enter 키를 누르면 에러가 나버립니다.

▼ 함수 입력 시 나타나는 옵션창에서 함수를 골라서 Enter 를 누르면 #NAME? 에러가 뜬다.

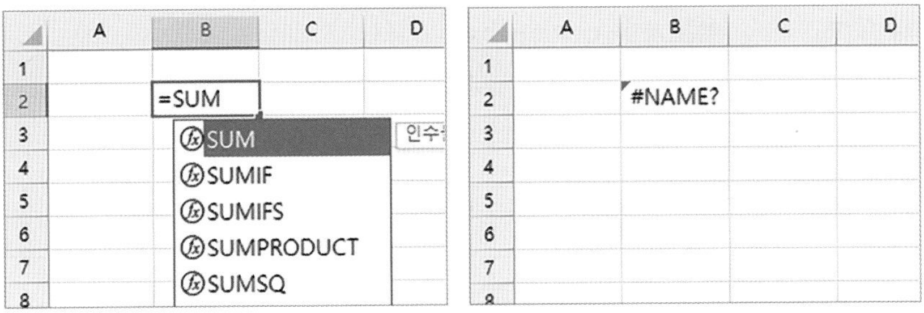

그러면 도대체 엑셀은 우리에게 이 옵션을 왜 보여준 걸까요? 사실은 방법이 틀린 겁니다. Enter 키가 아니라 Tab 키를 눌러야 합니다. SUM 함수를 선택하고 Tab 키를 누르면 함수가 자동으로 완성되고 괄호까지 열어줍니다. 함수를 바로 쓸 수 있도록 준비되는 거예요. 긴 명령어를 가진 함수들은 스펠링을 다 치기 힘들잖아요. 그럴 땐 그냥 키보드 방향키로 선택해서 Tab만 눌러주면 함수가 완성되고 괄호까지 쳐지니, 빠르고 편리하게 함수를 쓸 수 있습니다.

쉼표를 입력해야 다음 인수로 넘어간다

엑셀은 생각보다 굉장히 친절합니다. 함수를 쓰려고 하면 함수의 인수가 무엇으로 구성되어 있는지를 알려주고, 심지어 지금 어떤 인수를 입력할 차례인지도 글자를 굵게 해서 알려줍니다.

❶ 첫 번째 인수를 입력하는 경우

= SUM (**number1**, number2, number3 …)

❷ 두 번째 인수를 입력하는 경우

= SUM (number1, **number2**, number3 …)

이렇게 다음 인수로 넘어가려 할 때는 꼭 쉼표를 입력해주어야 합니다. 쉼표를 누르지 않고 다음 인수를 입력하려고 하면, 계속 첫 번째 인수 입력에서 맴돌게 됩니다. 함수를 처음 사용하는 분들이 자주 하는 실수 중 하나입니다. 쉼표를 입력해야 다음 인수로 넘어간다는 것 잊지 마세요.

함수 입력을 마쳤다면, 항상 바로 검토하는 습관을 갖는 것이 좋습니다. 함수 결괏값이 나온 셀에 커서를 두고 F2 키를 누르면, 참조하는 셀을 보여줍니다. 내가 어디에 수식을 걸었는지 확인해야 틀리지 않고 진행할 수 있습니다. 빠르게 업무를 수행하는 것도 중요하지만, 정확하게 하는 것이 우선입니다.

▼ F2 키를 누르면 어느 셀을 참조하는지 눈으로 확인할 수 있다.

◢	A	B	C	D	E
1					
2		1	2	=B2+C2	
3					
4					

더해줘, SUM!

상품의 전체 판매수량 및 매출액을 구해보겠습니다. 전체 합을 구하기 위해서 쓰는 함수는, 엑셀 초보도 한 번쯤은 들어본 적 있는 함수일 겁니다. 바로 SUM인데요. SUM은 합계를 구하는 함수입니다. 더하고 싶은 셀을 각각 선택해도 되고, 범위를 드래그해서 한 번에 지정해도 됩니다. 더하고 싶은 셀을 각각 선택하는 건 비효율적이니 일반적으로는 범위 지정 형태로 사용합니다.

= SUM (number1, number2, number3 ⋯)

❶ = SUM (합하고 싶은 숫자 셀 1, 합하고 싶은 숫자 셀 2, 합하고 싶은 숫자 셀 3 ⋯)

❷ = SUM (합하고 싶은 숫자 셀의 범위) ← 더 자주 사용!

C16셀에 커서를 두고, 모델 A~J의 판매수량 합을 구해보겠습니다. = SUM(까지 입력한 후에 합할 숫자가 있는 셀의 범위 C5:C14를 선택합니다. 마우스로 드래그해도 되고, 또는 C5셀에서 Ctrl + Shift + ↓ 방향키를 사용해 범위를 빠르게 선택할 수 있습니다.

	B	C	D	E
3				
4	모델	판매수량	매출액	
5	A	10	1,000	
6	B	20	2,000	
7	C	30	3,000	
8	D	40	4,000	
9	E	50	4,500	
10	F	60	7,000	
11	G	70	8,000	
12	H	80	100,000	
13	I	90	2,000	
14	J	100	5,000	
15				
16	SUM	=SUM(C5:C14)		
17	더하기			

마지막에는 마무리의 의미로 괄호를 닫아줍니다. 괄호를 닫지 않아도 엑셀에서 알아서 처리해주기는 합니다만, 향후에 중첩으로 함수를 쓰거나 할 때는 함수를 꼭 닫아주어야 하니 처음부터 닫는 습관을 들이는 것이 좋습니다.

15			
16	SUM	550	
17	더하기		
18			

자, 그럼 550이라는 값이 나온 걸 확인하셨나요?

SUM과 더하기의 차이

이쯤에서 궁금한 것이 생겼습니다. 우리가 알고 있는 더하기와 SUM은 무슨 차이일까요? 제가 한번 직접 더하기를 해보겠습니다. = 치고, 숫자 셀 누르고, 더하기 입력하고, 숫자 셀 누르고, 더하기 입력하고, 숫자 셀 누르고, 더하기 입력하고…. SUM과 더하기 모두 합은 550으로 같은 값이 나오는데, 그럼 이 둘의 차이는 무엇일까요?

F2를 눌러서 SUM과 더하기가 각각 셀을 어떻게 참조하고 있는지 보여드릴게요. 차이점이 보이시나요? 하나는 ❶범위 형태이고, 하나는 ❷각각의 셀이 참조되어 있습니다. (물론 SUM도 각 셀을 지정할 수 있으나, 여기에서는 일반적으로 자주 사용하는 범위 형태를 지정한 경우로 설명했습니다.)

▼ ❶ 범위를 지정한 것(SUM)

	B	C	D	E
3				
4	모델	판매수량	매출액	
5	A	10	1,000	
6	B	20	2,000	
7	C	30	3,000	
8	D	40	4,000	
9	E	50	4,500	
10	F	60	7,000	
11	G	70	8,000	
12	H	80	100,000	
13	I	90	2,000	
14	J	100	5,000	
15				
16	SUM	=SUM(C5:C14)		
17	더하기			
18				

▼ ❷ 셀을 하나씩 선택한 것(더하기)

	B	C	D	E	F
3					
4	모델	판매수량	매출액		
5	A	10	1,000		
6	B	20	2,000		
7	C	30	3,000		
8	D	40	4,000		
9	E	50	4,500		
10	F	60	7,000		
11	G	70	8,000		
12	H	80	100,000		
13	I	90	2,000		
14	J	100	5,000		
15					
16	SUM	550			
17	더하기	=C5+C6+C7+C8+C9+C10+C11+C12+C13+C14			
18					

이 둘은 무슨 차이가 있을까요? 예를 들어 우리가 7행과 8행 사이에 행을 하나 삽입해볼 게요. 새로운 행 C열에 400을 입력하고 Enter 키까지 눌렀습니다. 자, SUM의 경우에는 새로 입력한 400이라는 숫자가 범위 안에 추가가 된 것이므로 영향을 받아서 합의 숫자가 변했고, 더하기는 각 셀별로 선택했었기 때문에 새롭게 추가된 행의 영향을 받지 않았습니다.

▼ ❶ 400을 포함한 950으로 산출됨

	B	C	D	E
3				
4	모델	판매수량	매출액	
5	A	10	1,000	
6	B	20	2,000	
7	C	30	3,000	
8		400		
9	D	40	4,000	
10	E	50	4,500	
11	F	60	7,000	
12	G	70	8,000	
13	H	80	100,000	
14	I	90	2,000	
15	J	100	5,000	
16				
17	SUM	=SUM(C5:C15)		
18	더하기	550		

▼ ❷ 400을 제외한 550으로 그대로 산출됨

	B	C	D	E	F
3					
4	모델	판매수량	매출액		
5	A	10	1,000		
6	B	20	2,000		
7	C	30	3,000		
8		400			
9	D	40	4,000		
10	E	50	4,500		
11	F	60	7,000		
12	G	70	8,000		
13	H	80	100,000		
14	I	90	2,000		
15	J	100	5,000		
16					
17	SUM	950			
18	더하기	=C5+C6+C7+C9+C10+C11+C12+C13+C14+C15			

SUM과 더하기 중에 어느 것을 쓰서도 상관없습니다. 그러나 이렇게 범위를 지정할 때의 산출 로직에 대해서는 확실히 이해하고 있어야 합니다. 범위 형태로 함수를 계산하고 추후에 수정하는 경우, 실수가 생기는 일이 많기 때문입니다.

예를 들어, 1~6월까지의 월별 매출 합계를 보고하기 위해 SUM을 사용했어요. 보고에 들어가려고 하는데, 갑자기 부장님이 "쏘피 씨, 우리 분기별 판매량도 넣어줍시다. 1분기, 2분기 판매량도 적어주면 좋을 것 같아요."라고 했어요. 보고 직전이니까 급하게 3월과 4월 사이에 열 삽입을 해서 1분기 SUM을 적용하고, 6월 오른쪽에도 열 삽입을 해서 2분기 SUM을 적용했습니다.

빠르게 처리하고 보고하러 들어갔는데, 상무님께서 표를 보시자마자 "저거 지금 SUM이 안 맞잖아. 더하기가 맞는 거야? 제대로 준비한 거 맞아?"라고 화를 내시네요. 당장 보고서에 있는 숫자부터 틀려버리면, 오늘 준비한 보고 내용 전체가 신뢰를 잃게 되는 거죠. 이렇게 깜빡하고 놓치는 경우가 정말 많습니다.

▼ 1~6월 사이에 1분기 셀(600)을 삽입했더니, 포함해서 계산되어 전체 합계가 1,900이 되었다.

	1월	2월	3월	4월	5월	6월	합계
	100	200	300	200	400	100	=SUM(N11:S11)

합계
1,300

	1월	2월	3월	1분기	4월	5월	6월	2분기	합계
	100	200	300	600	200	400	100	700	=SUM(N11:T11)

~~합계~~
~~1,900~~

위처럼 셀을 몇 개 더하지 않는 경우라면, 각각 더하기를 하는 방법도 추천드립니다. 저는 이런 실수를 몇 번 한 뒤로는 '월별 합계'는 더하기로 각각 선택하곤 했습니다. SUM으로 범위 형태를 지정하는 경우에는 범위 형태가 가지고 있는 로직을 이해하고, 우리가 사용한 함수의 특징을 인지하고 있어야 합니다. 그래서 이렇게 새로운 행/열을 삽입해야 할 때는, 범위 밖에 위치하도록 하거나 범위를 다시 새로 지정해주어야 합니다.

▼ 각각의 셀을 선택해서 더하면 새로 삽입된 열에 영향을 받지 않는다.

	1월	2월	3월	1분기	4월	5월	6월	2분기	합계
	100	200	300	600	200	400	100	=N11+O11+P11+R11+S11+T11

합계
1,300

몇 개인지 세어줘, COUNT

이번에는 셀 안의 숫자들이 몇 개인지 세어보겠습니다. 셀 안에 들어 있는 숫자들의 합은 550이었습니다. COUNT는 셀에서 숫자로 채워져 있는 칸이 몇 칸인지를 세어주는 함수입니다. 사용하는 방법은 마찬가지로 산출하고 싶은 범위를 지정하면 됩니다.

= COUNT (value1, value2, value3 ⋯)
= COUNT (셀의 개수를 세고 싶은 범위)

▼ SUM은 셀 안의 숫자를 합하고, COUNT는 숫자가 입력되어 있는 셀의 개수를 센다.

	A	B	C
3			
4		모델	판매수량
5		A	10
6		B	20
7		C	30
8		D	40
9		E	50
10		F	60
11		G	70
12		H	80
13		I	90
14		J	100
15			
16			합계
17			=SUM(C5:C14)
18			550

	A	B	C
3			
4		모델	판매수량
5		A	10
6		B	20
7		C	30
8		D	40
9		E	50
10		F	60
11		G	70
12		H	80
13		I	90
14		J	100
15			
16			개수
17			=COUNT(C5:C14)
18			10

단, COUNT는 '숫자'를 세는 함수입니다. 글자라든가 기호라든가 숫자 외의 것을 세려면 COUNTA라는 함수를 써야 합니다. 엑셀에서 A는 주로 All을 의미한다고 앞에서 말했었죠? COUNTA 역시 COUNT All의 약자입니다. '숫자, 글자, 기호까지 다 세어줘!'라는 의미입니다.

■ **COUNT : 범위에서 숫자가 포함된 셀을 세는 함수**
■ **COUNTA : COUNT All의 약자로, 범위에서 비어 있지 않은 모든 셀을 세는 함수**

예를 들어, 동그라미 기호로 표시된 출근 일수를 구해야 할 때는 숫자가 아니라 '기호'를 세는 것이니까 COUNT가 아닌 COUNTA를 사용해야 출근 일수를 셀 수 있겠죠.

▼ COUNTA는 지정한 범위 내에서 비어 있지 않은 모든 셀의 개수를 센다.

	L	M	N 월	O 화	P 수	Q 목	R 금	S 토	T 일	U 함수식	V 출근일수
15											
16			월	화	수	목	금	토	일	함수식	출근일수
17		김OO	O		O			O	O	=COUNTA(N17:T17)	4
18		이□□		O		O	O	O	O	=COUNTA(N18:T18)	5
19		박△△	O	O	O	O	O			=COUNTA(N19:T19)	5
20		최◇◇		O				O	O	=COUNTA(N20:T20)	4

지정 범위 N17:T17

범위 내 채워져 있는 셀의 개수

★ 알아두면 유용한 숫자 함수

함수	사용 방법	의미
AVERAGE	=AVERAGE (범위 or 인수)	인수/범위의 평균을 구함
MAX	=MAX (범위 or 인수)	인수/범위의 최댓값을 구함
MIN	=MIN (범위 or 인수)	인수/범위의 최솟값을 구함
LARGE	=LARGE (범위, k)	범위에서 k번째로 큰 값을 구함
SMALL	=SMALL (범위, k)	범위에서 k번째로 작은 값을 구함

텍스트를 쪼개고 붙이기

"회원번호 목록에서 성별, 가입 날짜, 지역 정보를 알아내고 싶다."

	회원번호	이름	성별	가입날짜	지역
6	F10815	박성회			
7	F10921	박진솔			
8	F21231	김하나			
9	F20408	최인혜			
10	F30707	이선진			
11	F21213	장보령			
12	M30812	사공혁			
13	M20101	박하빈			
14	M10209	정지웅			
15	F11107	장민지			
16	F21026	이신영			

회원번호 : F10815

* **F** : 성별
* **1** : 지역코드
* **0815** : 가입 날짜

글자를 쪼개보자 (LEFT, RIGHT, MID)

실습 문제를 풀어보면서 기본적인 텍스트 함수 세 가지를 알아보겠습니다. 위의 이미지처럼 회원번호와 이름이 나열되어 있는데요. 각 회원번호에는 규칙이 있어서 회원번호만 보고도 성별/가입 날짜/거주 지역을 구분할 수 있다고 합니다.

1. 회원번호의 맨 앞 글자, F(Female) 또는 M(Male)은 성별입니다.
2. 두 번째 숫자(1, 2, 3…)는 특정 지역을 나타내는 지역 코드입니다.
3. 마지막 네 자리 수는 가입 날짜입니다.

자, 이 세 가지 조건을 바탕으로 회원번호를 쪼개볼까요?

1. LEFT

성별 정보를 먼저 구해볼까요? 회원번호에서 성별은 맨 앞 글자, 왼쪽에서 첫 번째에 있는 글자라고 했습니다. '왼쪽'에서 '첫 번째' 있는 글자를 구할 것이므로 LEFT 함수를 사용할 겁니다. LEFT는 텍스트의 시작 지점부터 지정한 수만큼의 문자를 반환하는 함수입니다.

> = LEFT (text, [num_chars])
> = LEFT (쪼개고 싶은 글자, 왼쪽에서부터 몇 개)

회원번호 F10815 박성희의 성별 정보를 구하기 위해 D6셀에 =LEFT(를 입력하고, 글자를 쪼개고 싶은 대상인 회원번호 B6셀을 선택합니다. 다음 인수로 넘어가기 위해 쉼표(,)를 입력한 후 F는 딱 한 글자이므로 1을 쓰고 괄호를 닫습니다. 자, 그러면 왼쪽에서부터 1개 글자만 반환하여 F라는 결괏값이 구해집니다.

> = LEFT (B6, 1) → F

2. RIGHT

LEFT가 왼쪽, 텍스트 시작 지점부터의 글자를 반환하는 함수라면 RIGHT는 그 반대입니다. 오른쪽, 텍스트 마지막 문자부터 지정한 수만큼의 글자를 잘라서 반환합니다.

> = RIGHT (text, [num_chars])
> = RIGHT (쪼개고 싶은 글자, 오른쪽에서부터 몇 개)

박성희 회원의 가입 날짜를 구하기 위해서는 회원번호에서 마지막 네 자리 수를 반환해야 합니다. 그럼 E6셀에 =RIGHT(라고 입력한 후에 텍스트가 있는 B6셀과 쉼표를 입력합니다. 그다음 '글자 네 개를 가지고 와!'라는 뜻으로 4를 입력하면 되겠죠? 박성희 회원의 가입 날짜는 0815(8월 15일)이네요!

> = RIGHT (B6, 4) → 0815

3. MID

자, 그럼 이번에는 두 번째 글자만 추출해볼게요. 그런데 왼쪽에서부터 이어지지도 않고, 오른쪽에서부터도 쭉 이어지지 않는 글자는 어떻게 구할까요? 중간에 있는 글자를 가지고 오라는 뜻으로 MID라는 함수를 씁니다.

MID 함수는 세 가지 인수로 이루어져 있어요.

❶ 쪼개고 싶은 텍스트가 뭐야?

❷ 몇 번째 글자부터 가지고 올까?

❸ 그 시작 지점부터 몇 개를 가져올까?

지역 코드의 경우, ❶회원번호인 B6셀을 자를 거고 ❷두 번째 글자에서 시작하니까 '2'를 입력 ❸시작 지점을 포함해서 글자 수를 세어야 하니 한 개를 가지고 오면 되겠죠. 그럼 F10815라는 텍스트에서 1이 분리되어 나옵니다.

= MID (text, start_num, num_chars)

= MID (쪼개고 싶은 글자, 시작 지점, 시작 지점부터 몇 개)

= MID (B6, 2, 1) → 1

▼ 추출하고자 하는 글자의 시작 지점을 기준으로 LEFT, RIGHT, MID 함수를 사용한다.

▲	A	B	C	D	E	F	G
4							
5		회원번호	이름	성별	가입날짜	지역	
6		F10815	박성회	=LEFT(B6,1)	=RIGHT(B6,4)	=MID(B6,2,1)	
7		F10921	박진솔				
8		F21231	김하나				

▲	A	B	C	D	E	F	G
4							
5		회원번호	이름	성별	가입날짜	지역	
6		F10815	박성회	F	0815	1	
7		F10921	박진솔				
8		F21231	김하나				

키보드만으로 빠르게 범위 선택하는 법 ●●●

박성희 회원의 성별/가입 날짜/지역을 구했다면, 아래에 있는 회원들의 번호도 분류해 줘야겠죠? 나머지 빈칸은 또 다시 일일이 함수를 입력할 필요 없이, 엑셀 수식의 기본 작동 원리를 이용하면 됩니다.

수식을 '복사/붙여넣기' 하면 붙여넣은 위치의 셀을 기준으로 왼쪽에서 두 번째 칸에 있는 텍스트를 LEFT, RIGHT, MID로 쪼개줘! 하는 명령이 복사됩니다(Chapter 3-1 참고).

그럼, 이 과정을 키보드로 빠르게! 붙여넣을 범위만 쏙! 선택하는 방법을 알려드릴게요.

범위 선택 시에 많이 하는 실수

키보드로 범위를 지정하는 방법 기억하시나요? Chapter 1-3에서 배운 Ctrl + Shift + 방향키 조합이었죠. [Mac] : Cmd + Shift + 방향키

D6셀의 수식을 복사할 거니까 D6셀에서 Ctrl + C를 누른 상태에서 붙여넣고 싶은 범위를 지정하기 위해 Ctrl + Shift + ↓를 누르면… 앗! 엑셀의 가장 밑에 있는 셀까지 내려가버렸어요. 왜냐면 Ctrl + 방향키는 다음 데이터가 있는 셀까지 이동하거든요.

▼ Ctrl + Shift + ↓로 범위를 선택하려고 했더니, 엑셀의 맨 밑까지 가버렸다.

	A	B	C	D	E	F	G
4							
5		회원번호	이름	성별	가입날짜	지역	
6		F10815	박성희	F	0815	1	
7		F10921	박진솔				
8		F21231	김하나				
9		F20408	최인혜				
10		F30707	이선진				
11		F21213	장보령				
12		M30812	사공혁				
13		M20101	박하빈				
14		M10209	정지웅				
15		F11107	장민지				
16		F21026	이신영				
17							
18							
19							

어떻게 원하는 범위까지만 빠르게 선택할까?

Ctrl 단축키는 커서가 데이터 안에 있을 때 데이터의 끝까지만 이동한다는 점을 활용하는 겁니다. 우선 복사할 D6셀을 복사 Ctrl + C 해주세요.

❶ 데이터가 입력되어 있는 열(C6셀)로 커서를 옮겨서

❷ Ctrl + ↓ 로 데이터가 채워져 있는 끝(C16셀)으로 내려갔다가

❸ Ctrl 에서 손을 뗀 상태로, 붙여넣을 범위인 오른쪽(D16셀)으로 커서 이동

❹ Ctrl + Shift + ↑ 로 D6셀까지 위로 한 번에 범위 선택

이렇게 붙여넣을 범위를 지정한 이후에는 Ctrl + V (전체 붙여넣기)나 Alt → E → S (선택하여 붙여넣기)로 수식 복사까지 마무리하면, 나머지 데이터도 원하는 값을 얻을 수 있습니다.

처음에는 복잡하다고 생각할 수 있지만, 한 번만 손에 익히면 굉장히 빠르게 사용할 수 있습니다. 마우스와 키보드에 손을 왔다 갔다 하는 시간을 엄청나게 단축시켜줄 거라고 장담합니다. 몇 번만 해보시면 금방 손에 익을 거예요!
마우스를 사용하는 경우에는, 복사할 셀 우측 하단 끝 부분을 더블클릭해주면, 데이터의 끝 지점까지 자동으로 복사됩니다(Chapter 3-1 참고).

텍스트 쪼개기, 왜 하는 거예요? ● ● ●

그런데 이 텍스트들은 도대체 왜 쪼개는 걸까요? 통으로 있는 회원번호로만으로는 추가적인 분석을 하기가 어렵기 때문입니다. 그냥 회원번호가 저거고, 이게 이름인가 보다 하는 것만 알 수 있어요. 그런데 회원번호를 각 속성별로 잘라두었다면 엑셀의 여러 툴을 사용해서 분석해볼 수 있습니다. 예를 들어, 필터를 한번 써볼까요? 각 구분 버튼을 열어보면 '아, 우리 회원 중에 여자가 몇 명이고 남자가 몇 명이구나' 또는 '어떤 지역에서 많이 가입했구나' 하는 것들을 알 수 있죠.

▼ 뭉쳐져 있던 정보를 쪼개면, 각 정보별로 분석할 수 있다.

회원번호만 있었을 때는 모든 정보가 텍스트 하나에 합쳐져 있어서 분석할 수 없었는데, 텍스트를 속성별로 잘라두니 분석하기가 쉽죠. 주로 이렇게 데이터에서 인사이트를 얻기 위해서 텍스트를 나눕니다.

초스피드로 텍스트 붙이기 ● ● ●

텍스트를 쪼개봤으니 붙여도 봐야죠. 반대로 회원번호를 만든다고 생각해볼게요. 흩어져 있던 글자를 뭉치는 작업입니다. 글자를 붙이는 건 굉장히 간단합니다. 더하기(+) 대신에 & 기호를 써주면 됩니다. 그러면 & 기호 앞뒤의 글자가 본드로 붙인 것처럼 착 붙게 됩니다.

■ 텍스트 붙이기

= text 1 & text 2 & text 3 (⋯)

* text는 셀을 선택해도 되고, 텍스트를 입력해도 됩니다.

기존 회원번호와 마찬가지로 성별, 지역, 가입 날짜 순서로 회원번호를 만들어보겠습니다. 회원번호를 만들 O6셀에 = 입력 후, 더하기 대신에 &를 써서 붙여주면 됩니다.

= Q6&S6&R6

더하기 기호를 사용할 때 맨 앞과 뒤에는 + 기호를 붙이지 않는 것처럼 & 기호도 셀을 이어주는 중간에만 넣어줍니다. 어때요, 간단하죠? 저는 기존의 회원번호와 같은 순서대로 만들어봤지만, 여러분은 다르게도 한번 조합해보세요. 원하는 순서대로 글자가 붙게 된답니다.

▼ & 기호를 사용해서 텍스트를 조합할 수 있다.

	N	O	P	Q	R	S	T
4							
5		회원번호	이름	성별	가입날짜	지역	
6		=Q6&S6&R6	박성회	F	0815	1	
7			박진솔	F	0921	1	
8			김하나	F	1231	2	

	N	O	P	Q	R	S	T
4							
5		회원번호	이름	성별	가입날짜	지역	
6		F10815	박성회	F	0815	1	
7			박진솔	F	0921	1	
8			김하나	F	1231	2	

TIP CONCATENATE 함수와 & 기호의 차이

& 연산자처럼 텍스트를 합칠 수 있는 함수가 있습니다. 바로 CONCATENATE라는 함수인데요, 사용하는 방법은 =CONCATENATE(text1, text 2, ⋯) 처럼 텍스트들을 쉼표(,)로 이어주는 방식입니다. &와 CONCATENATE 함수의 기능적 차이는 없습니다. 스펠링이 워낙 어렵기도 하고 &가 더 쉽게 사용할 수 있어서 저는 &를 사용하는 걸 추천드립니다.

05 원하는 대로 텍스트 변형하기

텍스트를 쪼개고 붙이는 것 외에도 우리의 입맛에 맞게 원하는 형태로 변형할 수 있는 함수와 기능을 알아보겠습니다 ☺

[1] 글자 치환하기, REPLACE • • •

개인정보 보호가 중요한 시대입니다! 주민등록번호나 휴대폰 번호, 이름 같은 개인정보는 일부 민감한 정보를 마스킹 처리하는 경우가 많이 있는데요. 이럴 때 쓰면 유용한 함수가 바로 일부 문자를 다른 문자로 대체해주는 REPLACE 함수입니다.

■ **문자열의 일부를 다른 텍스트 무자열로 바꾸는 함수**

= REPLACE (old_text, start_num, num_chars, new_text)

= REPLACE (바꿀 문자열, 몇 번째 글자부터 바꿀 건지, 시작 지점부터 몇 개, 변경할 새 문자)

▼ 주민등록번호 뒷자리를 *로 대체해서 마스킹 처리하고 싶다.

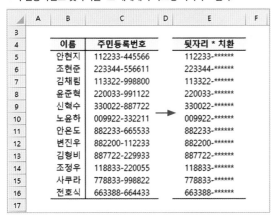

= REPLACE (C5 , 8 , 6, "******")

❶ 바꾸어야 하는 문자가 있는 C5셀에서

❷ 주민등록번호 뒷자리가 시작하는 8번째 글자부터

❸ 총 6개의 글자를

❹ ******로 바꾸겠다는 의미인 "******"를 입력하면 됩니다. 간단하죠?

 주의! 수식/함수에서 텍스트를 입력할 때는 꼭 " " 안에 넣어주어야 합니다.

아래에 있는 다른 주민등록번호 역시 같은 규칙을 적용할 수 있으므로, E5셀에 입력한 수식을 아래 E16셀까지 복사/붙여넣기 하면 한 번에 빠르게 변환할 수 있습니다.

▼ REPLACE 함수를 이용하면 텍스트 일부를 원하는 문자로 치환할 수 있다.

	A	B	C	D	E
3					
4		이름	주민등록번호		뒷자리 * 치환
5		안현지	112233-445566		=REPLACE(C5,8,6,"******")
6		조현준	223344-556611		223344-******
7		김채림	113322-998800		113322-******
8		윤준혁	220033-991122		220033-******

[2] 앞뒤 공백 없애기, TRIM ● ● ●

엑셀에서는 공백 역시 하나의 문자로 취급합니다. 따라서 '박성희'와 ' 박성희'는 다른 글자로 인식됩니다. 웹사이트나 파워포인트에서 글자를 긁어서 붙여넣을 때 이렇게 글자 앞뒤로 빈칸이 삽입되는 경우가 종종 있는데요. TRIM 함수 안에 해당 텍스트가 있는 셀을 입력하면, 쉽게 공백을 제거할 수 있습니다!

■ 텍스트의 앞뒤 공백을 제거하는 함수

= TRIM (text)

▼ 앞뒤 공백이 있으면 다른 글자로 인식하기 때문에 TRIM 함수로 깔끔하게 제거해주었다.

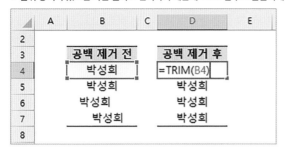

[3] 텍스트 나누기 도구 • • •

엑셀의 저장 형태 중 대량의 데이터를 처리하는 CSV 파일을 다운로드받으면, 종종 이렇게 A열에 텍스트들이 뭉쳐 있는 경우가 있습니다. 저장 용량을 줄여서 전송하기 쉽게 만들어둔 것인데요. 이 형태로는 데이터를 가공하기 어려우니, 아래와 같이 구분 기호(;)를 기준으로 여러 셀로 쪼개줄 겁니다.

▼ 하나의 셀에 뭉쳐 있는 텍스트를 여러 셀로 나누고 싶다.

	A	D
1	임가현;여;안산;나	
2	전호식;남;천안;가	
3	안현지;여;춘천;다	
4	김광태;남;논산;다	
5	박준우;남;안양;나	
6	김채림;여;부산;가	
7	이영주;여;서울;나	
8	안은도;남;서울;다	
9	남선도;남;경기;가	
10	노윤하;여;서울;다	
11	정다은;여;서울;가	
12	조현준;여;서울;나	
13		

→

	A	B	C	D
1	임가현	여	안산	나
2	전호식	남	천안	가
3	안현지	여	춘천	다
4	김광태	남	논산	다
5	박준우	남	안양	나
6	김채림	여	부산	가
7	이영주	여	서울	나
8	안은도	남	서울	다
9	남선도	남	경기	가
10	노윤하	여	서울	다
11	정다은	여	서울	가
12	조현준	여	서울	나
13				

❶ 나눌 텍스트 범위를 선택하고, [데이터] 탭 → [텍스트 나누기] 아이콘을 클릭합니다. [텍스트 마법사] 창에서 기본으로 선택되어 있는 [구분 기호로 분리됨]으로 두고, 다음으로 넘어갑니다.

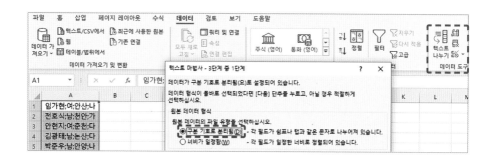

❷ 세미콜론(;) 기준으로 나누어줄 것이므로 [세미콜론]을 클릭합니다. 문자열에 따라 쉼표나 공백, 또는 기타 지정 문자를 직접 입력할 수도 있습니다.

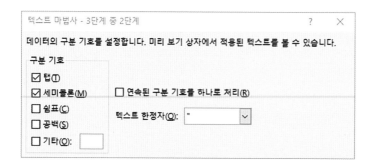

❸ 특별히 원하는 서식이 없다면 기본값인 [일반] 서식으로 두고 [마침]을 눌러 끝내면, 원하는 대로 여러 열로 나눌 수 있습니다.

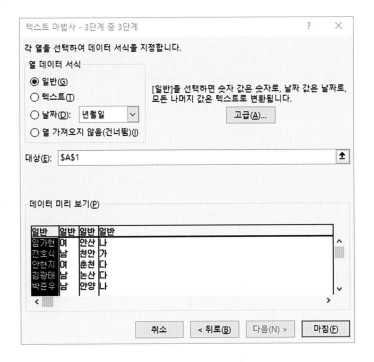

★ 알아두면 유용한 텍스트/문자 함수

함수	사용 방법	의미
UPPER	=UPPER (텍스트가 있는 셀)	텍스트를 대문자로 변환
LOWER	=LOWER (텍스트가 있는 셀)	텍스트를 소문자로 변환
PROPER	=PROPER (텍스트가 있는 셀)	텍스트에서 첫 글자만 대문자로 변환
LEN	=LEN (텍스트가 있는 셀)	텍스트 문자열의 문자 수를 구함
LENB	=LENB (텍스트가 있는 셀)	텍스트 문자를 나타내는 데 사용된 바이트 수를 구함

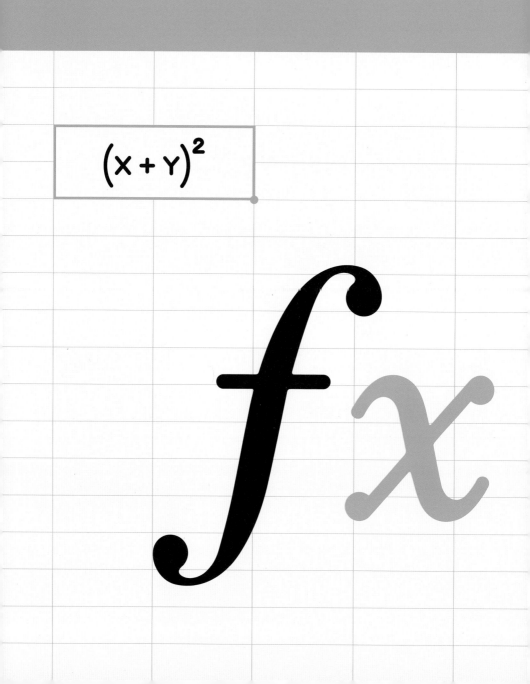

CHAPTER 04

실무자를 위한
날짜 서식 사용법

우리의 일상생활에서 날짜는 매우 중요합니다. 회사에서도 마찬가지죠! 생산
일자, 판매일자, D-day 등의 일정을 효율적으로 관리하기 위해서는 엑셀에서
쓰이는 날짜 개념을 이해해두면 좋습니다. 엑셀의 날짜 서식에 대해서 조금 더
깊이 파헤쳐볼까요?

01 실무에 반드시 필요한 날짜 함수

날짜는 자주 사용되는 형태인 만큼, 엑셀에서도 날짜에 대한 서식이 따로 지정되어 있습니다. 셀에 2030-01-09(연도-월-일) 또는 2030/01/09(연도/월/일) 형태로 입력하면, 해당 셀의 서식이 자동으로 '일반'에서 '날짜'로 변경됩니다.

날짜 서식을 활용한 함수 ● ● ●

날짜 서식의 좋은 점을 알아볼까요? 날짜 서식 2030-01-01(연도-월-일)을 입력한 셀의 우측 하단을 클릭한 후 아래로 드래그해보겠습니다. 그러면 알아서 2030-01-02, 2030-01-03, 2030-01-04 … 다음 날짜로 이어집니다. 심지어 1월 31일 다음에는 2월 1일로 넘어갑니다. 이렇게 계속 드래그하면 12월 31일까지도 금방 만들 수 있겠죠?

▼ 날짜 서식인 경우, 셀 우측 하단을 클릭 후 드래그하면 이전/이후 날짜가 자동 입력된다.

	A	B	C
5		2030-01-01	
6			
7			클릭 후 드래그
8			
9			
10			
11			
12			

	A	B	C
33		2030-01-29	
34		2030-01-30	
35		2030-01-31	
36		2030-02-01	2월로 자동 전환
37		2030-02-02	
38		2030-02-03	
39		2030-02-04	
40		2030-02-05	

날짜 서식이 입력된 셀 기준으로 오른쪽이나 아래로 드래그하면 날짜의 진행 방향으로 입력되고, 왼쪽이나 위쪽으로 드래그하면 날짜의 역진행 방향으로 입력됩니다.

날짜 서식의 두 번째 좋은 점은, 함수를 사용해서 아주 간단하게 연도, 월, 일을 추출해서 볼 수 있다는 점입니다. 심지어 함수 이름도 직관적이어서 어렵지 않습니다. 연도는 YEAR, 월은 MONTH, 일은 DAY, 주는 WEEKNUM입니다(week number의 약자). 날짜 데이터를 추출하는 방법은 아래와 같습니다.

> = YEAR (날짜 서식이 입력되어 있는 셀)
>
> → 날짜의 연도만 출력됨

=YEAR(입력 후, 괄호 안에 추출하고자 하는 날짜가 있는 셀 주소를 입력하거나 클릭하면 됩니다. 그러면 해당 연도만 쏙 추출됩니다. 월, 일, 주 차수도 동일한 방법으로 적용할 수 있습니다.

▼ YEAR, MONTH, DAY, WEEKNUM 함수에 날짜를 넣어 원하는 값을 추출할 수 있다.

	A	B	C	D	E	F	G
3							
4		날짜서식	연도	월	일	주차	
5		2030-12-25	=YEAR(B5)	=MONTH(B5)	=DAY(B5)	=WEEKNUM(B5)	
6							

	A	B	C	D	E	F	G
3							
4		날짜서식	연도	월	일	주차	
5		2030-12-25	2030	12	25	52	
6							

저는 회사에 다니기 전까지는 오늘이 몇 주 차인지가 별로 궁금하지 않았거든요. 그런데 직장인이 되니 각 주별로 계획이 있어서 주 단위 시간 개념이 굉장히 중요해지더라고요. 함수식을 잘 활용한다면 오늘이 몇 주 차인지도 쉽게 알 수 있겠죠?

숫자/텍스트 서식으로 된 날짜라면?

문제는 우리가 날짜 서식으로 되어 있는 날짜만 다루는 것이 아니라는 겁니다. 회사에서는 종종 '20300101' 같은 형태로 쓰어 있는 날짜도 보게 됩니다. 이렇게 되면 엑셀에서는 날짜 서식이 아니라 그냥 숫자로 인식하게 됩니다.

이처럼 숫자 서식인 셀의 경우, 셀의 우측 하단을 드래그하면 해당 숫자가 그대로 복사됩니다. 예를 들어 20300101이 입력된 셀을 선택해 드래그하면, 똑같은 숫자인 20300101만 계속 입력되는 식이죠.

날짜 서식처럼 하나씩 더해가는 수열을 만들고 싶다면, Ctrl 키를 누른 상태에서 우측하단을 드래그해보세요. 그러면 20300102, 20300103, 20300104 … 이렇게 하나씩 늘어나는 숫자가 됩니다. [Mac] : Option 키를 누른 상태로 드래그

┌ 숫자 셀 우측 하단 클릭 후 드래그 : 동일한 숫자를 복사
└ Ctrl + 숫자 셀 우측 하단 클릭 후 드래그 : 1씩 더해서 자동 입력

하지만 이렇게 입력한다고 해도 날짜 서식과 같아지진 않습니다. 기본적으로 숫자 형식이기 때문에, 하나씩 더해지는 수열 과정에서 월의 변화를 인식하지 못합니다. 날짜 서식에서는 1월 31일이 지나면 2월 1일이 되었는데, 숫자는 0131 다음을 0132로 인식하니까요. 이렇게 되면 날짜처럼 사용하기가 쉽진 않겠죠.

▼ 숫자 서식인 경우, Ctrl 키를 누른 채로 셀 우측 하단을 드래그하면 숫자를 1씩 더한다.

	H	I	J
5		20300101	
6			
7			클릭 후 드래그
8			
9			
10			
11			
12			

	H	I	J
33		20300129	
34		20300130	
35		20300131	
36		20300132	1씩만 더함
37		20300133	
38		20300134	
39		20300135	
40		20300136	

따라서 다운받은 자료일 때만 이렇게 숫자/텍스트 서식을 사용하고, 우리가 직접 날짜를 생성해서 사용할 때는 처음부터 날짜 서식을 사용하는 게 좋습니다.

그렇다면 숫자/텍스트 서식의 날짜는 연도와 월, 일, 주 데이터를 어떻게 구분할 수 있을까요? YEAR, MONTH, DAY, WEEKNUM은 날짜 서식에서만 적용할 수 있는 함수이기 때문에 사용할 수 없습니다.

대신 앞에서 배운 텍스트 함수를 활용할 수 있습니다. Chapter 3-4에서 배운 LEFT, MID, RIGHT 기억하시나요? 글자를 쪼개는 함수를 이용해서 필요한 글자만큼 반환하는 것인데요. 따라서 연도나 월, 일은 구분할 수 있지만 몇 주 차인지는 구할 수 없다는 점도 알아두면 좋습니다.

▼ LEFT, MID, RIGHT 함수를 통해서 원하는 글자를 추출할 수 있다.

⊿	H	I	J	K	L	M
3						
4		숫자서식	연도	월	일	
5		20301225	=LEFT(I5,4)	=MID(I5,5,2)	=RIGHT(I5,2)	
6						

↓

⊿	H	I	J	K	L	M
3						
4		숫자서식	연도	월	일	
5		20301225	2030	12	25	
6						

왜 연도, 월, 주 단위로 나누나요? ●●●

이전 장에서도 강조했듯이, 텍스트를 나누어서 보는 이유는 '데이터 분석을 용이하게 하기 위함'입니다. 매출액을 일별로 각각 보는 것이 아니라 연도별, 월별로 구분지어서 트렌드를 본다거나 하는 거죠. 데이터가 일 단위로 나열되어 있으면 무엇을 분석해야 할지 막막하니까요. 이렇게 연 단위, 월 단위로 쪼개두면 나중에 필터나 피벗 등을 통해서 추가 분석도 쉽게 할 수 있습니다.

날짜를 더하고 뺄 수 있다고?

지금까지 날짜 서식을 활용해 날짜 자동 입력을 쉽게 하고, 날짜를 연/월/일/주 단위로 나누는 방법을 배워보았습니다. 하지만 날짜 서식의 장점은 아직 끝난 게 아닙니다. 날짜 서식에서는 날짜를 더하고 뺄 수도 있는데요. 이렇게 연산이 가능한 이유와, 날짜 연산이 실제 사용되는 예시를 살펴보겠습니다.

날짜 서식의 특징

엑셀은 1900년 1월 1일과 숫자 1을 매칭해두었습니다. 그래서 1900-01-01 = 1, 1900-01-02 = 2, 1900-01-03 = 3 ⋯ 이렇게 순차적으로 날짜와 숫자가 매칭되어서 계속 이어집니다. 2030-01-01 = 47484, 즉 2030년 1월 1일은 1900년 1월 1일로부터 47484번째 날인 거죠.

날짜	1900-01-01	1900-01-02	1900-01-03	⋯	2030-01-01	2030-01-02
숫자	1	2	3	⋯	47484	47485

날짜 더하기

이처럼 날짜와 숫자가 매칭이 되어 있기 때문에, 엑셀에서는 날짜를 더하고 빼는 것이 가능합니다. 예를 들어 2030-01-01에 더하기 40을 하면 40일이 지난 2030-02-10이 결괏값으로 나옵니다. 풀어서 설명하자면 2030-01-01은 1900년 1월 1일로부터 47484번째 날이고, 여기에 40을 더하면 47484 + 40 = 47524입니다. 47524를 날짜 형태로 보자면,

1900년 1월 1일로부터 47524번째 날인 2030-02-10이 출력되는 것입니다.

날짜	2030-01-01	2030-01-02	2030-01-03	⋯	2030-02-09	2030-02-10
숫자	47484	47485	47486	⋯	47523	47524

+ 40

▼ 날짜 서식에 숫자를 더하면, 그만큼의 일수를 더한 날짜를 확인할 수 있다.

날짜 빼기 (D-day 구하기) ● ● ●

빼기 역시 더하기와 같은 원리입니다. 날짜 빼기를 이용해서 실무에서 많이 쓰이는 디데이(D-Day)를 한번 구해보겠습니다. 디데이를 구하기 위해서는 날짜를 연산(빼기)할 수 있어야 하지만, 그 외에도 한 가지 날짜 함수를 더 알아야 합니다. 바로 TODAY라는 함수입니다.

■ **현재 날짜를 날짜 서식으로 표시하는 함수**

= TODAY( )

셀에 =TODAY라고 입력한 후 괄호를 열고 바로 닫습니다. 그러면 해당 셀에 바로 오늘 날짜가 뜨게 됩니다. 이게 무슨 대단한 기능인가 생각하실 수 있어요. 그냥 오늘 날짜를 쓰면 되는데 이게 뭐가 대단하다고!

하지만 내일 엑셀 파일을 열면, 이 날짜는 내일 날짜로 바뀌어 있을 겁니다. 모레 열면 또 바뀌고요. 이렇게 날짜를 매번 바꿔주지 않아도 알아서 해당 날짜로 바뀌게 되어 있어요.

디데이, 그러니까 마감까지의 기한을 카운트다운 할 때 이 TODAY 함수를 유용하게 쓸 수 있겠죠. 매번 오늘 날짜를 넣을 필요 없이 알아서 업데이트되니 해당 날짜에 맞는 남는 일수를 구해줄 테니까요.

그럼 예를 들어 2030년 1월 9일이 마감일인 프로젝트의 디데이를 구해볼까요?
먼저 C13셀에 =TODAY( )를 입력해보겠습니다. 제가 책을 쓰고 있는 오늘 날짜는 2022년 2월 9일이라서 2022-02-09가 출력되었네요. D13셀에 '=마감일-오늘 날짜(=B13-C13)'를 입력하면, 남은 날짜가 계산될 겁니다. 저는 무려 2891일이 남았다고 뜨는데, 여러분이 책을 보고 있는 지금은 며칠 남았나요?

▼ =(날짜서식-날짜서식)으로 디데이를 계산할 수 있다.

◢	A	B	C	D	E
11					
12		프로젝트 마감일	오늘	D-Day	
13		2030-01-09	2022-02-09	=B13-C13	
14					

↓

◢	A	B	C	D	E
11					
12		프로젝트 마감일	오늘	D-Day	
13		2030-01-09	2022-02-09	2891	
14					

여기서 조금만 더 응용해볼까요? 그냥 2891이라고 적혀 있으면 정확히 의미를 전달하기 어려우니까 2891 앞에 'D-'라고 붙여주고 싶어요. 어떻게 할 수 있을까요? Chapter 3-4에서 배운 '텍스트 붙이기'를 활용할 수 있습니다. 간단해요!
앞에 붙이고 싶은 글자인 D-를 입력하고 &를 붙이면 됩니다. 다만 텍스트인 D-를 쓸 때에는 " "(큰따옴표)를 앞뒤로 붙여주셔야 합니다. 자세한 설명은 바로 뒤 '잠깐만요!'를 참고해주세요.
D13셀에 ="D-"&B13-C13이라고 입력하면 & 앞쪽의 D-와 & 뒤쪽의 연산 결괏값이 합쳐지게 됩니다. 저는 D-2891로 나오네요!

▼ 텍스트 붙이기 기호(&)를 사용해 보이는 형태를 바꿔줄 수 있다.

	A	B	C	D	E
11					
12		프로젝트 마감일	오늘	D-Day	
13		2030-01-09	2022-02-09	="D-"&B13-C13	
14					

↓

	A	B	C	D	E
11					
12		프로젝트 마감일	오늘	D-Day	
13		2030-01-09	2022-02-09	D-2891	
14					

 잠깐만요! **수식/함수에서 글자를 입력할 때 주의할 점**

함수에서 텍스트를 입력할 때는 꼭 " "(큰따옴표) 안에 넣어주어야 합니다.

앞의 D-day 예시처럼, 숫자 앞에 D- 라는 글자를 붙이려는 상황이라고 가정합시다. =D를 입력하자마자 엑셀에서는 '이게 함수인가?' 하고 저에게 함수 옵션창을 보여줍니다. 컴퓨터 입장에서는 함수를 치려고 하는 건지, 그냥 영어 텍스트를 입력하려고 하는 건지 헷갈리는 겁니다.

그래서 우리가 컴퓨터에게 "내가 지금부터 쓰려고 하는 건 함수가 아니야. 그냥 일반적인 글자, 텍스트를 입력할 거야"라는 사실을 알려주기 위해서 " "을 앞뒤로 붙여주는 겁니다. 이 규칙은 영어뿐만 아니라 한글에도 마찬가지로 적용됩니다.

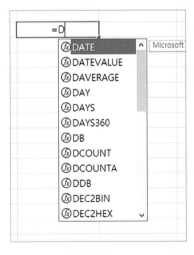

빠르고 쉽게 요일 구하기

저는 매년 크리스마스가 무슨 요일인지가 너무 궁금합니다. 크리스마스가 평일이라 하루 더 쉴
수 있는지, 아니면 주말이라 아까운 공휴일을 하루 날릴지가 궁금하거든요 ☺ 이번에는 함수를
활용해 그걸 미리 한번 알아볼까요?

요일 구하는 함수   • • •

특정 날짜의 요일은 WEEKDAY라는 함수로 구할 수 있습니다. YEAR, MONTH 함수와
마찬가지로 괄호 안에 날짜 서식을 넣으면 됩니다. 간단하죠? 그런데 문제가 하나 있습니
다. 함수를 입력해보았더니, 무슨 요일인지는 뜨지 않고 알 수 없는 숫자가 표시되네요.
요일 숫자는 기본적으로 일요일이 1입니다. 순차적으로 월요일이 2, 화요일이 3 … 토요
일이 7로 매칭되어 있습니다.

■ **특정 날짜의 요일을 1~7까지 숫자로 나타내는 함수**

= WEEKDAY (serial_number, [return_type])

= WEEKDAY (날짜, [요일~숫자 매칭 옵션값])

* [ ] 안의 내용은 입력하지 않아도 됩니다. 미입력 시, 기본 설정인 '일요일=1'로 적용됩니다.

▼ WEEKDAY 함수로 요일을 구할 수는 있지만, 요일이 숫자로 나타난다.

	A	B	C
3			
4		날짜	요일번호
5		2026-12-25	=WEEKDAY(B5)
6		2027-12-25	
7		2028-12-25	
8		2029-12-25	
9		2030-12-25	

	A	B	C
3			
4		날짜	요일번호
5		2026-12-25	6
6		2027-12-25	
7		2028-12-25	
8		2029-12-25	
9		2030-12-25	

숫자를 글자로 치환해주는 함수 •••

일요일이 1이라는 규칙, 우리나 알지 누가 알겠어요. 다른 사람들에게 이 자료를 보여줄 때는 정확하게 무슨 요일인지 바꿔서 보여줘야겠죠. 그럴 때 쓰는 함수는 '숫자를 글자로 치환해주는 함수'입니다. 책에서 처음으로 조금 복잡한 함수가 등장하는데요. 바로 CHOOSE라고 하는 함수입니다.

■ **인덱스 번호를 이용하여, 특정 순서의 숫자를 값으로 변환하는 함수**

= CHOOSE (index_num, value1, value2, ⋯)

= CHOOSE (인수, 첫 번째, 두 번째, ⋯)

CHOOSE는 index_num 자리에 있는 숫자가 1이면 결괏값이 value1에 쓴 값으로, index_num 자리에 있는 숫자가 2이면 value2의 값으로 결괏값을 보여주는 함수입니다. 예를 들어 value1을 일요일, value2를 월요일로 지정할 수 있겠죠.

index_num 자리에는 우리가 바꾸고자 하는 숫자를 넣어주고(또는 그 숫자가 있는 셀 번호), value1, value2, value3 순서대로 치환할 글자를 입력해주면 됩니다. 1에 해당하는 글자, 2에 해당하는 글자, 3에 해당하는 글자 ⋯ 이렇게 순서대로요. 우리가 지금 구하고자 하는 값은 일요일이 1, 월요일이 2이니까 '일, 월, 화, 수, 목, 금, 토'를 입력하면 됩니다.

단, 엑셀 함수 안에서 글자를 입력할 때는 꼭 " " 입력하는 것 잊지 마세요! (Chapter 4-2 잠깐만요 참고)

= CHOOSE (C5, "일", "월", "화", "수", "목", "금", "토")

▼ CHOOSE 함수의 인수 자리에 요일 번호가 있는 셀 주소(C5)를 입력하고, 숫자에 해당하는 요일로 변환한다.

▲	A	B	C	D
3				
4		**날짜**	**요일번호**	**요일**
5		2026-12-25	6	=CHOOSE(C5,"일","월","화","수","목","금","토")

▲	A	B	C	D
3				
4		**날짜**	**요일번호**	**요일**
5		2026-12-25	6	금

2027년, 2028년의 크리스마스 요일도 알고 싶다면, 방금 입력한 CHOOSE 함수를 복사/붙여넣기 하면 되겠죠. 엑셀은 위치 명령을 복사하니까요!

'D5를 기준으로 왼쪽 첫 번째 칸에 있는 셀(C5) 안에 있는 숫자를 index_num으로 삼아서 글자로 치환해라!' 이 명령을 그대로 D6, D7에 복사하면 각 자리를 기준점으로 왼쪽 첫 번째 칸에 있는 셀을 index_num으로 인식할 겁니다. 자, 한번 해볼까요?

▼ 한 번 작성한 함수는 복사/붙여넣기를 통해서 사용할 수 있다.

	A	B	C	D
3				
4		날짜	요일번호	요일
5		2026-12-25	6	금
6		2027-12-25	7	토
7		2028-12-25	2	월
8		2029-12-25	3	화
9		2030-12-25	4	수

2027년 크리스마스는 토요일이네요. 공휴일 날아갔어요 😢

함수 중첩하여 사용하기 (함수 안에 함수)

조금만 더 응용해볼까요? 방금 요일을 구할 때 ❶ 날짜 서식을 WEEKDAY 함수를 통해 요일 번호로 바꾸었고, ❷ 바뀐 요일 번호를 CHOOSE 함수를 이용해서 텍스트로 변환했습니다. 이 과정을 한 번에 할 수 있도록 함수를 합쳐보겠습니다. 함수는 '함수 안에 함수'를 중첩으로 품을 수 있거든요.

다시 풀어서 설명하면, CHOOSE 함수의 index_num인 'C5셀의 요일 번호는 B5셀의 날짜 서식을 WEEKDAY로 구한 값'입니다. 따라서 C5셀 대신에 WEEDKAY 함수를 바로 넣는다면, 함수를 한 번만 쓰고 결괏값을 구할 수 있는 것이죠.

= CHOOSE (C5, "일", "월", "화", "수", "목", "금", "토")

= CHOOSE (WEEKDAY(B5), "일", "월", "화", "수", "목", "금", "토")

* WEEKDAY(B5) : 요일 번호를 구하는 함수이자 CHOOSE 함수의 인수

▼ 함수 안에 함수를 넣으면, 여러 번 계산하지 않고 한 번에 결괏값을 얻을 수 있다.

	A	B	C	D
3				
4		**날짜**	**요일번호**	**요일**
5		2026-12-25	=CHOOSE(WEEKDAY(B5),"일","월","화","수","목","금","토")	
6		2027-12-25		
7		2028-12-25		
8		2029-12-25		
9		2030-12-25		

CHOOSE 함수는 숫자가 끝나지 않을 때나 순서대로 나열되어 있지 않을 때에는 사용하지 않습니다. 따라서 보통 숫자가 3~7개 정도인 경우에 많이 쓰인다고 보면 되겠죠. 이러한 조건이 있으니 아무래도 요일을 구할 때 가장 많이 쓰이곤 합니다 ☺

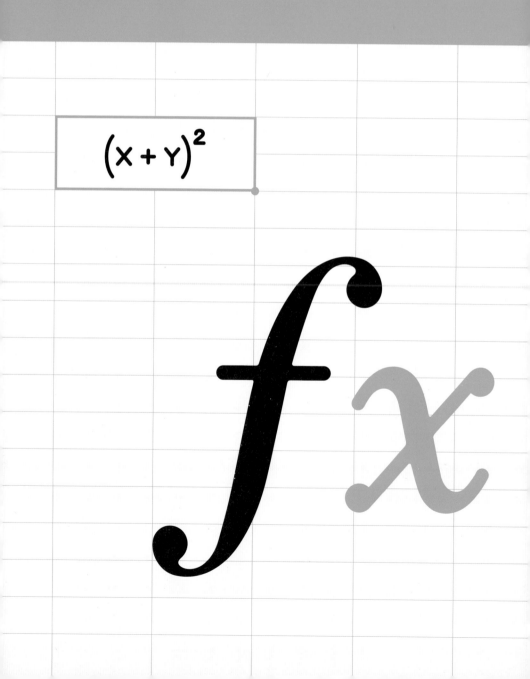

CHAPTER 05

가정법 IF의 변신
그리고
절.대.참.조!

Chapter 5에서는 논리 함수에 대해 배워볼 겁니다. 이제까지 우리가 앞에서 배웠던 함수들은 '요일을 나타내라!', '연도를 나타내라!' 이렇게 간단한 함수였다면, 지금부터는 논리 구성이 필요한 다소 복잡한 함수들을 배우게 됩니다. 하지만 원리를 이해한다면 어렵지 않습니다. 시작해볼까요?

01 IF 기본 : ~ 한다면, 이렇게 해줘

IF 함수는 엑셀 초급자들이 만만하게 생각하는 함수 중 하나입니다. 영어에서 배운 가정법 IF가 익숙하기 때문에, 엑셀 안에서 문제를 해결해야 할 때 아무래도 가장 먼저 IF를 떠올리는 분들이 많죠. IF 함수가 만능 함수가 아닌데도 불구하고, 유난히 IF를 찾는 분들이 많습니다. 그렇다면 이번 장에서는 어떠한 상황에서 IF를 쓸 수 있는지, IF 함수를 적절하게 사용하는 방법은 무엇인지 알아보겠습니다.

IF 함수의 원리 ● ● ●

IF는 우리가 설정한 명제가 참인지 거짓인지에 따라서 그에 따른 값을 나타내는 함수입니다. 이 명령을 설정하기 위해서 IF 함수는 총 세 가지의 인수가 필요합니다.

❶ 로지컬 테스트(명제)입니다. 참이냐 거짓이냐를 판단하기 위한 명제가 등장합니다. 명제는 'A=B(A는 B다)'라고 진위를 구별할 수 있는 문장이어야 합니다. ❷ 앞의 명제가 '참'이라면 수행할 값이나 명령을 입력하고, ❸ 명제가 '거짓'일 경우 수행할 값이나 명령을 입력합니다. 가장 처음에 명제를 잘 정해주는 것이 IF 함수의 핵심입니다.

■ **명제의 참/거짓 여부에 따라 해당하는 값을 반환하는 함수**
= IF (logical_test, [value_IF_True], [value_IF_False])
= IF (명제, 참이라면 이렇게 해줘, 거짓이라면 이렇게 해줘)

예제를 풀면서 더 자세히 알아보겠습니다. 다음 학생들의 점수를 90점을 기준으로 합격, 불합격을 나눠줄 생각입니다. 90점 이상은 합격, 90점 미만은 불합격입니다. 명제를 설정하기 위해서는 이 기준이 중요합니다. '90점 이상'이라고 하는 기준이죠.

▼ 90점 이상은 합격, 90점 미만은 불합격으로 표시하고 싶다.

	A	B	C	D
2				
3		이름	점수	합격여부
4		박성희	90	
5		김하나	85	
6		최인혜	80	
7		박진솔	95	

합격 여부를 표시할 D4셀에 IF 함수를 써보겠습니다. 각 학생의 이름은 B열, 점수는 C열에 입력되어 있네요. IF 함수에서 판별할 기준이 '점수가 90점 이상이다'이므로 D4셀에 입력할 명제는 'C4셀에 있는 점수가 90을 넘는다'입니다. 이 명제가 참이면 합격, 거짓이라면 불합격인 거죠.

= IF (명제, 참이라면 이렇게 해줘, 거짓이라면 이렇게 해줘)

= IF (C4>=90, "합격", "불합격")

 TIP 함수 안에서 글자를 입력할 때 꼭 " " 입력하는 것 잊지 마세요! (Chapter 4-2 잠깐만요 참고)

▼ 'C4셀의 숫자가 90 이상이다'처럼 참/거짓을 판단할 수 있는 명제를 정하는 것이 중요하다.

	A	B	C	D
2				
3		이름	점수	합격여부
4		박성희	90	=IF(C4> =90,"합격","불합격")
5		김하나	85	
6		최인혜	80	
7		박진솔	95	

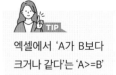
엑셀에서 'A가 B보다 크거나 같다'는 'A>=B'로 입력합니다.

박성희는 90점 이상이므로 합격입니다. 아래 다른 학생들의 합격 여부도 판별하고 싶다면, 일일이 IF 함수를 다 써야 할까요? 그렇지 않죠. 위치 명령을 복사하는 함수의 기본 원리를 활용해서 복사/붙여넣기 해줄 겁니다. '왼쪽으로 1칸 옆에 있는 셀 안의 숫자가 90 이상인지를 판별해라' 명령을 복사하는 겁니다.

Chapter 3-4에서 배웠던 '키보드만으로 범위 선택해서 복사/붙여넣기' 기억하시나요? 복습해보겠습니다. 복사할 함수가 있는 D4셀을 복사 Ctrl + C 한 후

❶ 데이터의 끝 지점이 입력되어 있는 열(C4셀)로 커서를 옮겨서

❷ Ctrl + ↓로 데이터가 채워져 있는 끝(C14셀)으로 내려갔다가

❸ Ctrl 에서 손을 뗀 상태로, 붙여넣을 범위인 오른쪽(D14셀)으로 커서 이동

❹ Ctrl + Shift + ↑로 D4셀까지 위로 한 번에 범위를 선택한 후

붙여넣기 Ctrl + V 하면, 전체 학생의 합격 여부를 판별할 수 있습니다. IF 함수 작성 한 번으로 엑셀이 알아서 다 계산을 완료하는 거죠. 어때요, IF 함수 간단하죠?

▼ IF 함수를 활용하면, 빠르게 참/거짓을 판별할 수 있다.

IF 함수 응용 : 중첩하기

조금만 더 응용해보겠습니다. 90점 미만을 불합격 처리하기에는 너무 야박해서, 80점 이상인 학생들은 예비합격으로 변경하려고 합니다. 80점 이상은 예비합격이라는 새로운 조건이 생겼죠? 그럼, 어떻게 해야 할까요?

CHAPTER 5 가정법 IF의 변신 그리고 절.대.참.조!

명제 1. '점수가 90점 이상이다.'

→ 참이면 '합격', 거짓이면 '불합격'입니다. 90점 이상인 경우는 '합격'이므로 더 이상 판별의 대상이 아니고, 나머지 값(거짓)을 대상으로 다시 두 번째 명제를 판별할 겁니다.

명제 2. '점수가 90점 미만 중에서 80점 이상이다.'

→ 참이면 '예비합격', 거짓이면 '불합격'입니다.

자, 이 두 명제를 함수식으로 옮겨보겠습니다. 함수는 함수를 품을 수 있다고 했었죠. 첫 번째 명제는 원래 IF 함수대로 입력하되, IF 인수에서 [value_IF_False] 자리에 두 번째 명제에 해당하는 IF 함수를 중첩으로 사용하는 겁니다.

= IF (logical_test, [value_IF_True], [value_IF_False])

= IF (명제, 참이라면 이렇게 해줘, 거짓이라면 이렇게 해줘)

= IF (C4 >= 90, "합격", IF (C4 >= 80, "예비합격", "불합격"))

마치 영어 문법에서 1형식~5형식 문장 구조를 끊어서 읽는 것처럼, 함수도 구조화해서 이해하면 좋습니다. 위의 함수를 잘 뜯어보면 IF 함수를 구성하는 세 가지 인수가 있고, [value_IF_False] 인수 자리에 새로운 IF 함수가 다시 시작된 겁니다. 영어의 관계대명사랑 비슷해 보이지 않나요? 주의하실 점은, 함수를 중첩해서 사용할 때는 각 함수에 짝지어져 있는 괄호를 잘 열고 닫아주어야 합니다. 괄호를 제대로 닫지 않으면 수식에 오류가 있다는 알림창이 떠서 당황할 수 있어요.

▼ 함수 중첩을 통해서 IF의 다중 명제를 판별할 수 있다.

	B	C	D
2			
3	이름	점수	합격여부
4	박성희	90	=IF(C4>=90,"합격",IF(C4>=80,"예비합격","불합격"))
5	김하나	85	

이 함수식도 마찬가지로 복사/붙여넣기 하면, 아래와 같이 합격 여부가 바뀌는 것을 확인할 수 있습니다. 김하나, 최인혜 학생이 예비합격으로 변경되었네요.

▼ 명제2의 참/거짓에 따라 예비합격자를 판별할 수 있게 되었다.

	B	C	D
2			
3	이름	점수	합격여부
4	박성희	90	합격
5	김하나	85	예비합격
6	최인혜	80	예비합격
7	박진솔	95	합격
8	이선진	40	불합격
9	장보령	70	불합격
10	박하빈	75	불합격
11	사공혁	90	합격
12	곽무룡	94	합격
13	석윤준	50	불합격
14	정지웅	78	불합격

신상 함수 IFS (엑셀 2019 이상, 오피스 365만 가능) ● ● ●

실무에서 다중 명제를 사용하는 일이 잦다 보니, 엑셀에서 새로운 함수를 내놓았습니다. 바로 IFS라는 함수인데요, 영어에서 명사에 S를 붙이면 복수인 것처럼 함수에도 S가 붙습니다. 명제 여러 개를 판별 처리할 수 있는 IFS 함수에 대해 알아보겠습니다.

■ **하나 이상의 명제 조건의 충족 여부에 따라 TRUE 값을 반환하는 함수**

= IFS (logical_test1, value_if_true1, logical_test2, value_if_true2, …)

= IFS (첫 번째 조건, 1 조건이 참이면 이렇게, 두 번째 조건, 2 조건이 참이면 이렇게, …)

90점 이상은 합격, 80점 이상은 예비합격, 그 미만은 불합격이었던 예제를 IFS를 이용해서 다시 풀어보겠습니다.

첫 번째 조건은 'C4셀이 90점 이상이다', 1 조건이 참인 경우는 "합격"으로 입력합니다. 두 번째 조건도 'C4셀이 80점 이상이다', 2 조건이 참인 경우는 "예비합격"으로 입력합니다. 순서대로 입력하니까 간단하고 쉽네요.

다만, IFS에서는 앞의 명제 조건들을 충족하지 못하는 경우 반환되는 값(False 값)을 지정할 때 주의해야 합니다. 최종 logical_test 인수에 TRUE를 입력 후, value_if_true 값에 반환할 값을 입력합니다. 예제의 경우, 앞의 두 조건을 충족하지 못하면 "불합격"이므로 마지막에 TRUE, "불합격"으로 입력합니다.

= IFS (첫 번째 조건, 1 조건이 참이면 이렇게, 두 번째 조건, 2 조건이 참이면 이렇게, …)

= IFS (C4>=90, "합격", C4>=80, "예비합격", TRUE, "불합격")

▼ IFS 함수가 IF 중첩문보다 여러 명제 조건을 입력하기에 구조적으로 더 쉽다.

	B	C	D
2			
3	이름	점수	합격여부
4	박성희	90	=IFS(C4>=90,"합격",C4>=80,"예비합격",TRUE,"불합격")
5	김하나	85	예비합격
6	최인혜	80	예비합격
7	박진솔	95	합격
8	이선진	40	불합격
9	장보령	70	불합격
10	박하빈	75	불합격
11	사공혁	90	합격
12	곽무룡	94	합격
13	석윤준	50	불합격
14	정지웅	78	불합격

IFS 함수는 중첩해서 사용하는 IF 함수 대신에 사용할 수 있으며 여러 명제 조건을 읽기에 더 쉽다는 장점이 있습니다. 그러나 엑셀 2019 이상 버전 또는 오피스 365 버전에서만 호환 가능하므로 파일을 공유하는 경우에는 주의해서 사용하면 좋습니다. 모든 회사가 최신 버전을 사용하는 것은 아니기 때문이죠!

 잠깐만요! **엑셀에서 등호/부등호를 표현하는 방식**

조건	표시
A와 B가 같다	A = B
A가 B보다 크다	A > B
A가 B보다 크거나 같다	A >= B
A가 B보다 작다	A < B
A가 B보다 작거나 같다	A <= B
A가 B와 같지 않다	A >< B

02 IF 응용 : 복잡한 조건도 간단하게

이번 장에서 배울 함수는 주로 IF 함수와 결합해서 많이 사용되는 AND와 OR 함수입니다. 이 함수들을 같이 쓰면 조금 더 복잡한 조건의 IF 함수를 만들 수 있게 됩니다. 각각 어떻게 사용되는 함수인지, IF와는 어떻게 결합되는지 알아보겠습니다.

AND (교집합, A 그리고 B) •••

AND 함수는 말 그대로 '그리고'라는 뜻입니다. 함수의 설명을 보면 '인수가 모두 True면 True로 반환한다'고 되어 있습니다. 함수식도 굉장히 단순해 보입니다. 로직1, 로직2, 로직3 … 이렇게 나열되어 있습니다. 앞에서 배운 IF는 '명제가 True면 이렇게~, False면 저렇게~'라고 각각 지정해주었지만, AND 함수는 일단 여러 명제를 제시합니다. 명제1, 명제2, 명제3…! 이 명제들이 다 옳다? 그러면 True로 반환하고, 하나라도 틀리면 False로 반환합니다.

■ **인수가 모두 참이면, True로 반환하는 함수**

= AND (logical 1, logical 2, logical 3, …)

= AND (명제 1, 명제 2, 명제 3, …)

다음 예제에서 지난달 판매실적과 이번 달 판매실적이 모두 300만 원 이상인 사람을 찾고 싶다면, AND 함수를 통해 구할 수 있습니다. 박하빈의 전월 판매실적이 적혀 있는 D7셀이 300 이상인지 첫 번째 명제를 제시하고, 쉼표를 찍은 후에 당월 실적인 E7셀이 300 이상인지 두 번째 명제를 입력합니다.

자, 이렇게 명제 두 개를 줬습니다. 명제 두 개가 모두 참이면 True가 나올 것이고, 하나라도 틀리면 False가 나올 겁니다.

명제 1   명제 2
= AND (D7 >=300, E7 >=300)

= D7이 300 이상이면서, E7도 300 이상이니? 참이면 True, 거짓이면 False로 표시해줘.

▼ 박하빈은 두 명제가 모두 '참'이기 때문에, True로 표시된다.

지점	사원	전월실적	당월실적	결과
서울	박하빈	350	400	=AND(D7>=300,E7>=300)
성남	박성회	140	520	FALSE
고양	이선진	200	400	FALSE
하남	박한솔	190	210	FALSE
수원	박진솔	500	390	TRUE
안양	최인혜	270	190	FALSE
군포	김하나	310	210	FALSE

Q. 이번 달과 지난달 실적이 모두 3백만원 이상인 사람은? (단위: 만원)

결과
TRUE

OR (합집합, A 또는 B)

AND가 교집합이었다면 OR은 합집합입니다. OR은 '이것 또는 저것'이기 때문에 AND 와는 다르죠. OR 함수는 인수 중 하나 이상의 인수가 True면 True로 반환합니다. 구성 자체는 AND 함수와 동일하게 여러 명제를 제시하되, 그중에서 하나라도 맞으면 True 인 거죠!

■ 인수가 하나라도 참이면, True로 반환하는 함수

= OR (logical 1, logical 2, logical 3, ⋯)

= OR (명제 1, 명제 2, 명제 3, ⋯)

이번에는 예제에서 이번 달과 지난달 중 단 한 번이라도 300만 원 이상의 실적을 낸 사람을 찾아보겠습니다. OR 함수를 열고, D7셀과 E7셀이 300 이상인지 각각 명제를 입력해볼게요. 박하빈은 AND 함수일 때도 True였고, OR 함수를 사용한 지금도 당연히 True입니다. 박성희의 경우에는 AND 조건에서는 False였는데(전월 실적이 140만 원으로 300 미만임), OR 함수에서는 두 명제 중 한 명제는 맞았기 때문에 True로 나오게 됩니다.

명제 1   명제 2
= OR (D7 >=300 , E7 >=300)

= D7이 300 이상이거나, 또는 E7이 300 이상이니? 참이면 True, 거짓이면 False로 표시해줘.

▼ 박성희는 AND 조건에서는 False였지만, OR 조건에서는 True로 표시된다.

	A	B	C	D	E	F	G
4		**Q. 이번 달과 지난달 실적 중, 한번 이라도 3백만원 이상인 사람은?**					
5					(단위: 만원)		
6		지점	사원	전월실적	당월실적	결과	
7		서울	박하빈	350	400	=OR(D7>=300,E7>=300)	
8		성남	박성희	140	520	TRUE	
9		고양	이선진	200	400	TRUE	
10		하남	박한솔	190	210	FALSE	
11		수원	박진솔	500	390	TRUE	
12		안양	최인혜	270	190	FALSE	
13		군포	김하나	310	210	TRUE	

결과
TRUE

AND와 OR 함수의 차이가 무엇인지 이해했나요? 여러 명제를 제시하고, 그중에서 하나라도 맞으면 True로 반환하는 것이 OR 함수, 모두 맞아야지만 True로 반환하는 것이 AND 함수입니다.

IF와 AND/OR 함수 결합하기 • • •

IF 함수와는 어떻게 결합할 수 있을까요? AND와 OR은 단순히 True/False를 판별하는 함수이지만, IF 함수와 결합해서 사용하면 True/False에 따른 액션을 명령할 수 있습니다. 지난달 판매실적과 이번 달 판매실적이 모두 300만 원이 넘는 우수 사원에게는 이번 달 실적의 2배를 보너스로 주고, 그렇지 않은 사람에게는 이번 달 실적의 2분의 1만 보너스를 주겠습니다. 조건을 늘어놓으니 복잡해 보여서 막막할 수 있습니다. 하지만 여러분은 할 수 있어요!

먼저, IF 함수에 들어가야 하는 인수를 차근히 구조화해서 생각해보죠.

❶ 명제 : 전월과 당월 실적이 모두 300만 원 이상이다.
❷ 참이라면 : 당월 실적의 2배 보너스를 주고,
❸ 거짓이라면 : 아니면 당월 실적의 2분의 1이 보너스다.

여기에서 명제가 들어갈 자리에 AND 함수를 넣어주는 겁니다. AND 함수 자체가 IF 함수문의 명제 인수가 되는 거죠. 그러면 AND 함수 결괏값에 따라 True면 당월 실적의 2배, False면 당월 실적의 2분의 1을 보너스로 주는 액션을 수행합니다.

명제   True   False

= IF (AND (D7 >=300, E7 >=300), E7 * 2, E7 / 2)

명제1   명제2

= AND 함수로 도출된 값이 참이라면 E7에 2를 곱하고, 거짓이라면 E7을 2로 나눠라

▼ 박하빈은 전월과 당월 모두 300만 원이 넘었으므로, 400×2=800만 원을 보너스로 받게 된다.

	A	B	C	D	E	F	결과
5					(단위: 만원)		800
6		지점	사원	전월실적	당월실적	결과	
7		서울	박하빈	530	400	=IF(AND(D7>=500,E7>=500),E7*2,E7/2)	
8		성남	박성희	140	520	260	
9		고양	이선진	200	400	200	
10		하남	박한솔	190	210	105	
11		수원	박진솔	500	390	780	
12		안양	최인혜	270	190	95	
13		군포	김하나	310	210	105	

박하빈은 보너스로 800만 원을 받을 겁니다. 당월 실적의 2배니까요. Ctrl + C, Ctrl + V로 함수를 복사/붙여넣기 해서 다른 사원도 구해볼게요. 박성희는 조건을 달성하지 못했기 때문에 당월 실적의 2분의 1을 보너스로 받게 됩니다.

이처럼 IF 함수는 True/False만 판별하는 것이 아니라 값에 따른 향후 액션도 명령할 수 있습니다. 방금 배운 내용은 한 번에 바로 이해하고 적용하기 어려울 수 있습니다. OR을 활용한 IF 결합 예제가 준비되어 있으니, 실습 파일에서 직접 풀어보면서 연습해보세요.

숫자 연산 간단하게 하기(feat. 선택하여 붙여넣기)

예제에서 표의 숫자를 보면 (단위: 만 원)으로 표기되어 있고 350, 400처럼 간단히 쓰여 있습니다. 만약 3500000, 4000000처럼 0이 너무 많으면 함수를 입력할 때 0을 몇 번 넣어야 하는지 엄청 헷갈릴 거예요. 그래서 이 숫자를 만 단위로 나누어보겠습니다. 쉽게 나눌 수 있는 방법에 대해서 알려드릴게요!

▼ 숫자에 0이 너무 많아서 함수를 입력하기에 불편하고 헷갈린다.

◢	A	B	C	D	E
3					
4		지점	사원	전월실적	당월실적
5		서울	박하빈	3,500,000	4,000,000
6		성남	박성회	1,400,000	5,200,000
7		고양	이선진	2,000,000	4,000,000
8		하남	박한솔	1,900,000	2,100,000
9		수원	박진솔	5,000,000	3,900,000
10		안양	최인혜	2,700,000	1,900,000
11		군포	김하나	3,100,000	2,100,000

일반적인 수식을 활용해서 나누는 것이 아니라 '선택하여 붙여넣기'라는 기능으로 연산하겠습니다.

❶ 엑셀의 빈 셀 아무 곳에 10000이라고 입력합니다. 이 숫자를 Ctrl + C 합니다.
❷ 나누고 싶은 범위를 드래그해서 선택합니다. 10000으로 나눌 숫자가 있는 범위입니다.
❸ 범위 선택 후 [선택하여 붙여넣기] 창을 띄웁니다.
  Alt → E → S 또는 Ctrl + Alt + V 를 누르면 [선택하여 붙여넣기] 창이 뜹니다.
  [Mac] : Cmd + Ctrl + V 또는, Cmd + Opt + v
❹ 창 하단 [연산] 부분에서 '나누기'를 클릭합니다.

이 방법을 사용하면, 수식을 쓰지 않아도 간단하게 연산을 할 수 있습니다.

▼ [선택하여 붙여넣기]를 통해서 수식 없이 간단하게 그 자리에서 연산이 가능하다.

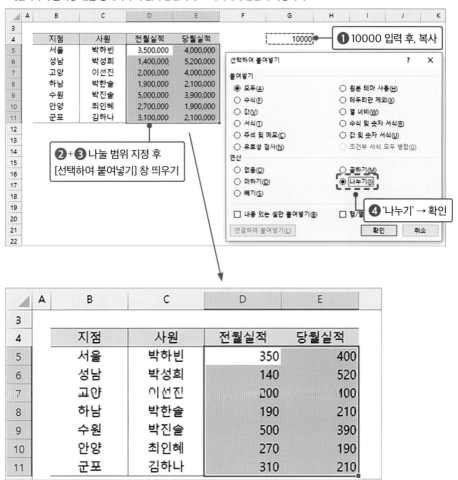

매번 수식을 쓰는 것도 굉장히 귀찮고 어려운 일입니다. 예쁘게 만들어져 있는 표에 열이나 행을 새로 삽입해서, 수식 입력하고, 다시 붙여넣고 하는 과정… 귀찮잖아요 😊 수식의 히스토리(History)를 남겨야 하는 내용이 아니라면, 이렇게 '선택하여 붙여넣기'의 연산 기능을 통해서 바로바로 계산할 수 있습니다. 곱하기, 더하기, 빼기, 나누기가 모두 가능해서 유용하게 사용할 수 있는 기능입니다.

TIP Chapter 1-5에서 배운 '텍스트 형식으로 저장된 숫자'에 위와 같이 [선택하여 붙여넣기]로 1을 곱해주면 숫자 형식으로 변환된답니다.

03 COUNTIF와 와일드카드

"조건(제조업)에 맞는 셀의 개수를 구해야 한다!"

◎ 업체 목록

업체명	소재지	업종
ABC	경기 성남시	제조업
DEF	경북 경산시	정보통신
GHI	충남 천안시	제조업
JKL	경기 의왕시	서비스
MNO	경기 성남시	정보통신
PQR	서울 금천구	제조업
STU	광주 광산구	제조업
VWX	경기 광명시	서비스
YZ	경기 성남시	정보통신

Q. 제조업 업종에 해당하는 업체는 몇 곳인가?

업종	(개)
제조업	

제조업인 회사는 몇 곳? (COUNTIF) • • •

아래의 업체 목록표에서 '제조업'에 해당하는 업체가 몇 곳인지가 궁금합니다. '제조업'이 몇 개 있는지 우리가 직접 세어보는 것이 아니라, 함수에게 시켜볼까요?

IF 함수와 같은 계열인 COUNTIF 함수를 사용해볼게요. '제조업이 있는 셀이라면(IF), 몇 개인지 세어줘(COUNT)~'라고 하는 의미로 COUNTIF 함수를 씁니다.

■ **지정한 범위 내에서 조건에 맞는 셀의 개수를 구하는 함수**

= COUNTIF (range, criteria)

= COUNTIF (범위, 찾고 싶은 것)

두 가지 인수를 사용하는 상대적으로 간단한 함수입니다. 범위(range)와 기준(criteria)을 입력해야 하는데, '어떤 범위에서, 무엇을 찾을 것인지'를 물어보는 겁니다.

우선 업종이 적힌 범위(D7:D15)를 지정한 뒤, 그 범위에서 제조업의 개수를 세어야겠죠. 제조업을 입력하는 방법은 두 가지가 있습니다. 직접 글자를 입력해서 찾을 수도 있고 ("제조업"), 또는 제조업이라고 입력된 셀 주소(G7)를 입력하기도 합니다.

= COUNTIF (range, criteria)

= COUNTIF (D7:D15, "제조업") , 또는 = COUNTIF (D7:D15, G7)

▼ COUNTIF 함수를 통해서 '업종' 열에서 '제조업'에 해당하는 셀의 개수(4개)를 구할 수 있다.

	B	C	D	E	F	G	H
4	◎ 업체 목록					Q. 제조업 업종에 해당하는 업체는 몇 곳인가?	
5							
6	업체명	소재지	업종			업종	(개)
7	ABC	경기 성남시	제조업			제조업	=COUNTIF(D7:D15,G7)
8	DEF	경북 경산시	정보통신				
9	GHI	충남 천안시	제조업				
10	JKL	경기 의왕시	서비스				업종 / (개)
11	MNO	경기 성남시	정보통신				제조업 / 4
12	PQR	서울 금천구	제조업				
13	STU	광주 광산구	제조업				
14	VWX	경기 광명시	서비스				
15	YZ	경기 성남시	정보통신				

경기도 소재지인 회사는 몇 곳? [와일드카드] ● ● ●

이번에는 소재지가 '경기도'인 회사의 개수를 알고 싶습니다. 그런데 소재지 열을 보면 경기 성남시, 경기 의왕시, 경기 광명시 등등 … 정확하게 '경기도'라고만 적혀 있지 않은데, 어떻게 해야 할까요? 이럴 때 사용하는 '와일드카드'라는 기능이 있습니다.

■ 와일드카드 : 문자열을 대체하는 특수 기호

기호	의미
경기*	'경기' 로 시작하는 문자
*경기	'경기' 로 끝나는 문자
경기	'경기' 를 포함하는 문자

와일드카드를 이용해서 경기도가 소재지인 회사를 찾아볼까요?

우선 ❶ range : 소재지가 위치한 범위(C7:C15)를 지정하고, ❷ criteria : 찾고 싶은 것을 넣는 자리에 '경기'로 시작하는 문자를 찾아달라고 입력하는 것입니다. 주의할 점은 문자를 입력할 땐 항상 " "(큰따옴표) 안에 넣어야 한다는 사실, 잊지 마세요!

= COUNTIF (C7:C15, "경기*")

= C7:C15 범위 내에서 '경기'로 시작하는 문자의 개수를 세어줘

▼ 와일드카드를 이용하면, 더욱 다양한 조건의 문자를 찾을 수 있다.

	B	C	D	E	F	G	H
4	◎ 업체 목록					Q. 경기 소재지인 회사는 몇 곳인가?	
5							
6	업체명	소재지	업종			소재지	(개)
7	ABC	경기 성남시	제조업			경기	=COUNTIF(C7:C15,"경기*")
8	DEF	경북 경산시	정보통신				
9	GHI	충남 천안시	제조업				
10	JKL	경기 의왕시	서비스				
11	MNO	경기 성남시	정보통신			소재지	(개)
12	PQR	서울 금천구	제조업			경기	5
13	STU	광주 광산구	제조업				
14	VWX	경기 광명시	서비스				
15	YZ	경기 성남시	정보통신				

조건이 한 개가 아닐 때 (COUNTIFS) ● ● ●

조금 더 응용해봅시다. 이번에는 ❶ '경기 성남시'에 소재하면서 ❷ 업종이 '제조업'인 회사의 개수를 세어보겠습니다. 조건이 두 개나 되지만 당황하지 않아도 됩니다. 영어에서 복수인 명사에 S가 붙는 것처럼 함수도 마찬가지입니다. 조건이 복수라면, COUNTIF 뒤에 S를 붙인 COUNTIFS를 쓰면 됩니다.

■ 여러 조건을 만족하는 셀의 개수를 구하는 함수

= COUNTIFS (criteria_range1, criterai1, criteria_range2, criteria2, ···)

= COUNTIFS (조건 범위 1, 찾고 싶은 것 1, 조건 범위 2, 찾고 싶은 것 2, ···)

조건 범위 1 : 소재지 열 → C7:C15

찾고 싶은 것 1 : '경기 성남시' → G7

조건 범위 2 : 업종 열 → D7:D15

찾고 싶은 것 2 : '제조업' → H7

= COUNTIFS (C7:C15, G7, D7:D15, H7)

이렇게 함수식을 짜면, 두 가지의 조건 범위와 조건을 모두 만족하는 셀의 개수를 구할 수 있습니다. 예제의 경우 '경기 성남시'를 만족하면서 '제조업'인 곳은 ABC 한 곳으로, 결괏값은 1이 도출됩니다.

▼ COUNTIFS를 사용하면 '경기 성남시'에 소재한 '제조업'은 1개라는 것을 쉽게 찾을 수 있다.

	B	C	D	E	F	G	H	I
4	◎ 업체 목록					Q. 아래 '소재지'와 '업종' 조건에 충족하는 업체 개수는?		
5								
6	업체명	소재지	업종			소재지	업종	(개)
7	ABC	경기 성남시	제조업			경기 성남시	제조업	=COUNTIFS(C7:C15,G7,D7:D15,H7)
8	DEF	경북 경산시	정보통신			경기 성남시	정보통신	
9	GHI	충남 천안시	제조업			경기 성남시	서비스	
10	JKL	경기 의왕시	서비스					
11	MNO	경기 성남시	정보통신					
12	PQR	서울 금천구	제조업			소재지	업종	(개)
13	STU	광주 광산구	제조업			경기 성남시	제조업	1
14	VWX	경기 광명시	서비스					
15	YZ	경기 성남시	정보통신					

TIP 조건이 하나일 때도 COUNTIFS를 사용해도 됩니다. 함수 두 개를 외우기 헷갈린다면, COUNTIFS만 외우는 것도 괜찮습니다!

앗, 그런데 뭔가 이상하다! •••

경기 성남시에 소재하는 제조업 외에 정보통신업, 서비스업의 개수도 구하고 싶습니다. 우리는 엑셀 함수가 위치를 참조한다는 기본 원리를 배운 사람들이잖아요. 함수를 일일이 또 반복해서 사용할 순 없죠. '위치를 참조하는 명령'을 복사/붙여넣기만 하면 되니까요!

함수가 입력된 I7셀을 기준으로 왼쪽에서 두 번째에 있는 셀(G7, 경기 성남시)의 값을 찾고, 왼쪽에서 첫 번째에 있는 셀(H7, 제조업)의 값을 찾으라는 명령이니, 해당 위치 명령을 복사해보겠습니다. I7셀에 입력한 함수를 그대로 복사 Ctrl + C 해서 I8셀, I9셀에 붙여넣기 Ctrl + V 했습니다. 어떻게 되었나요?

▼ '찾고 싶은 값' 셀의 위치만 이동되는 것이 아니라, 조건 범위도 함께 아래로 이동하고 있다.

	B	C	D	E	F	G	H	I
6	업체명	소재지	업종			소재지	업종	(개)
7	ABC	경기 성남시	제조업			경기 성남시	제조업	1
8	DEF	경북 경산시	정보통신			경기 성남시	정보통신	=COUNTIFS(C8:C16,G8,D8:D16,H8)
9	GHI	충남 천안시	제조업			경기 성남시	서비스	0
10	JKL	경기 의왕시	서비스					
11	MNO	경기 성남시	정보통신					
12	PQR	서울 금천구	제조업					
13	STU	광주 광산구	제조업					
14	VWX	경기 광명시	서비스					
15	YZ	경기 성남시	정보통신					
16								
17								
18								

아래로 한 칸 이동함에 따라 '찾고 싶은 값 1, 2'도 한 칸씩 아래로 이동했다.

'조건 범위 1, 2'도 한 칸씩 아래로 이동하면서 범위가 변경되었다.

	B	C	D	E	F	G	H	I
6	업체명	소재지	업종			소재지	업종	(개)
7	ABC	경기 성남시	제조업			경기 성남시	제조업	1
8	DEF	경북 경산시	정보통신			경기 성남시	정보통신	2
9	GHI	충남 천안시	제조업			경기 성남시	서비스	=COUNTIFS(C9:C17,G9,D9:D17,H9)
10	JKL	경기 의왕시	서비스					
11	MNO	경기 성남시	정보통신					
12	PQR	서울 금천구	제조업					
13	STU	광주 광산구	제조업					
14	VWX	경기 광명시	서비스					
15	YZ	경기 성남시	정보통신					
16								
17								
18								

함수 수식을 복사해서 위치가 이동하는 과정 중에, 조건 범위도 함께 이동했습니다. 엑셀의 기본 원리이기 때문에 어쩔 수 없습니다. 위치 참조 명령을 복사한 것이기 때문에 기준 셀이 이동함에 따라 참조 셀도 같이 이동하는 것이죠.

그런데 우리가 이 문제의 답을 구할 때 조건 범위가 바뀌어도 되나요? 안 되죠. 참조하는 범위는 항상 같아야죠. 우리가 참조해야 하는 표의 범위는 정해져 있는데, 엑셀 참조 위치가 바뀌어버리면 정확한 데이터값을 구할 수 없습니다.

이럴 때는 참조 범위를 고정하는 방법, '절대참조'를 사용합니다. 절대참조는 엑셀에서 매우 중요한 개념이어서 다음 장에서 자세히 다뤄보도록 하겠습니다.

> **TIP** 수식이나 함수가 입력된 셀에서 F2 키를 누르면 '어떤 셀을 참조하고 있는지' 눈으로 볼 수 있어요. 눈으로 보아야 정확하니, 수식을 완성한 후에는 꼭 F2 키를 눌러 확인해보세요!

모르면 낭패 보는 절대참조!

"수식을 복사하면 셀의 위치를 상대적으로 참조해서 복사한다(상대참조)."

일반적으로 엑셀에서 수식을 복사하면, 기준 셀의 위치 변화에 따라서 참조값도 상대적으로 변화하는 '상대참조'가 기본으로 적용됩니다. 이와 달리, 수식을 복사해도 참조하는 대상을 그대로 고정하는 방법을 '절대참조'라고 하는데요. 이 두 참조 방법을 제대로 구분하지 못하면 수식을 여러 번 쓰는 반복 작업을 하게 되거나, 함수를 잘 쓰고도 틀린 결괏값을 얻게 될지도 모릅니다. 지금부터 상대참조와 절대참조의 차이, 절대참조로 전환하는 방법과 활용 방법까지 알아보겠습니다.

절대참조의 원리 ● ● ●

참조 방식을 절대참조로 전환하는 방법은 간단합니다. 셀을 참조하고 있는 상태에서 F4 키를 누르면 끝입니다. [Mac] : F4 또는 Cmd + T

오른쪽 상단의 이미지를 같이 볼까요? B2셀을 참조하고 있을 때 F4 키를 누르면 수식이 =$B$2로 바뀌면서 $ 표시가 B 앞에 하나, 2 앞에 하나 총 두 개가 생깁니다. $는 행과 열을 고정하는 '압정' 같은 역할을 합니다. B열에 콕, 2행에 콕 하고 압정을 꽂았습니다. Enter 를 누른 뒤 해당 셀을 복사 Ctrl + C 하고, 아무 곳에나 가서 붙여넣기 Ctrl + V 해도 이 셀은 항상 B2만 참조할 겁니다. 엑셀 저 끝으로 가서 붙여넣기 해도 역시 계속 B2셀만 참조하게 됩니다.

▼ 셀을 참조하고 있는 상태에서 F4 키를 누르면, 행과 열을 고정하여 특정 셀만 참조하게 된다.

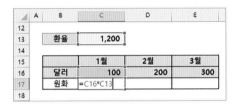

절대참조를 많이 사용하는 Case 1 ●●●

BAD

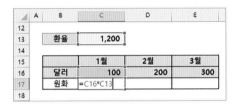

1~3월 달러 매출의 원화 가치를 구하고 싶습니다. 기준환율이 1,200원(C13셀)이라고 했을 때 '(월별 달러 매출)*(환율)'을 구하면 됩니다. 1월 달러 매출을 구하기 위해 'C16셀*C13셀'을 계산했습니다.

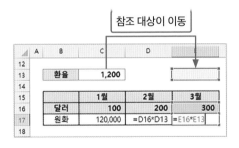

이대로 복사/붙여넣기 해서 오른쪽으로 이동하면, 수식 기본 원리인 상대참조에 의해서 참조 대상 역시 오른쪽으로 이동합니다. 달러 매출인 C16셀은 D16셀, E16셀로 각각 2월, 3월로 잘 이동하였으나 환율이 입력되어 있던 C13셀도 D13셀, E13셀로 이동해버렸습니다.

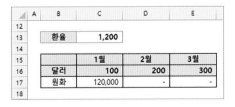

앗, D13셀과 E13셀은 빈칸이기 때문에 결괏값이 제대로 나오지 않네요 🥲

GOOD

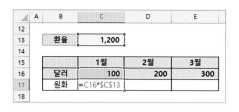

환율은 C13셀에만 입력되어 있으므로 해당 셀은 F4를 눌러 절대참조로 고정하고, 1~3월 매출은 오른쪽으로 복사/붙여넣기 할 때마다 참조 범위도 함께 이동하도록 상대참조 그대로 두겠습니다.

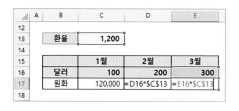

=C16*$C$13을 오른쪽으로 복사/붙여넣기 하면 C16셀은 D16셀, E16셀로 이동하고, C13셀은 고정되어서 C13셀만 참조합니다.

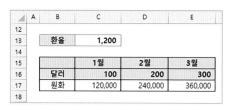

절대참조와 상대참조를 잘 활용한 결과, C17셀에 수식을 딱 한 번 입력하고, 복사/붙여넣기를 통해 원하는 값을 알맞게 구했습니다.

이런 궁금증이 있을 수 있습니다. "C13셀을 참조하지 말고 그냥 C16*1200 이렇게 숫자로 쓰는 건 어떨까요?"

C16*1200, D16*1200, E16*1200으로 계산하면 값은 제대로 나오지만, 일반적으로는 이렇게 사용하지 않습니다. 예를 들어 환율이 1,200원에서 1,400원으로 변동되었다고 해볼게요. 숫자 1,200을 직접 입력해 인수를 사용한 경우에는 다시 숫자를 1,400으로 변경해서 복사/붙여넣기를 반복해야 합니다.

그러나 절대참조로 셀을 참조한 경우, C13셀 안에 있는 숫자만 1,400으로 바꿔주면 아래 수식이 모두 1,400으로 바뀌어 계산됩니다. 이런 식으로 우리가 어떤 '계수'를 사용할 때는 절대참조를 많이 사용하게 됩니다.

CHAPTER 5 가정법 IF의 변신 그리고 절.대.참.조!

절대참조를 많이 사용하는 Case 2

'시장점유율'처럼 분자는 변하는데, 분모는 고정시켜야 하는 경우에도 절대참조를 자주 사용합니다. 분자는 상대참조 상태 그대로 두되, 분모만 절대참조로 수식을 만들고 복사/붙여넣기 하는 방식입니다.

▼ I16셀에 =H16/H19 입력 후 복사한 경우(상대참조)   ▼ I16셀에 =H16/$H$19 입력 후 복사한 경우(절대참조)

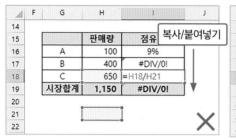
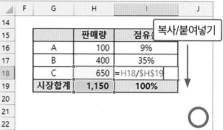

절대참조를 많이 사용하는 Case 3

함수에서 기준되는 참조 범위를 지정할 때, 절대참조를 정말 많이 사용하게 됩니다. 범위를 절대참조로 전환할 때도 마찬가지로 범위를 지정한 후 F4 키를 눌러주면 됩니다.
[Mac] : F4 또는 Cmd + T

▼ 참조하는 범위는 절대참조로 고정시키는 경우가 많다.

	B	C	D	E	F	G	H	I
6	업체명	소재지	업종			소재지	업종	(개)
7	ABC	경기 성남시	제조업			경기 성남시	제조업	1
8	DEF	경북 경산시	정보통신			경기 성남시	정보통신	2
9	GHI	충남 천안시	제조업			경기 성남시	서비스	=COUNTIFS($C$7:$C$15,G9,$D$7:$D$15,H9)
10	JKL	경기 의왕시	서비스					
11	MNO	경기 성남시	정보통신					
12	PQR	서울 금천구	제조업					
13	STU	광주 광산구	제조업					
14	VWX	경기 광명시	서비스					
15	YZ	경기 성남시	정보통신					

그럼, 이전 장에서 실패했던 COUNITFS 문제를 다시 풀어볼까요? 찾고 싶은 값 '경기 성남시' G7셀은 G8셀, G9셀로 이동해도 되지만, 해당 조건을 찾을 범위인 C7:C15셀은 변하지 않고 같은 범위여야 합니다.

고정할 C7:C15 범위를 지정한 후 바로 F4 키를 누르면 $C$7:$C$15로 바뀌면서 참조할 셀이 고정됩니다. 두 번째 조건 범위인 D7:D15도 마찬가지로 절대참조로 전환합니다.

= COUNTIFS ($C$7:$C$15, G7, $D$7:$D$15, H7)

이전 장에서 실패한 것과 달리, I7셀에 입력한 수식을 아래 칸으로 복사/붙어넣기 하면 찾고 싶은 값인 G7셀이나 H7셀은 함께 아래로 이동하지만 참조 범위는 고정되어 있는 것을 확인할 수 있습니다. 절대참조는 정말 중요합니다. 이 다음에 배울 함수들에서도 범위는 꼭! 꼭! 꼭! 절대참조로 지정해주어야 합니다.

행 절대참조, 열 절대참조 • • •

상대참조와 절대참조만 잘 이해해도 충분히 훌륭합니다. 다만 엑셀 실력을 조금 더 업그레이드하고 싶다면, 행 절대참조와 열 절대참조라는 개념도 알아두면 좋습니다.

절대참조로 전환하면 $ 표시가 두 개 생긴 것 기억하시나요? 압정처럼 고정해주는 역할이라고 설명했는데요, 압정이 왜 두 개일까요? 한 개일 수도 있지 않을까요?

B2셀을 참조한 상태에서 F4를 한 번 누르면 $B$2, 한 번 더 누르면 B$2, 그다음에는 $B2, 그다음은 B2로 돌아옵니다. F4 키를 누를 때마다 계속 변하는 거죠. 이 순서를 외울 필요는 전혀 없습니다. $의 위치를 보고 이해하면 됩니다.

B\$2는 B열은 고정하지 않았고, 2행은 압정(\$)을 꽂아서 고정했다는 뜻입니다. 왼쪽, 오른쪽으로 참조값을 이동할 수는 있되 위아래로는 못 움직인다는 뜻입니다. 2행에 고정되었으니까요!

\$B2는 반대로 B열 앞에 압정(\$)을 꽂아서 고정했고, 2행은 고정되지 않았습니다. 따라서 어디로 복사/붙여넣기 해도 항상 B열만 고정적으로 참조하되, 행은 변할 수 있습니다.

▼ 행 절대참조 : 2행에 고정

◢	A	B	C	D	E	F
1						
2		1	2	=B\$2	=C\$2	=D\$2
3		3	4	=B\$2	=C\$2	=D\$2
4				=B\$2	=C\$2	=D\$2
5						

▼ 열 절대참조 : B열에 고정

◢	A	B	C	D	E	F
1						
2		1	2	=\$B2	=\$B2	=\$B2
3		3	4	=\$B3	=\$B3	=\$B3
4				=\$B4	=\$B4	=\$B4
5						

행 절대참조와 열 절대참조는 기초 단계에서 많이 쓰이는 개념은 아니지만, 이해하고 잘 활용한다면 수식을 여러 번 쓰지 않고 문제를 해결할 수 있는 유용한 기능입니다. 우선 이번 장에서는 '이런 것도 있구나!' 하는 정도로만 이해하고 Chapter 7-3에서 자세한 활용법을 알려드리도록 하겠습니다.

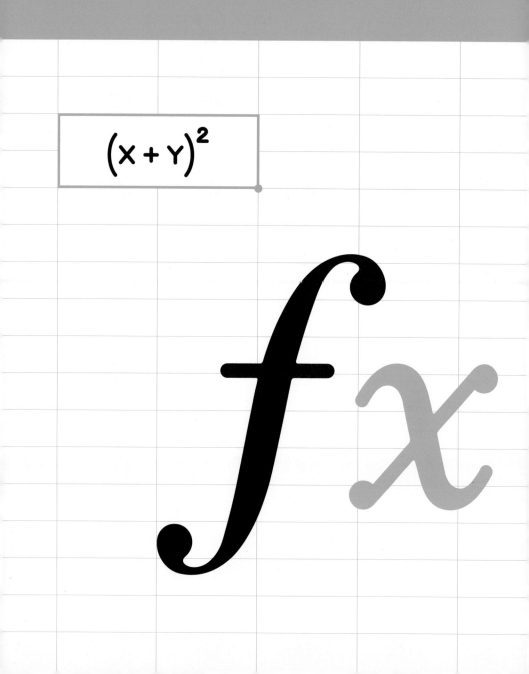

VLOOKUP만 잘 써도
'엑셀 할 줄 안다!'

드디어 대망의 VLOOKUP입니다. 실무에서 정말 많이 사용하지만, 인수가 많고 복잡해 보이는 탓에 많은 분들이 두려워하는 함수이기도 합니다. 그렇기 때문에 회사에서 VLOOKUP을 쓸 줄 안다고 하면 "오, 엑셀 좀 할 줄 아는구나!" 하는 이야기도 들을 수 있죠. 자, 그럼 VLOOKUP을 완벽하게 이해하러 가볼까요?

01

찾아서 매칭해줘, VLOOKUP

"물품표를 참조해서 귀걸이, 목걸이, 반지의 구매원가를 찾고 싶다."

	품목	구매처	구매원가	채고수량		품목	구매원가	판매가
	반지	동대문	1,000	110		귀걸이	?	4,900
	귀찌	남대문	2,500	200		목걸이		6,900
	목걸이	동대문	3,000	150		반지		3,900
	팔찌	중국	800	180				
	발찌	동대문	900	220				
	귀걸이	중국	2,000	100				
	헤어핀	중국	250	70				

액세서리 물품표 / 수직·세로 방향

VLOOKUP, 왜 중요한 길까?

VLOOKUP은 Vertical lookup의 약자로 '수직으로(=세로로) 데이터를 찾아서 매칭시켜 줘!'라는 함수입니다.

실무에서는 우리가 스스로 생산하는 자료도 있지만, 기존 자료들을 참조하고 활용해서 파일을 가공하는 경우가 굉장히 많기 때문에 '찾아서 매칭해주는' 함수가 많이 쓰입니 다. 더불어 회사에서 가공하는 데이터의 기본적인 형태는 Chapter 2-1의 로우 데이터에 서 언급했듯 수직(Vertical, 세로) 열 형태로 길게 정리되어 있는 경우가 대부분입니다. 이 러한 이유로 우리는 늘 세로 방향으로 데이터를 찾는 'VLOOKUP~ VLOOKUP~' 이야기 를 듣는 거랍니다.

> **TIP** 수평, 가로로 데이터를 찾아서 매칭시켜주는 HLOOKUP(Horizontal lookup) 함수도 있습 니다(Chapter 6-5 참고).

VLOOKUP의 기본 원리

아래의 액세서리 물품표에서 일부 상품의 구매원가를 찾으려 합니다. '귀걸이'의 구매원가만 찾고 싶다면, 사실 함수를 쓰기보다도 눈으로 찾거나 필터 기능을 사용하는 편이 더 빠를지도 모릅니다. 하지만 귀걸이뿐만 아니라 목걸이와 반지까지 여러 상품의 구매원가를 찾아야 하는 상황이라면 이야기는 달라집니다. 반복 작업으로 인한 시간 낭비를 막기 위해서 우리는 지금부터 VLOOKUP을 빠르고 쉽게 활용해볼 겁니다.

딱 네 가지만 기억하자

VLOOKUP은 딱 네 가지만 기억하면 됩니다. ❶ 찾고 싶은 값이 무엇인지, ❷ 찾고 싶은 값의 정보가 있는 참조할 데이터/표의 범위는 어디인지, ❸ 참조할 표에서 몇 번째 열에 있는 항목을 매칭할 것인지, ❹ 찾는 것이 정확하게 일치해야 하는지, 혹은 유사하게 일치해도 되는지입니다.

그럼, 귀걸이의 구매원가를 찾기 위해 H7셀에 수식을 입력해보겠습니다.

      ❶   ❷   ❸   ❹

= VLOOKUP (lookup_value, table_array, col_index_number, range_lookup)

= VLOOKUP (찾고 싶은 값, 참조할 범위, 몇 번째 열, 정확 or 유사 일치 여부)

= VLOOKUP ('귀걸이'를 찾아줘, 이 범위에서, '구매원가' 열을, 정확하게 일치하도록)

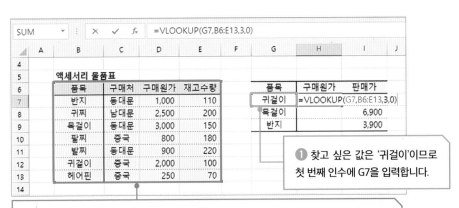

① 찾고 싶은 값은 '귀걸이'이므로 첫 번째 인수에 G7을 입력합니다.

② '귀걸이'의 '구매원가' 정보를 찾을 수 있는 참조할 표의 위치 B6:E13을 범위 지정합니다.

= VLOOKUP (G7, B6:E13,

	A	B	C	D	E	F
4						
5		액세서리 물품표				
6		품목	구매처	구매원가	재고수량	
7		반지	동대문	1,000	110	
8		귀찌	남대문	2,500	200	
9		목걸이	동대문	3,000	150	
10		팔찌	중국	800	180	
11		발찌	동대문	900	220	
12		귀걸이	중국	2,000	100	
13		헤어핀	중국	250	70	
14						

❸ '귀걸이'가 있는 열을 기준으로 오른쪽으로 숫자를 셉니다. 매칭하고자 하는 값이 구매처라면 2를, 구매원가라면 3을 입력합니다.

= VLOOKUP (G7, B6:E13, 3,

❹ 정확하게 일치하는 값을 찾고 싶다면 False나 0을, 유사하게 일치하는 값을 찾고 싶다면 True나 1을 입력합니다. 실무에서는 대부분 '정확하게' 일치하는 값을 매칭하므로 거의 False나 0을 사용하게 됩니다. 특히 빠르게 입력하기 위해서 0을 입력하는 경우가 많습니다.

= VLOOKUP (G7, B6:E13, 3, 0) = 2,000

	A	B	C	D	E	F	G	H	I	J
4										
5		액세서리 물품표						\	/	
6		품목	구매처	구매원가	재고수량		품목	구매원가	판매가	
7		반지	동대문	1,000	110		귀걸이	2,000	4,900	
8		귀찌	남대문	2,500	200		목걸이		6,900	
9		목걸이	동대문	3,000	150		반지		3,900	
10		팔찌	중국	800	180					
11		발찌	동대문	900	220					
12		귀걸이	중국	2,000	100					
13		헤어핀	중국	250	70					
14										

짠! 귀걸이의 구매원가가 2,000원이라는 것을 찾았습니다. 이 네 개의 항목을 입력하는 것이 VLOOKUP의 가장 기본적인 방법입니다. 어떤가요, 생각보다 간단하죠?

VLOOKUP에서 가장 많이 실수하는 세 가지

이렇게 간단하기만 하면 좋을 텐데, 왜 우리가 회사에서 VLOOKUP을 쓸 때는 항상 잘 안 되는 걸까요? VLOOKUP이 실수할 수 있는 요소들이 굉장히 많기 때문에 그렇습니다. 상황별로 알아볼게요.

[1] 참조 범위를 고정하자, 절대참조!

우리는 귀걸이 말고도 목걸이, 반지의 구매원가도 찾으려고 합니다. 앞에서 배운 수식의 원리에 따라, 일일이 VLOOKUP 수식을 입력할 필요 없이 간단하게 수식을 복사하기만 하면 된다는 것 기억하시죠? H7셀의 수식을 복사해서 아래 칸에 붙여넣어보겠습니다.

▼ H7셀을 복사 (Ctrl) + (C), H8:H9셀 범위를 드래그하여 붙여넣기 (Ctrl) + (V) 한다. [Mac] : (Cmd) + (C), (Cmd) + (V)

	A	B	C	D	E	F	G	H	I	J
4										
5		액세서리 물품표								
6		품목	구매처	구매원가	재고수량		품목	구매원가	판매가	
7		반지	동대문	1,000	110		귀걸이	2,000	4,900	
8		귀찌	남대문	2,500	200		목걸이		6,900	
9		목걸이	동대문	3,000	150		반지		3,900	
10		팔찌	중국	800	180					
11		발찌	동대문	900	220					
12		귀걸이	중국	2,000	100					
13		헤어핀	중국	250	70					
14										

그럼 이제 수식이 잘 적용되었는지 확인해볼까요? 수식이 있는 셀에 커서를 두고, (F2) 키를 누르면 해당 수식이 참조하는 셀의 위치가 표시됩니다. 수식을 복사한 H8셀 또는 H9셀에 커서를 두고 (F2) 키를 눌러보겠습니다. ☺… 뭔가 이상한 점이 느껴지시나요?

> TIP 수식이나 함수가 입력된 셀에서 (F2) 키를 누르면 '어느 셀을 참조하고 있는지' 볼 수 있다고 말씀드렸죠? 수식을 완성한 후에는 꼭 (F2) 키를 누르고 눈으로 정확히 확인해보세요!

위치 명령을 복사한다는 수식 복사의 규칙에 따라서 '찾고 싶은 값(lookup_value)'인 귀걸이(G7셀)의 복사값은 각각 목걸이(G8셀), 반지(G9셀)로 잘 이동했습니다. 그런데 동일한 규칙에 의해서 '참조 범위(table_array)'인 B6:E13의 위치 또한 아래로 이동했네요.

▼ BAD! VLOOKUP 수식의 참조 범위가 계속 변동됨

	A	B	C	D	E	F	G	H	I	J
4										
5		액세서리 물품표								
6		품목	구매처	구매원가	재고수량		품목	OK! 가	판매가	
7		반지	동대문	1,000	110		귀걸이	2,000	4,900	
8		귀찌	남대문	2,500	200		목걸이	3,000	6,900	
9		목걸이	동대문	3,000	150		반지	=VLOOKUP(G9,B8:E15,3,0)		
10		팔찌	중국	800	180	NO!				
11		발찌	동대문	900	220					
12		귀걸이	중국	2,000	100					
13		헤어핀	중국	250	70					
14							품목	구매원가	판매가	
15							귀걸이	2,000	4,900	
16							목걸이	3,000	6,900	
							반지⚠	#N/A	3,900	

실무에서는 대부분의 경우 VLOOKUP에서 참조하는 표는 동일한 범위여야 합니다. 조건 범위를 다르게 참조하게 되면, 그에 따라 결괏값 또한 변하기 때문입니다. 예를 들어, H9셀에 입력한 수식 기준으로 물품표에 있는 반지 B7셀은 참조하는 영역에 포함되지 않으므로 반지의 구매원가를 찾을 수가 없습니다. 분명 참조하는 표에는 있는데도 불구하고, 우리가 참조 범위를 잘못 설정해서 엑셀에서는 없다고 처리해버리는 거죠.

그렇다면 수식을 복사해서 이동해도 참조 범위는 그대로 유지하려면 어떻게 해야 할까요? 참조 범위를 '절대참조' 처리하는 것을 잊지 말아야 합니다.

 **TIP 절대참조**

셀을 참조하고 있는 상태에서 F4 키를 누르면, 행과 열을 고정하여 특정 셀만 참조하게 됩니다. B6:E13 영역을 지정한 채로 F4 키를 누르면 수식이 $B$6:$E$13으로 바뀌며 범위의 시작점과 끝 점이 한 번에 고정됩니다(Chapter 5-4 참고). [Mac] : F4 또는 Cmd + T

위의 이미지처럼 처음 VLOOKUP을 H7셀에 입력할 때부터 참조할 범위(table_array)를 절대참조로 고정한 =VLOOKUP(G7,$B$6:$E$13,3,0) 수식을 H8셀, H9셀에 복사한다면 동일한 표의 범위를 참조하게 되어 완벽한 결괏값을 얻을 수 있습니다.

[2] 참조 범위 내에서 '찾고 싶은 값'이 있는 열이 기준점

두 번째로 많이 헷갈리는 점은 참조할 범위를 '어디에서부터 어디까지 지정해야 하는가' 입니다. 예를 들어 참조하려는 액세서리 물품표 왼쪽에 열이 하나 추가되었습니다. 이때 실수하게 되는 것 중 하나가 바로, 기준 없이 표의 범위 전체를 모두 참조 범위로 지정하는 것입니다.

▼ BAD! 기준 열을 고려하지 않고, 보이는 테이블 전체(B6:F13)를 참조 범위로 지정

새로 추가된 열

VLOOKUP은 '찾고 싶은 값'을 '참조 범위의 가장 왼쪽 열'에서 세로 방향으로 찾아서 원하는 항목을 매칭시켜주는 함수입니다. 따라서 내가 찾아야 할 값이 있는 곳이 '기준 열'이면서 참조 범위의 항상 '맨 왼쪽 열'에 위치해야 합니다. 이 점은 VLOOKUP에서 매우 중요합니다. 무조건 기준점을 1로 삼고, 오른쪽으로 2, 3, 4… 세는 거죠! 기준열 왼쪽으로는 셀 수 없기 때문에 왼쪽 열에 위치한 값은 구할 수 없습니다.

▼ GOOD! '찾고자 하는 값(귀걸이)'이 있는 열을 기준으로 삼고 참조 범위를 C6:F13으로 지정

기준 열 , 1

[3] '찾고자 하는 값'은 참조 표에서 찾지 말자

VLOOKUP에서 자주 헷갈리는 부분 세 번째는, 가장 처음에 입력해야 하는 인수 '찾고자 하는 값(lookup_value)'입니다. '귀걸이'라는 항목을 찾고 싶을 때, 우리 눈에 가장 먼저 C12셀에 있는 귀걸이가 보였다고 가정해보죠. 초보라면 이후에 수식을 복사할 상황은 고려하지 않은 채, C12셀을 '찾고자 하는 값(lookup_value)'으로 입력할 겁니다.

▼ BAD! 이후 찾을 값을 고려하지 않고, 눈에 바로 보이는 C12셀(귀걸이)을 입력

■ 현재 I7셀에 입력한 수식

= VLOOKUP (lookup_value, table_array, col_index_number, range_lookup)

= VLOOKUP (C12, $C$6:$F$13, 3, 0) = 2,000

실제로 귀걸이의 구매원가를 찾는 데는 아무 문제가 발생하지 않았습니다. 귀걸이의 값
은 잘 매칭되었으나, 그다음부터가 문제입니다. 우리가 찾아야 할 목록에는 귀걸이뿐만
아니라 목걸이도 있고, 반지도 있기 때문이죠. 자, 그럼 다음 항목들을 찾기 위해 I7셀에
입력한 VLOOKUP 수식을 I8셀, I9셀에 복사해보겠습니다.

▼ BAD! '목걸이'의 매칭값을 찾아야 하는데, 찾고자 하는 값 인수가 C12셀에서 C13셀로 이동함에 따라 '헤어핀'의 값
을 찾고 있음

어떤가요? 위칫값을 복사하는 수식 복사의 규칙에 따라서 '찾고자 하는 값(lookup_
value)'이었던 C12셀 귀걸이가, C13셀 헤어핀, C14셀 빈칸을 찾고 있습니다. 우리가 찾
아야 하는 값은 목걸이와 반지 순이었는데 말입니다.

이러한 이유로, 우리가 찾아야 할 값이 한 개가 아니라 여러 개일 때는 '찾고자 하는 값
(lookup_value)'을 아무 위치나 입력하면 안 됩니다. 우리가 채워야 하는 표, 찾아야 하는
목록이 나열되어 있는 그 지점에 '찾고자 하는 값(lookup_value)'을 지정하고 수식을 입력
해야 합니다.

마지막에는 항상 내가 입력한 수식이 제대로 위치를 참조하고 있는지 F2 키를 이용해
서 꼭 확인하는 것도 잊지 마세요!

▼ **GOOD!** 채워야 할 표 목록에서 '찾고자 하는 값(lookup_value)'을 지정함

	A	B	C	D	E	F	G	H	I	J	K	L
4												
5			액세서리 물품표									
6		#	품목	구매처	구매원가	재고수량		품목	구매원가	판매가		
7		1	반지	동대문	1,000	110		귀걸이	2,000	4,900		
8		2	귀찌	남대문	2,500	200		목걸이	=VLOOKUP(H8,$C$6:$F$13,3,0)			
9		3	목걸이	동대문	3,000	150		반지	1,000	3,900		
10		4	팔찌	중국	800	180						
11		5	발찌	동대문	900	220						
12		6	귀걸이	중국	2,000	100						
13		7	헤어핀	중국	250	70						
14												

품목	구매원가	판매가
귀걸이	2,000	4,900
목걸이	3,000	6,900
반지	1,000	3,900

 잠깐만요! 표의 가장 윗부분도 참조 범위로 포함해야 하나요?

결론부터 말하자면, 상관없습니다. 만약 '찾고자 하는 값'에 '품목'이 들어가면 그에 해당하는 텍스트인 '구매원가'를 반환하게 되겠죠.

	A	B	C	D	E	F	G	H	I	J	K	L
4												
5			액세서리 물품표									
6		#	품목	구매처	구매원가	재고수량		품목	구매원가	판매가		
7		1	반지	동대문	1,000	110		품목	=VLOOKUP(H7,$C$6:$F$13,3,0)			
8		2	귀찌	남대문	2,500	200		목걸이		6,900		
9		3	목걸이	동대문	3,000	150		반지		3,900		
10		4	팔찌	중국	800	180						
11		5	발찌	동대문	900	220						
12		6	귀걸이	중국	2,000	100						
13		7	헤어핀	중국	250	70						
14												

	A	B	C	D	E	F	G	H	I	J	K	L
4												
5			액세서리 물품표									
6		#	품목	구매처	구매원가	재고수량		품목	구매원가	판매가		
7		1	반지	동대문	1,000	110		품목	구매원가	4,900		
8		2	귀찌	남대문	2,500	200		목걸이		6,900		
9		3	목걸이	동대문	3,000	150		반지		3,900		
10		4	팔찌	중국	800	180						
11		5	발찌	동대문	900	220						
12		6	귀걸이	중국	2,000	100						
13		7	헤어핀	중국	250	70						
14												

CHAPTER 6 VLOOKUP만 잘 써도 '엑셀 할 줄 안다!'

02 다양한 방법의 데이터 참조

이제 VLOOKUP 함수를 사용하기 위한 기초적인 방법은 익혔습니다! 이번에는 VLOOKUP을 조금 더 편하게 사용하기 위한 여러 참조 방법들을 소개하려 합니다. 기본적으로 VLOOKUP에서 참조 범위는 시트 내에서 범위를 매번 선택해서 참조합니다. 그러나 상황에 따라서 유용한 방법들이 추가적으로 있는데요.

1. 자주 참조할 경우 2. 참조 데이터가 계속 업데이트/증가하는 경우

이 두 경우에 쓸 수 있는 참조 방법에 대해 알아보겠습니다.

자주 참조한다면, 이름 상자에 저장

항상 같은 테이블을 참조한다면 '이름 상자'에 등록해서 사용하는 방법이 있습니다. 우선 이름 상자가 무엇이었는지 다시 한번 떠올려볼까요?(Chapter 1-1 참고) 엑셀 시트 내 각 셀은 열과 행의 좌표에 따라 이름을 가지고 있고, 좌측 상단에 있는 이름 상자에서 현재 커서가 위치한 셀의 이름을 확인할 수 있었죠.

▼ 커서가 위치한 셀의 이름이 '이름 상자'에 표시된다.

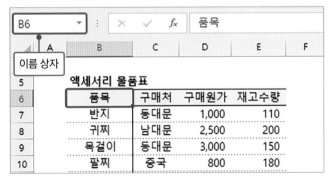

이름 상자 등록하기

특정 범위를 지정해서 우리가 직접 이름 상자에 이름을 등록할 수도 있습니다. 아래 표에서 B6:E13 영역을 드래그해서 선택 후 → 이름 상자를 클릭 → '물품표'라고 적고 Enter 를 누르면, 이름 상자 등록 완료입니다.

▼ 범위를 선택하고 '이름 상자'에 '물품표'라고 입력하면 엑셀에 이름으로 등록된다.

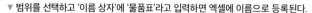

이렇게 등록한 범위 이름을 어떻게 활용할 수 있을까요? VLOOKUP 함수의 인수 중, 'table_array(참조할 범위)'에 영역을 지정할 필요 없이 '물품표'라고 입력하는 겁니다. 귀걸이의 구매원가를 찾기 위해 H7셀에 아래와 같이 수식을 써보겠습니다.

= VLOOKUP (lookup_value, table_array, col_index_number, range_lookup)

= VLOOKUP (찾고 싶은 값, 참조할 범위, 몇 번째 열, 정확/유사 일치 여부)

= VLOOKUP (G7, 물품표, 3, 0)

* 물품표 : 이름 상자에 등록한 특정 범위(B6:E13)의 이름

> **TIP** 함수 안에 문자/텍스트를 입력하는데 왜 큰따옴표(" ")를 안 쓸까요? '물품표'라는 문자를 문자 그대로 출력하는 것이 아니기 때문입니다. 우리가 사전에 '물품표'라는 이름으로 범위값을 지정한 후 등록해두었으므로, 함수에서 '물품표'를 입력하면 해당 범위를 불러오게 되어 있습니다. 반대로 범위를 불러오지 않고 '물품표'라는 글자를 쓰고 싶다면 큰따옴표 안에 넣어줘야 한답니다 (Chapter 4-2 참고).

▼ '이름 상자'에 등록해둔 이름을 입력하면, 해당 범위가 자동으로 선택된다.

	A	B	C	D	E	F	G	H	I	J
4										
5		액세서리 물품표								
6		품목	구매처	구매원가	재고수량		품목	구매원가	판매가	
7		반지	동대문	1,000	110		귀걸이	=VLOOKUP(G7,물품표,3,0)		
8		귀찌	남대문	2,500	200		목걸이		6,900	
9		목걸이	동대문	3,000	150		머리띠		3,900	
10		팔찌	중국	800	180					
11		발찌	동대문	900	220					
12		귀걸이	중국	2,000	100					
13		헤어핀	중국	250	70					
14										

이름 상자, 왜 쓰는 걸까?

VLOOKUP은 참조 범위 안에서 무언가를 찾아서 매칭하는 함수이므로 기본적으로 참조 범위를 설정해주어야 합니다. 매번 새로운 VLOOKUP 수식을 걸 때마다 범위를 지정해주어야 하죠. 그런데 이름 상자는 한 번 설정해두면 이 시트에서도 다른 시트에서도 변함없이 고정된 해당 범위를 불러옵니다.

예를 들어, 회사에서 항상 참조하는 테이블 표가 있을 수 있습니다. 지역 코드, 법인명, 직급 체계 등등 몇 년째 잘 바뀌지 않는 고정된 표가 있다면 이름 상자에 등록되어 있을 확률이 높지요.

기껏 VLOOKUP 함수 열심히 공부해서 회사에 갔는데, 수식을 보다가 참조 범위 자리에 이상한 한국어(ex. 물품표)가 적혀 있다고 당황하지 마세요. 다른 선임 직원들이 이름 상자에 등록해둔 참조 범위이고, 워낙 자주 사용해서 수식을 편하게 쓰려고 이름 상자에 등록해둔 거예요.

이름 상자 수정/삭제하기

그렇다면 다른 사람이 등록한 이름 상자는 어떻게 찾아야 할까요?

[수식] 탭에 들어가면 [이름 관리자]가 있습니다. [이름 관리자]를 클릭하면 이 통합 문서에 등록되어 있는 이름 상자들이 나열되어 있고, 그 이름에 해당하는 범위까지 알 수 있습니다. 수정, 삭제, 새로 등록도 가능합니다.

[Mac] : [수식] 탭 → [이름 정의] → 통합문서에 있는 이름

▼ [수식] 탭 > [이름 관리자]에서 이름의 '등록, 편집, 삭제'가 가능하다. [Mac] : [수식] 탭 → [이름 정의]

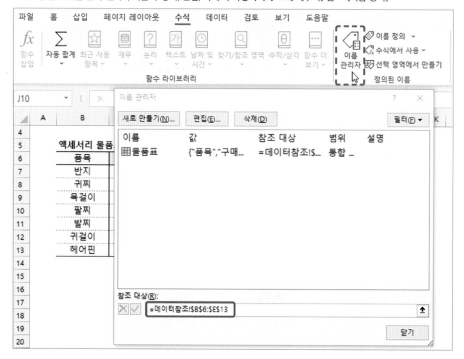

 TIP 시트 주소 표기법

시트 주소는 느낌표(!)로 표기합니다. 느낌표 기준으로 왼쪽이 시트 이름이고, 오른쪽이 행과 열의 이름입니다.

= 데이터참조 ! $B$6:$E$13
　　시트명　　 　시트 내 위치

참조 데이터가 계속 업데이트된다면, 열 참조 ●●●

참조 범위의 데이터가 고정되어 있는 경우도 있지만, 수시로 추가되는 경우도 많습니다. 데이터가 새로 추가된다는 것은 참조 범위의 크기가 변한다는 것입니다. 그때마다 새로 범위를 지정해주어야 한다면, 여간 번거로운 일이 아니겠죠. 이럴 때 사용하는 방법이 '열 참조'입니다.

CHAPTER 6 VLOOKUP만 잘 써도 '엑셀 할 줄 안다!'

열로 참조하는 방법은 간단합니다. 참조할 범위에 해당하는 첫 열부터 끝 열까지 열 전체를 드래그하면 됩니다. 이번에는 아래 예시에서 G7셀에 있는 '머리띠'를 찾기 위해 H7셀에 VLOOKUP을 입력해보겠습니다.

= VLOOKUP (lookup_value, table_array, col_index_number, range_lookup)

= VLOOKUP (찾고 싶은 값, 참조할 범위, 몇 번째 열, 정확/유사 일치 여부)

= VLOOKUP (G7, B:E, 3, 0)

* B:E = 참조 범위의 열 전체

▼ '머리띠'의 구매원가를 찾고 싶은데, 참조하는 범위 내에 '머리띠'라는 항목이 아직 없다.

	A	B	C	D	E	F	G	H	I	J
4										
5		액세서리 물품표								
6		품목	구매처	구매원가	재고수량		품목	구매원가	판매가	
7		반지	동대문	1,000	110		머리띠	=VLOOKUP(G7,B:E,3,0)		
8		귀찌	남대문	2,500	200		목걸이		6,900	
9		목걸이	동대문	3,000	150		머리띠		3,900	
10		팔찌	중국	800	180					
11		발찌	동대문	900	220					
12		귀걸이	중국	2,000	100					
13		헤어핀	중국	250	70					
14							품목	구매원가	판매가	
15							머리띠	#N/A	5,000	
16							목걸이		6,900	
							머리띠		3,900	

이렇게 열 전체로 참조 범위를 지정하게 되면, 1) 절대참조를 걸지 않아도 참조 범위가 이동하지 않을뿐더러, 2) 하단에 데이터를 계속 추가해서 업데이트할 수 있습니다. 회사가 다루는 액세서리 물품표가 계속 늘어날 수 있잖아요. 그럴 때 참조 범위가 B, C, D, E 열 전체라면 하단에 품목 정보가 계속 추가되더라도 매번 범위를 다시 잡을 필요가 없습니다.

▼ 열로 참조 범위를 지정했더니, 표에 항목을 추가해도 범위를 재지정할 필요가 없다.

	A	B	C	D	E	F	G	H	I	J
4										
5		액세서리 물품표								
6		품목	구매처	구매원가	재고수량		품목	구매원가	판매가	
7		반지	동대문	1,000	110		머리띠	=VLOOKUP(G7,B:E,3,0)		
8		귀찌	남대문	2,500	200		목걸이		6,900	
9		목걸이	동대문	3,000	150		머리띠		3,900	
10		팔찌	중국	800	180					
11		발찌	동대문	900	220					
12		귀걸이	중국	2,000	100		품목	구매원가	판매가	
13		헤어핀	중국	250	70		머리띠	400	5,000	
14		머리띠	남대문	400	50		목걸이		6,900	
15							머리띠		3,900	
16										

주기적으로 추가하면서 관리하는 표라면 참조 범위를 열로 지정해놓으면 두고두고 사용하실 수 있습니다 ☺ 저도 주간/월간 리포트 데이터를 업데이트할 때, 항상 열로 참조 범위를 잡아서 유용하게 쓰곤 했어요!

03 에러는 깔끔하게 처리하자

"품목별 구매원가와 판매가를 보고하려 하는데, #N/A가 눈에 거슬린다."

	A	B	C	D	E	F	G	H	I	J
4										
5		액세서리 물품표								
6		품목	구매처	구매원가	재고수량		품목	구매원가	판매가	
7		반지	동대문	1,000	110		귀걸이	2,000	4,900	
8		귀찌	남대문	2,500	200		목걸이	3,000	6,900	
9		목걸이	동대문	3,000	150		머리띠	#N/A	3,900	
10		팔찌	중국	800	180					
11		발찌	동대문	900	220					
12		귀걸이	중국	2,000	100					
13		헤어핀	중국	250	70					
14										

VLOOKUP을 쓰다 보면 자주 보게 되는 표시가 있습니다. 바로 #N/A 표시인데요. 참조하는 범위에 해당하는 값이 없어서 매칭되는 값을 찾을 수 없다는 오류 표시입니다. #N/A 표시가 나타났다면, 수식을 재검토해보세요. VLOOKUP 함수 자체를 잘못 썼을 수도 있거든요.

함수는 제대로 썼는데도 불구하고, 말 그대로 참조 범위 내에 찾는 값이 없어서 #N/A 표시가 나타날 경우라고 하더라도 보고서에 #N/A 표시를 그대로 둘 순 없습니다. 마무리가 제대로 되지 않은 느낌이 들기 때문에 보고서 작성 시 에러는 꼭 깔끔하게 처리해주어야 합니다.

IF 에러가 발생한다면 ● ● ●

에러를 처리하는 방법을 잘 모른다면, 에러를 찾아 직접 delete 키를 누르고 있는 나를 발견할 수 있습니다. 위의 예시는 #N/A가 한 개뿐이지만, 몇만 줄짜리 엑셀에서 에러를 일일이 다 삭제하고 있을 건 아니잖아요. 이럴 때, 에러를 간단하게 처리할 수 있는 함수가 있습니다. '에러가 난다면 이렇게 처리해줘.'라고 하는 IFERROR 함수입니다.

■ **오류가 발생한 경우, 특정값으로 처리하는 함수**

= IFERROR (value, value_IF_error)

* value : 수식 * value_IF_error : 에러인 경우 표시할 값

TIP 오류가 발생하지 않은 경우에는 기존의 수식 결괏값이 표시됩니다.

현재 #N/A 표시가 떠 있는 H9셀에 IFERROR를 적용하고 수식을 뜯어보겠습니다. IFERROR의 value 인수에는 VLOOKUP 수식을 통으로 입력하고, 쉼표 이후에는 에러가 발생한다면 어떻게 처리할지에 대해서 씁니다. 가장 많이 쓰는 것이 - 표시입니다. - 표시를 그냥 쓰면 엑셀에서 '빼기/마이너스 기호'로 인식할 수 있으므로 " "(큰따옴표) 안에 넣어서 문자 그대로 출력하는 것 잊지 마세요!

= IFERROR (value, value_IF_error)

= IFERROR (<u>VLOOKUP(G9, $B$6:$E$13, 3, 0)</u> , <u>"-"</u>)

　　　　　　　　　　　　수식　　　　　　　　에러인 경우 표시할 값

= 이 VLOOKUP 함수를 통해 도출된 값이 오류로 뜬다면, - 로 바꿔서 표시해줘

▼ IFERROR를 통해 #N/A을 - 로 표시했더니 훨씬 깔끔해졌다.

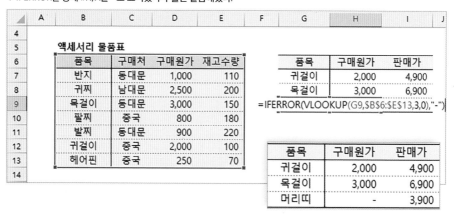

IFERROR 쉽게 작성하기 • • •

제가 추천하는 IFERROR 작성법은 우선 내가 원하는 값의 함수를 쓰고(지금의 경우는 VLOOKUP이 되겠죠), 그다음에 커서로 VLOOKUP 함수 앞을 쿡 찍어서 이 전체 함수 앞에 IFERROR를 입력합니다. 이후 기존 VLOOKUP 함수 맨 뒤에 쉼표를 찍어주고 "-" 입력 후 괄호를 닫아주는 것이 헷갈리지 않고 편합니다.

■ **IFERROR 쉽게 작성하는 방법**

❶ = VLOOKUP (G9, \$B\$6:\$E\$13, 3, 0)   기존 수식

❷ = IFERROR (VLOOKUP(G9, \$B\$6:\$E\$13, 3, 0)   앞에 IFERROR를 입력

❸ = IFERROR (VLOOKUP(G9, \$B\$6:\$E\$13, 3, 0), "-")   뒤에 쉼표 찍고, 표시값 작성

미리미리 IFERROR를 해두면 편해요 • • •

여기서 이런 의문이 들 수 있습니다. 이렇게 에러마다 찾아서 IFERROR 함수를 써줄 거면, 아까 에러를 찾아서 일일이 delete 키를 누르는 것과 뭐가 다를까요? 다릅니다. IFERROR 수식은 에러를 찾아서 적용하는 것이 아니라, 처음에 수식을 쓸 때부터 미리 써두는 거예요.

처음에 함수를 쓸 때 그 함수로 인한 결괏값이 에러가 뜰지 안 뜰지는 모르겠지만 일단은 IFERROR 처리를 하고 시작하는 거죠. 오류가 발생한 경우 지정해준 표시값으로 나오지만, 오류가 없을 때는 원래 수식대로 처리해서 해당값이 나타나기 때문에 항상 IFERROR 처리를 하는 것을 추천드립니다.

▼ 결괏값이 오류가 아닐 시에는, 기존의 수식 결괏값으로 표시된다.

	A	B	C	D	E	F	G	H	I	J	K	L	M
4													
5		액세서리 물품표											
6		품목	구매처	구매원가	재고수량		품목	구매원가	판매가				
7		반지	동대문	1,000	110		귀걸이	=IFERROR(VLOOKUP(G7,$B$6:$E$13,3,0),"-"				
8		귀찌	남대문	2,500	200		목걸이	3,000	6,900				
9		목걸이	동대문	3,000	150		머리띠	-	3,900				
10		팔찌	중국	800	180								
11		발찌	동대문	900	220								
12		귀걸이	중국	2,000	100								
13		헤어핀	중국	250	70								
14													

품목	구매원가	판매가
귀걸이	2,000	4,900
목걸이	3,000	6,900
머리띠	-	3,900

에러를 처리하는 다양한 예시 • • •

에러를 문자로 반환해서 처리할 때는 " " 안에 넣어주면 됩니다. 예시로 작성했던 "-"도 깔
끔해서 많이 사용하고, "다시 점검 필요" 등 필요한 문구를 넣을 수도 있습니다. 또는 빈칸
을 선호하는 경우는 " " 이렇게 큰따옴표만 열었다 닫으면 빈칸 처리를 할 수 있습니다.
숫자 연산 과정에서는 연산에 문제가 없도록 에러를 0으로도 처리하곤 합니다. 에러를
예쁘게 처리해서 깔끔한 장표로 보고하도록 해요 ☺

 잠깐만요! **오류를 나타내는 다양한 표시값**

엑셀은 오류의 원인에 따라 오류 표시를 다르게 나타냅니다. 외울 필요는 전혀 없지만, 가끔 오류가
났을 때 무슨 이유로 오류가 발생한 것인지 검토할 수 있으니 참고해보세요!

표시값	의미
######	셀이 너무 좁아요ㅠㅠ 열 너비를 늘려주세요!
#DIV/0!	0이나 빈칸으로는 숫자를 나눌 수 없어요.
#N/A	참조하는 것 중에 그런 내용이 없어요.
#NAME?	엑셀에 그런 함수 이름은 없어요.
#VALUE!	문자(텍스트)로는 수식을 계산할 수 없어요. 숫자를 넣어주세요.
#REF!	참조하던 셀이 사라졌나 봐요!! 어디를 참조해야 할지 모르겠어요.
#NUM!	엑셀이 지원하는 범위의 숫자가 아니에요(너무 크거나 작아요).

CHAPTER 6 VLOOKUP만 잘 써도 '엑셀 할 줄 안다!'

VLOOKUP의 한계

VLOOKUP은 굉장히 유용한 함수이지만, VLOOKUP에도 한계가 있습니다. 바로 고유한 값만 찾아서 매칭한다는 점입니다. 이 특성을 모르면 VLOOKUP을 쓸 상황이 아닌데 사용해서 틀리는 경우가 발생하게 됩니다. 아래 두 가지의 예제를 보면서, 1) 이런 특성에 따른 문제는 어떻게 해결할 수 있는지, 2) 어떤 함수로 대체하는 것이 적절한지 알아보겠습니다.

참조 범위 내에 중복값이 있으면 최상단 정보를 매칭한다 ● ● ●

아래에 고객 정보를 관리하는 데이터가 있습니다. 이 데이터에서 특정 고객의 주소와 전화번호를 추출하는 작업을 하려고 합니다. 수직 방향으로 나열된 정보를 활용해서 특정 값을 찾고, 매칭하는 경우니까 VLOOKUP을 써야겠죠?

▼ 정리된 고객 정보 표를 바탕으로 '김영경', '박재민', '김윤환' 고객의 주소와 전화번호를 찾고 싶다.

	A	B	C	D	E	F	G	H	I	J
4										
5		고객명	ID	가입날짜	주소	전화번호		고객명	주소	전화번호
6		김영경	abcde	2019-01-09	서울 종로구	010-1111-1111		김영경		
7		박재민	fghij	2018-02-05	서울 마포구	010-1111-2222		박재민		
8		박성희	klmno	2020-01-22	서울 성동구	010-1111-3333		김윤환		
9		김윤환	pqr	2019-03-04	서울 강동구	010-1111-4444				
10		박재민	stuv	2018-07-08	서울 강남구	010-1111-5555				
11		장승린	wxyz	2019-04-10	서울 강남구	010-1111-6666				
12		김익정	aabb	2018-05-06	경기 가평군	010-1111-7777				
13		정태호	cccdef	2019-11-12	경기 과천시	010-1111-8888				
14		이선영	ggggg	2019-09-02	서울 성북구	010-1111-9999				
15										

그런데 이상한 점이 있습니다. 참조 데이터를 한번 유심히 살펴볼게요. '박재민'이라고 하는 같은 이름의 고객이 2명이나 있습니다. 이런 경우 VLOOKUP을 통해 매칭한 결괏값은 어떻게 나올까요?

▼ '박재민'이라는 찾아야 할 값이 여러 개인 경우, VLOOKUP은 '상단 행'의 정보를 가져온다.

	A	B	C	D	E	F	G	H	I	J	K
4											
5		고객명	ID	가입날짜	주소	전화번호		고객명	주소	전화번호	
6		김영경	abcde	2019-01-09	서울 종로구	010-1111-1111		김영경	서울 종로구	010-1111-1111	
7		박재민	fghij	2018-02-05	서울 마포구	010-1111-2222		박재민	서울 마포구	010-1111-2222	
8		박성희	klmno	2020-01-22	서울 성동구	010-1111-3333		김윤환	서울 강동구	010-1111-4444	
9		김윤환	pqr	2019-03-04	서울 강동구	010-1111-4444					
10		박재민	stuv	2018-07-08	서울 강남구	010-1111-5555					
11		장승린	wxyz	2019-04-10	서울 강남구	010-1111-6666					
12		김익정	aabb	2018-05-06	경기 가평군	010-1111-7777					
13		정태호	cccdef	2019-11-12	경기 과천시	010-1111-8888					
14		이선영	ggggg	2019-09-02	서울 성북구	010-1111-9999					
15											

고객명	주소	전화번호
김영경	=VLOOKUP(H6,$B$5:$F$14,4,0)	=VLOOKUP(H6,$B$5:$F$14,5,0)
박재민	=VLOOKUP(H7,$B$5:$F$14,4,0)	=VLOOKUP(H7,$B$5:$F$14,5,0)
김윤환	=VLOOKUP(H8,$B$5:$F$14,4,0)	=VLOOKUP(H8,$B$5:$F$14,5,0)

서울 마포구에 사는 박재민 고객의 정보를 가지고 왔어요. VLOOKUP은 찾아야 할
Lookup value가 2개 이상이라면 최상단에 위치한 정보값을 가지고 옵니다. 실무에서도
이렇게 동명이인으로 인해 데이터가 중복되는 경우가 종종 있습니다.

이를 해결하는 방법으로는, 간단하게 '박재민1', '박재민2', '박재민3' 이렇게 구분할 수 있
고 또는 '이름과 전화번호', '이름과 ID' 등을 텍스트로 결합해서 고유한 값을 만드는 방법
도 있습니다. 참조 데이터에서 찾는 값이 중복되지 않도록 만들어주는 거죠.

▼ VLOOKUP을 제대로 사용하기 위해 '구하고자 하는 값'을 고유한 값으로 만들기도 한다

	A	B	C	D	E	F	G	H	I
		1	2	3	4	5	6		
4									
5	KEY	고객명	ID	가입날짜	주소	전화번호		고객명	주소
6	김영경abcde	김영경	abcde	2019-01-09	서울 종로구	010-1111-1111		김영경abcde	서울 종로구
7	박재민fghij	박재민	fghij	2018-02-05	서울 마포구	010-1111-2222		박재민stuv	서울 강남구
8	박성희klmno	박성희	klmno	2020-01-22	서울 성동구	010-1111-3333		김윤환pqr	서울 강동구
9	김윤환pqr	김윤환	pqr	2019-03-04	서울 강동구	010-1111-4444			
10	박재민stuv	박재민	stuv	2018-07-08	서울 강남구	010-1111-5555			
11	장승린wxyz	장승린	wxyz	2019-04-10	서울 강남구	010-1111-6666			
12	김익정aabb	김익정	aabb	2018-05-06	경기 가평군	010-1111-7777			
13	정태호cccdef	정태호	cccdef	2019-11-12					
14	이선영ggggg	이선영	ggggg	2019-09-02					

고객명	주소	전화번호
김영경abcde	서울 종로구	010-1111-1111
박재민stuv	=VLOOKUP(H7,$A$5:$F$14,5,0)	010-1111-5555
김윤환pqr	서울 강동구	010-1111-4444

TIP & 기호를 통해서 텍스트를 조합할 수 있습니다. '셀 선택' & '셀 선택' (Chapter 3-4 참고)

팀장님께서 아래의 판매 데이터에서 '판매처별로 매출수량과 매출액'을 구해서 보고해 달라고 하셨습니다. 우리에겐 주어진 참조 데이터가 있고 '백화점', '직영점', '온라인', '아울렛'을 찾아서 매칭하면 되는 것이니 VLOOKUP을 써보겠습니다.

1. 내가 찾고 싶은 건 표 안에 있는 '백화점(L5셀)'이고
2. 좌측에 정리된 '판매 데이터'를 참조할 거고, 참조 데이터는 '절대참조'로 처리!
3. 매출수량을 구할 거니까 기준점이 되는 판매처로부터 '7번째'에
4. 정확하게 일치하는 '0'까지 입력해 마무리!

하면 VLOOKUP 자체는 완벽하게 사용한 것 같아 보입니다.

= VLOOKUP (L5, $B$4:$J$20, 7, 0)

= VLOOKUP (백화점을, 판매 데이터에서 찾아서, 7번째 열 '수량' 정보를 매칭해줘, 정확하게)

▼ VLOOKUP을 배운 대로 매칭해보았다. 그런데, 백화점이 15개밖에 못 팔았다니?

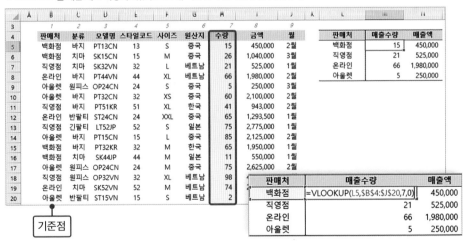

안타깝지만, 이렇게 보고하면 틀렸습니다. 이 책을 보고 있는 여러분은 무엇이 문제인지 감이 오나요?

이제 막 입사한 신입사원들은 당연히 감이 안 잡힐 겁니다. 우리 회사의 매출수량과 매출액이 대략 어느 정도로 나와야 맞는 건지 감이 없거든요. 그래서 당당하게 이 매출수량과 매출액을 보고하는 거죠 😅 그런데 숫자에 노련한 팀장님을 비롯한 선배들이 보기에는 "이게 말이 돼? 백화점이 15개밖에 못 팔았다고?" 하면서 계산 과정에서 무언가 잘못되었음을 바로 알아챕니다.

자, 한번 볼까요? 뭐가 문제였는지 필터로 백화점 데이터를 확인해보겠습니다(필터 기능 Chapter 2-1 참고).

백화점 판매수량이 117개인데, VLOOKUP에서는 맨 위에 있는 값만 불러왔네요. VLOOKUP이 합을 못 한 겁니다. VLOOKUP의 한계가 뭐였죠? 참조 범위 내에 중복값이 있으면 최상단의 정보만 가지고 온다. 이 한계 때문에, 가장 위에 있던 5행의 백화점 판매수량만 찾아준 겁니다.

▼ 찾아야 하는 '백화점'이 여러 개여서 맨 위에 있는 5행의 수량 15만 표시했다. 내가 원했던 건 백화점 수량의 전체 합이었는데….

	A	B	C	D	E	F	G	H	I	J
		1	2	3	4	5	6	7	8	9
4		판매차	분류	모델!	스타일코	사이즈	원산기	수량	금액	월
5		백화점	바지	PT13CN	13	S	중국	15	450,000	2월
6		백화섬	치마	SK15CN	15	M	중국	26	1,040,000	3월
15		백화점	바지	PT32KR	32	M	한국	65	1,950,000	1월
16		백화점	치마	SK44JP	44	M	일본	11	550,000	1월

평균: 29 개수: 4 합계: 117

방금 살펴본 예시처럼 숫자를 합하고 계산해야 할 때는 VLOOKUP을 쓰지 않습니다. 최상단 행의 정보만 가져오기 때문이에요. 위의 사례는 실제로 제가 신입사원 때 한 실수입니다.

그러면 합한 숫자를 구하고 싶을 때는 대체 어떤 함수를 써야 하는 걸까요? 바로 SUMIF라는 함수를 쓸 겁니다. 이 함수에 대해서는 Chapter 7에서 자세히 다뤄볼게요!

VLOOKUP의 형제들

실무에선 VLOOKUP이 의심할 여지 없이 가장 많이 쓰이는 함수이긴 하지만, 이와 유사한 함수도 종종 쓰이곤 합니다. 이번에 소개할 두 개의 함수 'HLOOKUP'과 'XLOOKUP'은 이름에서도 느껴지듯이 VLOOKUP에서 약간 변형된 형태이기 때문에, 앞에서 VLOOKUP을 잘 이해했다면 어렵지 않게 익힐 수 있습니다.

세로 말고 가로, HLOOKUP · · ·

VLOOKUP이 'Vertical(수직으로, 세로로) 데이터를 찾아서 매칭시켜줘!'라면, HLOOKUP은 'Horizontal(수평으로, 가로로) 데이터를 찾아줘!'라는 함수입니다.

검색하는 방식의 차이를 아래의 그림으로 보면, 데이터를 아래로 내려가면서 열 단위로 찾을 것이냐 vs. 옆으로 이동하면서 행 단위로 찾을 것이냐의 차이로 봐도 무방합니다.

▼ VLOOKUP의 찾는 방식
'목걸이'의 '구매원가' 열 (3번째 열)

품목	구매처	구매원가	재고수량
반지	동대문	1,000	110
귀띠	남대문	2,500	200
목걸이	동대문	3,000	150
팔찌	중국	800	180
발찌	동대문	900	220
귀걸이	중국	2,000	100
헤어핀	중국	250	70
1열	2열	3열	4열

▼ HLOOKUP의 찾는 방식
'박성희'의 '수학 점수' 행 (4번째 행)

이름	박성희	박진솔	김하나	
국어	90	100	90	1행
영어	85	90	87	2행
수학	78	90	70	3행
총 점수	253	280	247	4행
				5행

예시로 아래 데이터에서 박성희, 박진솔, 김하나의 총 점수를 구해볼게요. ❶ 먼저 G7셀에 있는 박성희를 찾기 위해 첫 번째 인수인 lookup_value(찾고 싶은 값)에 G7셀을 입력합니다. ❷ 좌측에 있는 테이블($B$6:$E$10)을 참조하여 데이터를 찾을 겁니다.

VLOOKUP에서는 찾고자 하는 검색값이 데이터의 가장 좌측에 나열되어 있었는데, 지금 데이터에서는 최상단 행에 가로로 적혀 있습니다. 따라서 VLOOKUP에서는 오른쪽으로 이동하며 열 단위로 매칭해서 값을 찾은 반면, HLOOKUP에서는 아래로 이동하며 행 단위로 찾고 싶은 값을 매칭할 겁니다.

❸ 총 점수는 5번째 행에 위치해 있으므로 5를 입력합니다. ❹ 마지막으로 정확하게 일치하는 값을 찾고 싶으면 0, 유사한 데이터를 매칭하고 싶으면 1을 입력하거나 비워둡니다(실무에서는 대부분의 경우 0을 입력하여 정확하게 매칭합니다).

■ 기존에 가지고 있는 정보를 행 단위(가로)로 찾아서 매칭하는 함수

= HLOOKUP (lookup_value, table_array, row_index_number, range_lookup)

= HLOOKUP (찾고 싶은 값, 참조할 범위, 몇 번째 행, 정확/유사 일치 여부)

= HLOOKUP ('박성희'를 찾아줘, 이 범위에서, '총 점수' 행을, 정확하게 일치하도록)

= HLOOKUP (G7, $B$6:$E$10, 5, 0)

	A	B	C	D	E	F	G	H
5								
기준 1 6		이름	박성희	박진솔	김하나			총 점수
2 7		국어	90	100	90		박성희	=HLOOKUP(G7,$B$6:$E$10,5,0)
3 8		영어	85	90	87		박진솔	280
4 9		수학	78	90	70		김하나	247
5 10		총 점수	253	280	247			
11								

VLOOKUP과 비슷해서 크게 어렵지 않았죠? 일반적으로 우리가 다루게 되는 데이터들은 '수직/열'로 찾는 것에 용이하도록 구성되어 있기 때문에, 실무에서는 HLOOKUP보다는 VLOOKUP을 사용하는 빈도가 훨씬 높습니다.

XLOOKUP은 엑셀 오피스 365와 엑셀 2021 버전부터 가능한 따끈따끈한 신규 함수입니다. 앞에서 언급한 VLOOKUP의 아쉬운 점들을 보완해주는 함수인데요. 함수의 인수들을 뜯어보기 전에, 어떤 점들을 보완했는지 알아볼까요?

	VLOOKUP	vs.	XLOOKUP
기준열로부터	오른쪽 열만 매칭할 수 있다		왼쪽, 오른쪽 열 모두 매칭할 수 있다
오류 처리	IFERROR 함수로 따로 해야 한다		함수 안에서 바로 가능하다
정확하게 일치	'유사 일치'가 기본값이라서 0을 입력해야 한다		아무것도 누르지 않아도 '정확하게 일치'가 기본값
중복값이 있을 시	최상위 행을 가지고 온다		몇 번째 행을 가져올지 선택 가능하다
행 단위로 찾을 때	HLOOKUP 함수를 사용한다		행 단위로도 매칭 가능하다

어떤가요? 실제로 우리가 VLOOKUP을 사용하면서 불편했던 점들이 많이 해소된 것을 확인할 수 있어요.

그럼 XLOOKUP으로 아래의 예시에서 귀걸이의 구매처를 찾고, 매칭해보겠습니다.

▼ VLOOKUP에서는 찾을 수 없었던 '품목' 열(C열) 왼쪽의 '구매처' 열(B열) 항목을 매칭하고 싶다.

■ 배열에 관계없이 주어진 조건에서 원하는 데이터를 찾아서 매칭하는 함수

= XLOOKUP (lookup_value, lookup_array, return_array, [if_not_found], [match_mode], [search_mode])

= XLOOKUP (찾고 싶은 값, 찾고 싶은 값이 있는 열/행, 매칭할 열/행, [오류 처리], [정확/유사 일치 여부], [검색 모드])

* [ ] 괄호 안에 있는 인수는 생략해도 되는 선택값입니다. 미입력 시 기본값으로 출력됩니다.

인수 측면으로 보면,

❶ 찾고자 하는 값(lookup_value)을 가장 먼저 입력하는 것은 VLOOKUP/HLOOKUP과 동일합니다.

❷ 그러나 VLOOKUP/HLOOKUP에서 '고정된 하나의 테이블(table_array)'을 참조하던 형태에서 → '찾고 싶은 열/행(lookup_array)'과 '매칭할 열/행(return_array)'을 각각 입력하게 되었습니다.

❸ [ ] 괄호 안에 있는 값은 생략해도 되지만, 깔끔한 오류 처리를 위해 [if_not_found] 자리에 "-"를 입력하였고, [match_mode]는 정확하게 일치하는 값이 기본값이므로 생략했습니다. [search_mode] 역시 필요 없어서 생략했지만, 필요한 경우에는 오름차순 검색(1), 내림차순 검색(-1) 등 선택 가능합니다.

= XLOOKUP (G7, $C$6:$C$13, $B$6:$B$13, "-") → 동대문
         ❶   ❷   ❸

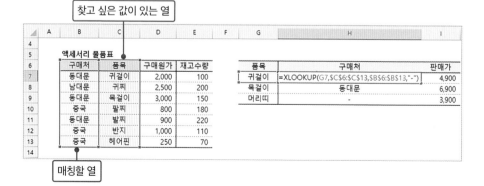

204   CHAPTER 6 VLOOKUP만 잘 써도 '엑셀 할 줄 안다!'

다만, 앞에서 언급했듯 이 함수는 엑셀 오피스 365와 엑셀 2021부터 가능한 기능입니다. 대부분의 기업 및 학교에서는 최신 버전이 아닌 프로그램을 사용하고 있을 가능성이 큽니다. 따라서 아직까지는 VLOOKUP을 사용하는 경우가 많으며, 간혹 내가 가지고 있는 엑셀이 XLOOKUP을 지원하더라도 타 회사/타 부서와 공유할 때는 모두와 호환 가능한 VLOOKUP을 사용하는 편이 좋습니다.

 잠깐만요! **행/열 빠르게 전환하기**

세로로 정리되어 있는 데이터를 가로로 빠르게 정리하는 방법을 알려드릴게요. 일일이 입력하는 건 귀찮잖아요. 간단합니다.

▼ 세로로 정리된 데이터(열)를 가로(행) 형태로 쉽고 빠르게 정리하고 싶다.

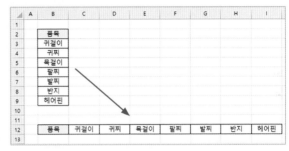

❶ 바꾸고자 하는 데이터(B2:B9)를 선택하고, 복사 Ctrl + C 합니다.
❷ 붙여넣을 곳(B12셀)을 클릭 후 [선택하여 붙여넣기] 창을 띄웁니다.
 [Window] : Alt → E → S 또는 Ctrl + Alt + V
 [Mac] : Cmd + Ctrl + V 또는 Cmd + Opt + V
❸ [행/열 바꿈]을 클릭하면 끝 - !

반대로도 바꿀 수 있으니 업무할 때 유용하게 써 보세요☺

▼ [선택하여 붙여넣기] 창에서 [행/열 바꿈]으로 쉽게 전환할 수 있다.

VLOOKUP의 한계를 보완하는 INDEX & MATCH

"VLOOKUP에서는 찾을 수 없는 '품목' 열의 왼쪽 항목을 매칭하고 싶은데, 아직 내 엑셀은 XLOOKUP이 지원되지 않는다. 이럴 땐, INDEX & MATCH!"

	구매처	품목	구매원가	재고수량		품목	구매처
	동대문	귀걸이	2,000	100		팔찌	?
	남대문	귀찌	2,500	200		목걸이	
	동대문	목걸이	3,000	150		머리띠	
	중국	팔찌	800	180			
	동대문	발찌	900	220			
	중국	반지	1,000	110			
	중국	헤어핀	250	70			

액세서리 물품표

VLOOKUP의 한계를 여러모로 보완한 XLOOKUP에 대해서 배웠지만, 앞에서 언급했듯 XLOOKUP을 지원하지 않는 버전을 사용하고 계신 분들이 더 많습니다. 그럼 XLOOKUP이 안되는 상황에서 '찾고 싶은 값'의 왼쪽에 있는 데이터를 찾고 싶을 때는 어떻게 해야 할까요?

간단하게는 구하고 싶은 구매처 열의 위치를 오른쪽에 복사해서 그냥 VLOOKUP을 쓰는 방법도 있습니다. 실제로 저도 자주 쓰는 방법입니다. 그러나 표의 위치를 쉽게 바꿀 수 없는 상황이라 함수를 꼭 써야만 한다면!

INDEX와 MATCH라는 두 함수를 결합해서 사용하면 됩니다. 각각의 함수의 원리를 알아보고, 결합한 수식까지 같이 만들어보겠습니다.

INDEX는 우리가 '찾고자 하는 범위 내에서 몇 번째 행, 몇 번째 열에 있는 데이터'를 알려주는 함수입니다. 다음 그림에서 연두색 원을 찾고 싶다면, 3번째 행에 있으면서 3번째 열에 있는 원을 가져와달라고 하는 것과 동일합니다.

▼ 연두색 원은 이 범위 안에서 3번째 행, 3번째 열에 위치해 있다.

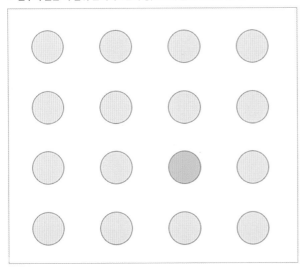

■ **범위 안에서 지정한 위치에 있는 값을 구하는 함수**

= INDEX (array, row_num, [column_num])

= INDEX (범위, 행 번호, 열 번호)

= INDEX (여기에서, 몇 번째 행, 몇 번째 열에 있는 거 구해줘)

예시에서 찾고자 하는 '팔찌의 구매처'인 '중국'은 해당 표 안에서 5번째 행에 1번째 열에 위치하고 있습니다. 우리는 '중국'이라는 값을 얻고 싶은 것이므로 =INDEX(B6:E13,5,1)라고 입력하면 원하는 데이터가 출력됩니다.

= INDEX (B6:E13 , 5 , 1)
　　　　　　범위　행　열

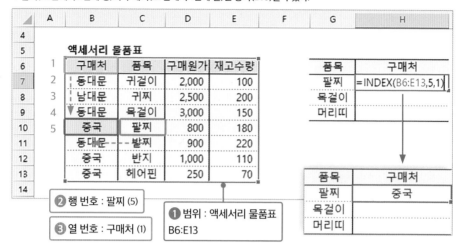

INDEX 함수 자체는 굉장히 간단하죠? 그러나 INDEX 함수를 이렇게 쓰는 일은 거의 없습니다. 행 번호와 열 번호를 일일이 세어서 입력하는 건 번거롭기만 하고, 똑똑한 엑셀 사용법은 아니잖아요.

MATCH, 얘가 몇 번째에 위치해 있어? ● ● ●

INDEX 함수의 '행 번호'와 '열 번호'를 직접 써주는 것이 번거로운 일이라고 앞서 이야기 했는데요, 바로 이 번거로운 '행 번호', '열 번호'를 대신 세어주는 것이 MATCH 함수입니다. '찾고자 하는 게 몇 번째 셀에 있어?'에 대한 답을 주는 거죠.

■ '찾고자 하는 값'이 지정한 범위 내에서 몇 번째에 있는지 알려주는 함수

= MATCH (lookup_value, lookup_array, [match_type])

= MATCH (찾고자 하는 값, 지정한 범위, 정확/유사 일치 여부)

예시에서 액세서리 물품표 안에서의 팔찌 행 위치가 궁금한 것이니, ❶ 찾고자 하는 값 '팔찌'를 입력하고, ❷ 물품표 C6:C13 안에서 몇 번째 행에 위치하는지를 물어봅니다. ❸ 정확하게 일치하는 값으로 매칭해주어야 하니 0을 입력합니다.

= MATCH(G7, C6:C13, 0) → 5

결괏값이 5로 나오네요. 우리는 해당 범위 안에서 팔찌가 5번째 행에 위치한다는 정보를 얻었습니다. 같은 원리로 구매처의 열 번호도 B6:E6 범위에서 몇 번째 열인지 구할 수 있겠죠.

▼ MATCH 함수는 '팔찌'와 '구매처'가 각각 몇 번째 행 번호와 열 번호를 가지고 있는지 알려준다.

	A	B	C	D	E	F	G	H	I
4									
5		액세서리 물품표							
6		구매처	품목	구매원가	재고수량		품목	구매처	
7		동대문	귀걸이	2,000	100		팔찌		
8		남대문	귀찌	2,500	200		목걸이		
9		동대문	목걸이	3,000	150		머리띠		
10		중국	팔찌	800	180				
11		동대문	발찌	900	220		팔찌의 행 번호	=MATCH(G7,C6:C13,0)	
12		중국	반지	1,000	110		구매처의 열 번호		
13		중국	헤어핀	250	70				
14									

	A	B	C	D	E	F	G	H	I
4									
5		액세서리 물품표							
6		구매처	품목	구매원가	재고수량		품목	구매처	
7		동대문	귀걸이	2,000	100		팔찌		
8		남대문	귀찌	2,500	200		목걸이		
9		동대문	목걸이	3,000	150		머리띠		
10		중국	팔찌	800	180				
11		동대문	발찌	900	220		팔찌의 행 번호	5	
12		중국	반지	1,000	110		구매처의 열 번호	=MATCH(H6,B6:E6,0)	
13		중국	헤어핀	250	70				
14									

자, 그럼 이제 INDEX와 MATCH를 중첩해서 한 번에 함수를 써볼까요? INDEX 함수의 행 번호와 열 번호 인수 자리에 각각의 MATCH 함수를 넣으면 됩니다.

= INDEX (범위, 행 번호, 열 번호)

= INDEX (범위, MATCH(팔찌, 범위에서, 0), MATCH(구매처, 범위에서, 0))
　　　　　　　　　몇 번째 행　　　　　　　　　몇 번째 열

= INDEX (B6:E13, MATCH(G7, C6:C13, 0), MATCH(H6, B6:E6, 0))

▼ INDEX와 MATCH 함수를 조합해서 '찾고자 하는 값'의 왼쪽 열에 위치한 데이터도 구할 수 있다.

	B	C	D	E	F	G	H
4							
5	액세서리 물품표						
6	구매처	품목	구매원가	재고수량		품목	구매처
7	동대문	귀걸이	2,000	100		팔찌	=INDEX(B6:E13,MATCH(G7,C6:C13,0),MATCH(H6,B6:E6,0))
8	남대문	귀찌	2,500	200		목걸이	
9	동대문	목걸이	3,000	150		머리띠	
10	중국	팔찌	800	180			
11	동대문	발찌	900	220			
12	중국	반지	1,000	110			
13	중국	헤어핀	250	70			
14							

품목	구매처
팔찌	중국
목걸이	
머리띠	

함수를 복사/붙여넣기 해서 아래의 목걸이, 머리띠의 구매처 항목도 구하고 싶다면, 이 대로 복사해도 될까요?

아닙니다! VLOOKUP 주의사항에서 언급한 바와 마찬가지로 복사/붙여넣기 할 때는 꼭 참조 범위에 '절대참조' 처리하는 것을 잊지 마세요.

= INDEX ($B$6:$E$13, MATCH(G7, $C$6:$C$13, 0), MATCH($H$6, $B$6:$E$6, 0))

이렇게 범위에 절대참조한 수식을 H8셀, H9셀에 붙여넣으면, 목걸이와 머리띠의 구매 처 역시 쉽게 구할 수 있습니다. INDEX와 MATCH는 이렇게 '찾고자 하는 값'의 왼쪽 열 을 구할 때도 쓰지만, 행과 열에 있는 두 가지 조건을 만족하는 교차값을 찾을 때에도 쓸 수 있답니다.

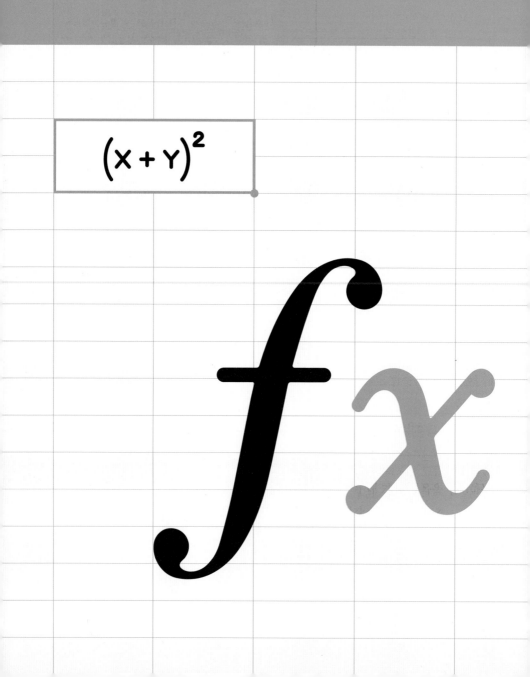

CHAPTER 07

VLOOKUP만큼
많이 쓰이는
SUMIF

VLOOKUP의 한계점 기억하나요? VLOOKUP은 참조 데이터 내에 검색값이 중복될 경우 최상단 행의 정보만 매칭하기 때문에, 중복된 값을 합할 수 없었죠. 그 한계점을 보완해주는 것이 바로 SUMIF 함수입니다. 실무에서는 수량이나 금액의 합을 구하는 일이 많은 만큼, SUMIF 함수 역시 자주 쓰인답니다!

01

찾아서 더해줘, SUMIF

"백화점의 총 매출수량은 얼마일까?"

	판매처	분류	모델명	스타일코드	사이즈	원산지	수량	금액	월		판매처	매출수량
8	백화점	바지	PT13CN	13	S	중국	15	450,000	2월		백화점	
9	백화점	치마	SK15CN	15	M	중국	26	1,040,000	3월		직영점	
10	직영점	치마	SK32VN	32	L	베트남	21	525,000	1월		온라인	
11	온라인	바지	PT44VN	44	XL	베트남	66	1,980,000	2월		아울렛	
12	아울렛	원피스	OP24CN	24	S	중국	5	250,000	3월			
13	아울렛	바지	PT32CN	32	XS	중국	60	2,100,000	2월			
14	직영점	바지	PT51KR	51	XL	한국	41	943,000	2월			
15	온라인	반팔티	ST24CN	24	XXL	중국	65	1,293,500	1월			

매출 데이터

조건에 맞는 데이터의 합을 구하는 SUMIF ●●●

SUMIF는 '조건과 일치하는 셀을 찾아서, 그 안의 숫자를 더해줘!'라는 함수입니다. '~라면 찾아서 세어줘'라고 하는 COUNTIF 함수와 비슷하게 생겼는데, 인수 구성도 유사합니다.

■ **지정한 조건에 맞는 범위의 값을 더하는 함수**

= SUMIF (range, criteria, [sum_range])

= SUMIF (조건 범위, 찾고 싶은 조건, 합계를 구할 범위)

= SUMIF (이 범위에 있는, '백화점'을 찾아서, '수량' 열에 있는 숫자를 더해줘)

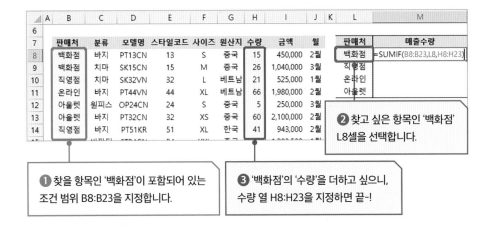

① 찾을 항목인 '백화점'이 포함되어 있는
조건 범위 B8:B23을 지정합니다.

② 찾고 싶은 항목인 '백화점'
L8셀을 선택합니다.

③ '백화점'의 '수량'을 더하고 싶으니,
수량 열 H8:H23을 지정하면 끝-!

= SUMIF (B8:B23, L8, H8:H23)

VLOOKUP으로 '백화점' 값을 찾아달라고 했을 때는, 조건 범위에 있는 백화점의 값 중 최상단 행에 위치한 15라는 숫자만 가져왔지만, SUMIF를 활용하면 백화점에 해당하는 모든 행의 숫자를 더할 수 있습니다.

▼ 백화점과 같은 행에 있는 수량 숫자를 더해서 합계가 117로 나왔다.

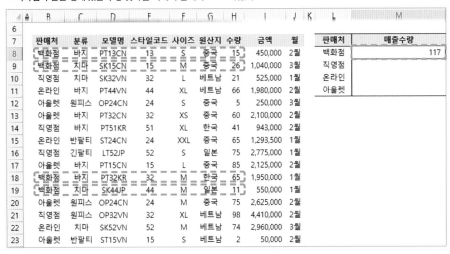

VLOOKUP과 SUMIF의 차이, 이해하셨나요? 실무에서 생각보다 많이 헷갈려서 혼용하는 경우가 종종 발생하는데, 이 차이를 잘 이해하면 실수할 일 없을 거예요.

	A	B	C	D	E	F	G	H	I	J
6										
7	판매처	분류	모델넘	스타일코	사이	원산	수	금액	월
8	백화점	바지	PT13CN	13	S	중국	15	450,000	2월
9	백화점	치마	SK15CN	15	M	중국	26	1,040,000	3월
18	백화점	바지	PT32KR	32	M	한국	65	1,950,000	1월
19	백화점	치마	SK44JP	44	M	일본	11	550,000	1월

평균: 29   개수: 4   합계: 117

SUMIF 가장 많이 하는 실수 3가지　•••

함수 자체는 굉장히 간단하게 생겼는데, 은근히 실수가 많이 생깁니다. SUMIF 사용 시 주의해야 하는 3가지를 같이 알아볼게요.

[1] 범위를 고정하자, 절대참조!

범위를 찾을 때는 항상 '절대참조' 하는 것 잊으면 안 되죠. 우리는 '백화점'만 찾고 싶은 게 아니잖아요. 아래 테이블에 있는 다른 판매처도 찾고 싶습니다. SUMIF 함수를 매번 입력할 게 아니니까, M8셀의 함수를 복사해서 붙여넣기 하겠죠?

▼ **BAD!** M8셀에 입력한 함수가 아래로 이동함에 따라 참조 범위도 함께 아래로 이동했다.

M8셀에 입력한 함수가 한 칸, 한 칸 아래 행으로 복사/붙여넣기 될 때마다 참조 범위도 같이 내려오면서 변동되고 있습니다. 기준점을 같게 하기 위해서 '절대참조($)' 잊지 말아주세요!

▼ GOOD! 참조 범위를 '절대참조($)'로 고정

A	B	C	D	E	F	G	H	I	J K	L	M
6											
7	판매처	분류	모델	스타일코	사이	원산	수	금액	월	판매처	매출수량
8	백화점	바지	PT13CN	13	S	중국	15	450,000	2월	백화점	117
9	백화점	치마	SK15CN	15	M	중국	26	1,040,000	3월	직영점	235
10	직영점	치마	SK32VN	32	L	베트남	21	525,000	1월	온라인	=SUMIF($B$8:$B$23,L10,$H$8:$H$23)
11	온라인	바지	PT44VN	44	XL	베트남	66	1,980,000	2월	아울렛	227
12	아울렛	원피스	OP24CN	24	S	중국	5	250,000	3월		
13	아울렛	바지	PT32CN	32	XS	중국	60	2,100,000	2월		
14	직영점	바지	PT51KR	51	XL	한국	41	943,000	2월		

= SUMIF (B8:B23, L8, H8:H23) ✗

= SUMIF ($B$8:$B$23, L8, $H$8:$H$23) ○

TIP 찾고 싶은 조건인 백화점(L8셀)은 직영점(L9셀), 온라인(L10셀)으로 이동해야 하니 절대참조 처리하지 않습니다.

[2] 조건 범위와 합계 범위의 높이는 같아야 한다

조건 범위에서 동일한 행에 있는 합계 범위의 값을 가지고 오는 로직이기 때문에, 각 행이 시작하는 지점과 끝나는 지점이 같아야 정확한 합계를 도출합니다. 계산이 잘못 되어도 오류 표시가 뜨지 않고, 마치 문제가 없는 것처럼 합계가 나오기 때문에 쉽게 틀리는 부분입니다. 무조건 각 범위의 높이가 같아야 합니다. 이건 반드시 주의하세요.

▼ BAD! 조건 범위와 합계 범위의 행의 높이가 일치하지 않는다.

A	B	C	D	E	F	G	H	I	J K	L	M
6											
7	판매처	분류	모델	스타일코	사이	원산	수	금액	월	판매처	매출수량
8	백화점	바지	PT13CN	13	S	중국	15	450,000	2월	백화점	=SUMIF($B$8:$B$23,L8,$H$10:$H$25)
9	백화점	치마	SK15CN	15	M	중국	26	1,040,000	3월	직영점	147
10	직영점	치마	SK32VN	32	L	베트남	21	525,000	1월	온라인	145
11	온라인	바지	PT44VN	44	XL	베트남	66	1,980,000	2월	아울렛	191
12	아울렛	원피스	OP24CN	24	S	중국	5	250,000	3월		
13	아울렛	바지	PT32CN	32	XS	중국	60	2,100,000	2월		
14	직영점	바지	PT51KR	51	XL	한국	41	943,000	2월		

▼ 높이가 안 맞을 때 틀린 합계

판매처	매출수량
백화점	260
직영점	147
온라인	145
아울렛	191

▼ 올바른 합계

판매처	매출수량
백화점	117
직영점	235
온라인	205
아울렛	227

[3] sum_range가 합계를 구할 범위

지금은 함수를 방금 배웠기 때문에 헷갈리지 않을 수 있지만, 직접 실무를 할 때는 range 와 sum_range 인수를 헷갈려 하는 경우가 많더라고요. sum_range가 sum(합)을 하는 range(범위)니까, 숫자가 들어가야 하는 항목이 sum_range입니다. 인수의 입력 순서를 외우기보다는, 엑셀 프로그램에서 띄워주는 가이드를 보고 이해하면 더 쉽습니다.

= SUMIF (range, criteria, [sum_range])

= SUMIF (조건 범위, 찾고 싶은 조건, 합계를 구할 범위)

* 숫자가 있는 열을 선택

02 조건이 여러 개일 때, SUMIFS

"판매처별 중국산 매출수량을 구하고 싶다."

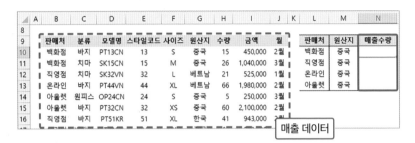

매출 데이터

방금까진 백화점의 매출수량을 구했다면, 이번에는 1) 판매처가 백화점이면서 2) 원산지가 중국산인 매출수량을 한번 구해볼까요?

조건이 한 개가 아닐 때, SUMIFS

영어에서 복수인 명사에는 뭐가 붙죠? S가 붙죠. 함수도 마찬가지입니다. 조건이 한 개가 아닌 여러 개라면, SUMIF 뒤에 S를 붙인 SUMIFS를 쓰면 됩니다.

■ 여러 조건을 만족하는 범위의 합을 구하는 함수

= SUMIFS (sum_range, criteria_range1, criteria1, criteria_range2, criteria2, …)

= SUMIFS (합계를 구할 범위, 조건 범위 1, 찾고 싶은 조건 1, 조건 범위 2, 찾고 싶은 조건 2, …)

= SUMIFS ('수량' 열의 숫자를 더해줘, 1번 범위에서, 백화점 찾아서, 2번 범위에서, 중국 찾아서)

여기서 잠깐! 아까 SUMIF와는 다르게 SUMIFS의 경우에는 sum_range가 먼저 등장했어요. 이렇듯 함수 인수의 순서는 외우려고 하는 것보다, 엑셀에서 함수를 치면 나오는 가이드를 보며 그 뜻을 이해하는 것이 훨씬 쉽습니다. 'sum_range는 더하는 거였어~ 숫자 범위를 넣자!' 이런 식으로요!

■ SUMIF와 SUMIFS의 차이점

= SUMIF (range, criteria, [sum_range])
　　　　　　이 조건을 만족하는　　이 범위의 합을 구해줘

= SUMIFS (sum_range, criteria_range1, criteria1, criteria_range2, criteria2 ⋯)
　　　　　이 범위의 합을 구해줘　　1번 조건을 만족하면서　　　　　2번 조건도 만족하는

그럼 SUMIFS를 이용해서 1) '판매처가 백화점'인 조건을 만족하면서 2) '원산지가 중국'인 조건을 만족하는 매출수량을 구해볼까요?

❶ 합계를 구할 범위인 '수량' 열을 선택합니다.

= SUMIFS ($H$10:$H$25,

❷ 첫 번째 조건인 '백화점'을 찾기 위해 판매처 조건 범위와 백화점이 입력된 셀을 지정합니다.

= SUMIFS ($H$10:$H$25, $B$10:$B$25, L10,

❸ 두 번째 조건인 '중국'을 찾기 위해 해당 조건 범위와 중국이 입력된 셀을 지정합니다.

= SUMIFS ($H$10:$H$25, $B$10:$B$25, L10, $G$10:$G$25, M10)

	B	C	D	E	F	G	H	I	J K	L	M	N
8												
9	판매처	분류	모델명	스타일코드	사이즈	원산지	수량	금액	월	판매처	원산지	매출수량
10	백화점	바지	PT13CN	13	S	중국	15	450,000	2월	백화점	중국	=SUMIFS($H$10:$H$25,$B$10:$B$25,L10,$G$10:$G$25,M10)
11	백화점	치마	SK15CN	15	M	중국	26	1,040,000	3월	직영점	중국	
12	직영점	치마	SK32VN	32	L	베트남	21	525,000	1월	온라인	중국	
13	온라인	바지	PT44VN	44	XL	베트남	66	1,980,000	2월	아울렛	중국	
14	아울렛	원피스	OP24CN	24	S	중국	5	250,000	3월			
15	아울렛	바지	PT32CN	32	XS	중국	60	2,100,000	2월			

> **TIP** criteria(찾고 싶은 조건) 인수에 반드시 셀 주소를 넣어야 하는 것은 아닙니다. "백화점", "중국"처럼 텍스트를 입력해도 찾을 수 있습니다. 예시에서는 함수를 한 번만 작성한 후, 복사/붙여넣기로 하단의 직영점, 온라인 등도 찾기 위해서 셀 주소로 입력했습니다.

SUMIFS의 수식이 길어 보이는 탓에 지레 겁먹을 수 있는데요. 차분히 구조를 뜯어보면 생각보다 간단하게 이해할 수 있습니다.

= SUMIFS ($H$10:$H$25, $B$10:$B$25, L10, $G$10:$G$25, M10)
<small>수량의 합을 구해줘 1번 범위에서, 1번 조건을 만족하고 2번 범위에서, 2번 조건도 만족하는</small>

이전 장에서 강조했던 주의사항 첫째, 조건 범위와 합계 범위에 절대참조($) 처리하는 것과 둘째, 조건 범위와 합계 범위의 행 높이를 맞추는 것 잊지 마세요.

SUMIFS에서는 조건 범위(criteria_range)의 위치가 헷갈릴 수 있습니다. 너무너무 헷갈린다면, 명확한 sum_range 합계 범위를 기준으로 잡는 것을 추천드립니다. 수량을 구하는 거니까 sum_range는 범위가 명확하잖아요.
그리고 아까 주의사항 중에 범위의 행 높이가 같아야 한다는 조건이 있었어요. 그래서 기준을 잡은 sum_range와 같은 높낮이에 있는 열 중에, 백화점이 포함되어 있는 열이 첫 번째 criteria_range가 되는 겁니다.

▼ '조건 범위'의 위치가 헷갈릴 때는 '합계를 구할 범위'를 기준으로 '행의 높이가 같은 열' 중에서 '찾고자 하는 조건'이 위치한 열을 찾으면 쉽다.

판매처	분류	모델명	스타일코드	사이즈	원산지	수량	금액	월
백화점			13	S	중국	15		월
백화점	치마	SK15CN	15	M	중국	26	1,040,000	3월
직영점	치마	SK32VN	32	L	베트남	21	525,000	1월
온라인	바지	PT44VN	44	XL	베트남	66	1,980,000	2월
아울렛	원피스	OP24CN	24	S	중국	5	250,000	3월
아울렛	바지	PT32CN	32	XS	중국	60	2,100,000	2월
직영점	바지	PT51KR	51	XL	한국	41	943,000	2월
온라인	반팔티	ST24CN	24	XXL	중국	65	1,293,500	2월
직영점	긴팔티	LT52JP	52	S	일본	75	2,775,000	1월
아울렛	바지	PT15CN	15	L	중국	85	2,125,000	2월
백화점	바지	PT32KR	32	M	한국	65	1,950,000	1월
백화점	치마	SK44JP	44	M	일본	11	550,000	1월
아울렛	원피스	OP24CN	24	M	중국	75	2,625,000	2월
직영점	원피스	OP32VN	32	XL	베트남	98	4,410,000	3월
온라인	치마	SK52VN	52	M	베트남	74	2,960,000	3월
아울렛	반팔티	ST15VN	15	S	베트남	2	50,000	2월

그럼, 매출액은 어떻게 구할까요? 수량을 구할 때와 조건 범위들은 똑같지만, 합계를 구할 범위만 수량 열(H)에서 금액 열(I)로 바꿔주면 간단하게 구할 수 있습니다.

= SUMIFS ('금액' 열의 숫자를 더해줘, 1번 범위에서, 백화점 찾아서, 2번 범위에서, 중국 찾아서)

= SUMIFS ($I$10:$I$25, $B$10:$B$25, L10, $G$10:$G$25, M10)

판매처	분류	모델명	스타일코드	사이즈	원산지	수량	금액	월		판매처	원산지	매출수량	매출금액
백화점	바지	PT13CN	13	S	중국	15	450,000	2월		백화점	중국	41	=SUMIFS($I$10:$I$25,$B$10:$B$25,L10,$G$10:$G$25,M10)
백화점	치마	SK15CN	15	M	중국	26	1,040,000	3월		직영점	중국	-	
직영점	치마	SK32VN	32	L	베트남	21	525,000	1월		온라인	중국	65	
온라인	바지	PT44VN	44	XL	베트남	66	1,980,000	2월		아울렛	중국	225	
아울렛	원피스	OP24CN	24	S	중국	5	250,000	3월					
아울렛	바지	PT32CN	32	XS	중국	60	2,100,000	2월					

함수를 입력한 O10셀을 복사해서 아래에 붙여넣으면 다음과 같이 각 판매처별 중국산 상품의 매출액도 쉽게 구할 수 있습니다.

	B	C	D	E	F	G	H	I	J	K	L	M	N	O
8														
9	판매처	분류	모델명	스타일코드	사이즈	원산지	수량	금액	월		판매처	원산지	매출수량	매출금액
10	백화점	바지	PT13CN	13	S	중국	15	450,000	2월		백화점	중국	41	1,490,000
11	백화점	치마	SK15CN	15	M	중국	26	1,040,000	3월		직영점	중국	-	-
12	직영점	치마	SK32VN	32	L	베트남	21	525,000	1월		온라인	중국	65	1,293,500
13	온라인	바지	PT44VN	44	XL	베트남	66	1,980,000	2월		아울렛	중국	225	7,100,000
14	아울렛	원피스	OP24CN	24	S	중국	5	250,000	3월					
15	아울렛	바지	PT32CN	32	XS	중국	60	2,100,000	2월					

> **TIP** SUMIF와 SUMIFS 함수 두 개를 외우기가 어렵다면 SUMIFS 함수만 기억하셔도 괜찮습니다. 조건이 하나일 때도 SUMIFS를 사용해도 되기 때문입니다.
> = SUMIFS (sum_range, criteria_range1, criteria1)까지만 입력해도 똑같이 적용됩니다.

SUMIFS로
장부를 정리해보자

"10월 비용 내역을 일별/항목별로 정리하고 싶다."

	비용					총 비용
	영업비	마케팅비	외주비	복후비	급여	
2030-10-01						
2030-10-02						
2030-10-03						
2030-10-04						
2030-10-05						
2030-10-06						
2030-10-07						
2030-10-08						

날짜	비용 내역	금액	구분
2030-10-01	미팅_커피	10,000	영업비
2030-10-01	페이스북광고	100,000	마케팅비
2030-10-02	번역의뢰	150,000	외주비
2030-10-05	간식	20,000	복후비
2030-10-09	전월 급여	6,000,000	급여
2030-10-11	미팅_커피	50,000	영업비
2030-10-11	출판의뢰	400,000	외주비
2030-10-11	접대비	500,000	영업비
2030-10-21	회식_삼겹살	185,000	복후비
2030-10-22	미팅_커피	30,000	영업비

이번에는 SUMIF를 실무에서 어떻게 활용하는지 알아보겠습니다. SUMIF의 진짜 능력은 위 예시처럼 두 조건을 만족하는 합을 구하는 표나 양식에서 발휘됩니다. 자, 그럼 10월에 사용한 비용 내역을 정리해볼까요?

SUMIFS로 표 채우기 ● ● ●

언제, 어디에 돈을 썼는지 건별로 입력된 비용 상세 내역서가 있습니다. 해당 내역을 일별/항목별로 묶어서 분석할 수 있도록 양식에 정리해보겠습니다.

데이터를 보면서 지출 내역을 하나씩 넣어줘야 할까요? 그렇지 않죠. 언제 하나하나 계산해서 넣어줄 거예요 😅 함수를 써서 쉽게 작업해볼 건데, 지금까지 많은 함수를 배웠으니 어떤 함수를 쓸지 같이 고민해볼까요?

ⓠ 원하는 항목을 찾아서 매칭하면 되니까, VLOOKUP을 써볼까?

ⓐ ×, VLOOKUP을 떠올려서는 안 됩니다. VLOOKUP은 숫자를 더할 수가 없잖아요. 예를 들면 10월 11일에 영업비 항목이 두 번 나오는데 VLOOKUP은 맨 위에 있는 정보만 가져올 것이기 때문에 둘의 합계를 내지 못합니다. 그러므로 VLOOKUP은 탈락!

ⓠ 그럼, 조건에 맞는 합계를 더해주는 SUMIF를 쓸까?

ⓐ ×, 이 양식 같은 경우에는 조건이 두 개입니다. 날짜와 구분 항목이 무엇인지, 조건이 두 개예요. 1) 10월 1일이면서 2) 영업비 항목으로 쓰인 것을 찾아야 하거든요. 그럼 조건이 두 개이므로 SUMIFS를 쓰게 되겠죠!

그럼 본격적으로 SUMIFS 함수를 써서 양식을 채워보겠습니다(H9셀에 입력).

= SUMIFS (sum_range, criteria_range1, criteria1, criteria_range2, criteria2, …)

❶ 합계를 구할 범위인 '금액' 열을 선택합니다.

= SUMIFS ($D$9:$D$18,

	B	C	D	E	F	G	H
6							비용
7/8	날짜	비용 내역	금액	구분			영업비
9	2030-10-01	미팅 커피	10,000	영업비		2030-10-01	=SUMIFS($D$9:$D$18
10	2030-10-01	페이스북광고	100,000	마케팅비		2030-10-02	SUMIFS(sum_range, criteria_range1, criteria1, ...)
11	2030-10-02	번역의뢰	150,000	외주비		2030-10-03	
12	2030-10-05	간식	20,000	복후비		2030-10-04	
13	2030-10-09	전월 급여	6,000,000	급여		2030-10-05	

❷ 첫 번째 조건인 '2030-10-01'을 찾기 위해 '조건 범위'와 '2030-10-01'이 입력된 셀을 선택합니다.

= SUMIFS ($D$9:$D$18, $B$9:$B$18, G9,

	B	C	D	E	F	G	H
6							비용
7/8	날짜	비용 내역	금액	구분			영업비
9	2030-10-01	미팅 커피	10,000	영업비		2030-10-01	=SUMIFS($D$9:$D$18,$B$9:$B$18,G9
10	2030-10-01	페이스북광고	100,000	마케팅비		2030-10-02	SUMIFS(sum_range, criteria_range1, **criteria1**, [criteria_range2, cri
11	2030-10-02	번역의뢰	150,000	외주비		2030-10-03	
12	2030-10-05	간식	20,000	복후비		2030-10-04	
13	2030-10-09	전월 급여	6,000,000	급여		2030-10-05	

❸ 두 번째 조건인 '영업비'를 찾기 위해 조건 범위와, '영업비'가 입력된 셀을 선택합니다.

= SUMIFS ($D$9:$D$18, $B$9:$B$18, G9, $E$9:$E$18, H8)

	B	C	D	E	F	G	H
6							
7	날짜	비용 내역	금액	구분			비용
8							영업비
9	2030-10-01	미팅_커피	10,000	영업비		2030-10-01	=SUMIFS($D$9:$D$18,$B$9:$B$18,G9,$E$9:$E$18,H8)
10	2030-10-01	페이스북광고	100,000	마케팅비		2030-10-02	
11	2030-10-02	번역의뢰	150,000	외주비		2030-10-03	
12	2030-10-05	간식	20,000	복후비		2030-10-04	
13	2030-10-09	전월 급여	6,000,000	급여		2030-10-05	

❹ '2030년 10월 1일'에 '영업비' 항목으로 쓰인 10,000원이 계산되었습니다.

	B	C	D	E	F	G	H
6							
7	날짜	비용 내역	금액	구분			비용
8							영업비
9	2030-10-01	미팅_커피	10,000	영업비		2030-10-01	10,000
10	2030-10-01	페이스북광고	100,000	마케팅비		2030-10-02	
11	2030-10-02	번역의뢰	150,000	외주비		2030-10-03	
12	2030-10-05	간식	20,000	복후비		2030-10-04	
13	2030-10-09	전월 급여	6,000,000	급여		2030-10-05	

TIP 비용 내역이 현재 범위 영역의 하단 행에 계속 업데이트될 예정이라면, 열 전체로 범위를 선택하는 것도 좋은 방법입니다(Chapter 6-2 '열 참조' 부분 참고).

= SUMIFS ($D:$D, $B:$B, G9, $E:$E, H8)

행 절대참조, 열 절대참조를 활용하면 함수 입력 한 번에 끝! •••

이제 겨우 H9셀 한 칸 채웠습니다. 남아 있는 수많은 칸을 모두 일일이 함수를 쓸 필요는 없으니까, 배운대로 복사/붙여넣기 해야겠죠. 한번 같이 해볼까요?

❶ 기존 H9셀에 있던 함수를 복사해서 한 칸 아래 행, H10셀에 붙여넣었더니…
  - 첫 번째 조건 '2030-10-01(G9셀)'은 '2030-10-02(G10셀)'로 잘 이동하였는데,
  - 두 번째 조건 '영업비(H8셀)'가 '10,000(H9셀)'으로 이동해버렸다. *!!오류 발생!!*

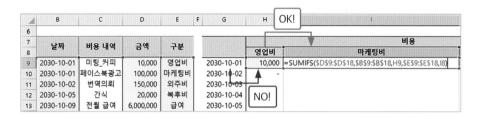

❷ 기존 H9셀에 있던 함수를 복사해서 한 칸 오른쪽 열, I9셀에 붙여넣었더니…

- 아까와 반대로, 두 번째 조건 '영업비(H8셀)'는 '마케팅비(I8셀)'로 잘 이동하였는데,
- '2030-10-01(G9셀)'이 '10,000(H9셀)'으로 이동해버렸다. *!!오류 발생!!*

이렇게 행과 열이 같이 있는 표에서는 함수를 복사/붙여넣기 하는 것도 여간 어려운 일이 아닙니다. 여기서부터 엑셀이 고급으로 한 단계 레벨업이 됩니다.

바로 '행 절대참조, 열 절대참조'를 활용하는 건데요. 절대참조 부분에서 살짝 언급했었습니다. 수식을 여러 번 쓰기 귀찮을 때 사용하기 좋은 기술입니다(Chapter 5-4 참고).

> **절대참조** : $A$1 → 어디로 복사/붙여넣기를 해도 A1셀만 참조함
> **행 절대참조** : A$1 → 열은 변동이 가능하나, 1행만 참조함
> **열 절대참조** : $A1 → 행은 변동이 가능하나, A열만 참조함

직접 예시 문제를 풀어보면서, 어떻게 적용하는지 보겠습니다.

[1] 첫 번째 찾을 조건

G9셀을 기본으로 둔 상태에서 복사/붙여넣기를 하면, 아래 행으로 이동하는 것은 괜찮지만 우측으로 이동하면 안 됩니다. 따라서 G9는 열만 고정하는 $G9로 변형합니다.

= SUMIFS ($D$9:$D$18, $B$9:$B$18, $G9,

	비용					
	영업비	마케팅비	외주비	복후비	급여	총 비용
2030-10-01						
2030-10-02						
2030-10-03						
2030-10-04						
2030-10-05						
2030-10-06						

NO! OK!

[2] 두 번째 찾을 조건

H8셀은 기본으로 둔 상태에서 복사/붙여넣기를 하면, 오른쪽 열로 이동하는 것은 괜찮지만 아래로 이동하면 안 됩니다. 따라서 H8은 행만 고정하는 H$8로 변형합니다.

= SUMIFS ($D$9:$D$18, $B$9:$B$18, $G9, $E$9:$E$18, H$8)

	비용					
	영업비	마케팅비	외주비	복후비	급여	총 비용
2030-10-01						
2030-10-02						
2030-10-03						
2030-10-04						
2030-10-05						
2030-10-06						

OK! NO!

TIP 셀을 참조하는 상태에서 F4 키를 연속으로 누르면 '절대참조 → 행 절대참조 → 열 절대참조 → 기본'으로 순환되며 바뀝니다. [Mac] : F4 또는 Cmd + T

= SUMIFS ($D$9:$D$18, $B$9:$B$18, $G9, $E$9:$E$18, H$8)

이렇게 행 절대참조, 열 절대참조까지 적용한 수식을 H9셀에 입력한 후, 복사해서 표 안의 전체 셀에 붙여넣기를 해보세요. H9셀에 수식을 한 번만 썼을 뿐인데 절대참조, 행 절대참조, 열 절대참조를 활용해서 빠르게 표를 채울 수 있어요!

▼ 함수를 한 번만 작성하고 복사/붙여넣기만 하면 표 채우기 완성!

	F	G	H	I	J	K	L	M
6								
7					비용			
8			영업비	마케팅비	외주비	복후비	급여	총 비용
9		2030-10-01	10,000	100,000	-	-	-	
10		2030-10-02	-	-	150,000		-	
11		2030-10-03	-	-	-	-	-	
12		2030-10-04	-	-	-	-	-	
13		2030-10-05	-	-	-	20,000	-	
14		2030-10-06	-	-	-	-	-	
15		2030-10-07	-	-	-	-	-	
16		2030-10-08	-	-	-	-	-	
17		2030-10-09	-	-	-	-	6,000,000	
18		2030-10-10	-	-	-	-	-	
19		2030-10-11	550,000	-	400,000			

SUMIFS로 이렇게 템플릿을 만들어두면, 조건 범위나 합계 범위에 새로운 데이터가 추가될 때마다 양식 안에 있던 수식이 쇼로록 쇼로록 변하게 됩니다. 회사에서 자주 보게 되는 양식 중 하나라고 보시면 됩니다.

SUMIFS로 이 정도 양식을 만드는 것은 꽤 복잡한 일입니다. 직장인 2, 3년 차인 분들도 '이런 게 있었어? 저렇게까지 해야 돼? 난 이때까지 수식을 다 쓰고 있었는데…'라고 생각할 수 있습니다. 처음 배우는 분들에게는 다소 어려울 수 있지만, SUMIFS는 이렇게 응용해서 활용 가능하다는 걸 보여드리기 위해 넣은 내용이니 부담은 갖지 마세요 :)

CHAPTER 08

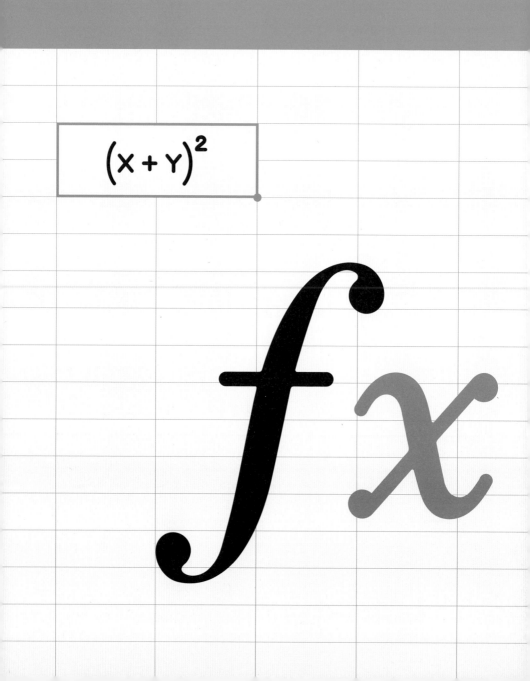

데이터 분석의 치트키, 피벗테이블

이쯤에서 여러분께 박수를 보내고 싶습니다. 수고하셨어요, 여러분! 사실 지금까지 배운 VLOOKUP과 SUMIF가 제일 어려운 내용이에요. 엑셀에서 제일 어려운 내용들은 거의 끝낸 거니, 이제 어디 가서 "나도 엑셀 좀 할 수 있어!"라고 말해도 괜찮습니다. 잘하셨어요~~ ☺

그럼 이번 장에서는 피벗(Pivot)이라는 걸 한번 배워볼게요!

01 피벗테이블을 만들어보자

"피벗테이블은 로우 데이터를 기반으로 다양한 형태의 표를 쉽게 만들 수 있다!"

▼ 판매처별 월 판매수량

합계 : 수량	월 ▾			
판매처 ▾	1월	2월	3월	총합계
백화점	302	380	358	1,040
아울렛	38	420	442	900
온라인	161	142	284	587
직영점	253	259	304	816
총합계	754	1,201	1,388	3,343

▼ 판매처별 상품 판매수량

합계 : 수량	판매처 ▾				
분류 ▾	백화점	아울렛	온라인	직영점	총합계
바지	296	343	98	274	1,011
반팔티	258	137	160	65	620
치마	186	21	211	26	444
긴팔티	150	153		141	444
원피스	105	92	75	153	425
셔츠	45	154	43	157	399
총합계	1,040	900	587	816	3,343

대량의 데이터를 빠르고 쉽게 분석하는 도구 ●●●

피벗(Pivot)을 어려운 기능이라고 생각하는 분들이 의외로 많아서 놀랐습니다. 그렇지 않습니다. 겁먹지 마세요!

피벗테이블은 로우 데이터(Raw data, 원본 데이터베이스)를 바탕으로, 행과 열에 원하는 항목을 자유자재로 배치해서 원하는 시사점을 도출할 수 있도록 하는 도구입니다. 한번 배워보면 함수나 수식을 어려워하는 분들도 쉽게 사용할 수 있고, '진작에 이걸로 할걸! 앞의 함수들은 왜 배웠지?'라는 생각이 들 수도 있습니다.

피벗테이블 어떻게 만드는 걸까? ●●●

피벗테이블은 로우 데이터를 기반으로 만드는 표이기 때문에, 피벗테이블을 만들기 위해서는 잘 정리된 로우 데이터가 필요합니다(Chapter 2-1 참고). 예를 들어, 로우 데이터 내에 병합된 셀이 있으면 피벗 생성이 제대로 되지 않습니다. 셀은 모두 한 칸 한 칸 개별적으로 입력되어 있어야 합니다.

▼ 피벗테이블을 만들기 위해서는 잘 정리된 로우 데이터가 필요하다.

◎ 쏘피패션 1분기 판매량

판매처	분류	모델명	스타일코드	사이즈	원산지	수량	금액	월
백화점	바지	PT13CN	13	S	중국	15	450,000	2월
백화점	치마	SK15CN	15	M	중국	26	1,040,000	3월
직영점	치마	SK32VN	32	L	베트남	21	525,000	1월
온라인	바지	PT44VN	44	XL	베트남	66	1,980,000	2월
아울렛	원피스	OP24CN	24	S	중국	5	250,000	3월
아울렛	바지	PT32CN	32	XS	중국	60	2,100,000	2월
직영점	바지	PT51KR	51	XL	한국	41	943,000	2월
온라인	반팔티	ST24CN	24	XXL	중국	65	1,293,500	1월
직영점	긴팔티	LT52JP	52	S	일본	75	2,775,000	1월
아울렛	바지	PT15CN	15	L	중국	85	2,125,000	2월

자, 그럼 로우 데이터가 준비되었다면 같이 피벗을 생성해볼까요?

❶ 데이터 안에 커서를 둔 상태에서 [삽입] 탭 → [피벗테이블]을 클릭합니다.

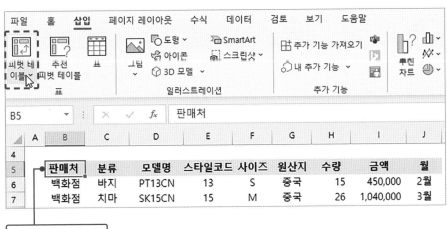

데이터 안에 커서 위치

❷ 표/범위에 입력된 데이터 범위가 맞는지, 피벗테이블을 어디에 위치시킬지 선택 후 확인을 누릅니다.

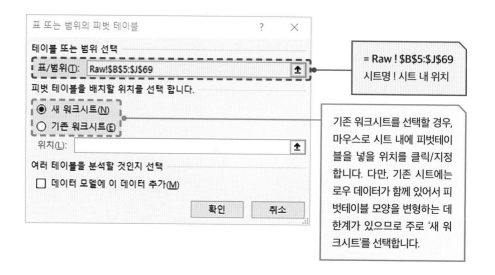

초보자를 위한 피벗테이블 설정

자, 여기서 확인 버튼을 클릭하면 [Sheet1]이라는 새로운 시트가 생기면서, 이상한 네모 박스가 생깁니다. 이 정체 모를 네모 박스 때문에 피벗테이블을 두려워하는 경우가 많은 데요, 하나씩 차근차근 뜯어보겠습니다.

피벗테이블 필드

일단 이 네모 박스를 한번 클릭해보면 오른쪽에 [피벗테이블 필드]라고 하는 항목이 뜹니다. 자세히 볼까요? 판매처, 분류, 모델명… 어, 어디서 많이 봤던 글자죠? 우리가 끌어온 로우 데이터에 '제목' 항목으로 있었던 것들입니다. 최상단에 있는 제목행을 쭉쭉 뽑아서 피벗테이블 필드 목록에 옮겨온 겁니다.

▼ 시트 내 네모 박스를 클릭하면 피벗테이블 필드 목록을 확인할 수 있다. 해당 필드 목록은 로우 데이터에 있던 각 열의
가장 윗줄 문자를 불러왔다.

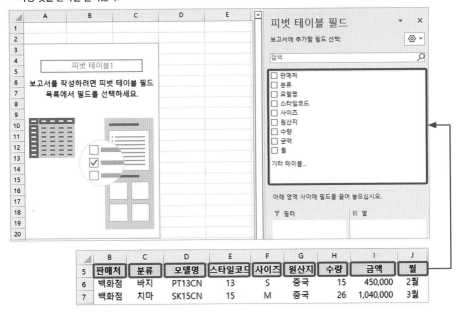

	B	C	D	E	F	G	H	I	J
5	판매처	분류	모델명	스타일코드	사이즈	원산지	수량	금액	월
6	백화점	바지	PT13CN	13	S	중국	15	450,000	2월
7	백화점	치마	SK15CN	15	M	중국	26	1,040,000	3월

클래식 피벗테이블 레이아웃

그런 본격적으로 여러분이 어려워하는 이 네모 박스에 대해서 알아보겠습니다. 저도 이렇
게 박스만 덜렁 있으면 어렵더라고요. 그래서 초보자에게 쉬운 세팅으로 바꿔볼게요.

❶ 네모 박스를 우클릭 → [피벗테이블 옵션]을 클릭합니다.

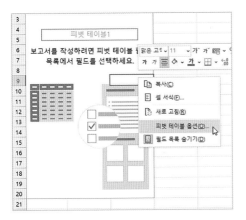

❷ [피벗테이블 옵션] 창에서 [표시] 탭 → [클래식 피벗테이블 레이아웃 표시]를 클릭한 후 [확인]을 누릅니다.

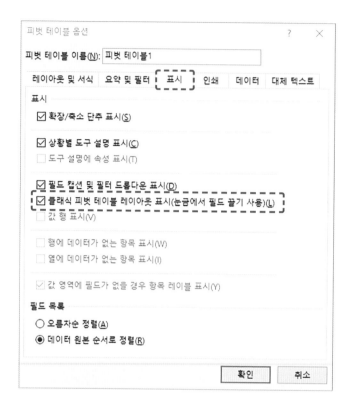

클래식 피벗테이블 레이아웃으로 변환하자, 아까 그 큰 네모 박스 하나가 총 네 개의 박스로 쪼개졌어요. 우린 엑셀 초보자잖아요. 클래식 피벗테이블 레이아웃을 추천하는 첫 번째 이유는 이렇게 피벗의 구성 요소(필터, 열, 행, 값)를 구역별로 나눠서 눈으로 볼 수 있다는 점입니다. 그럼 피벗테이블 항목이 의미하는 바를 이해하기가 훨씬 쉬워지거든요. 이 네 가지 영역은 우측 하단에 있는 박스들과도 같이 쓰이는데요. 이 두 곳은 서로 연결되어 있습니다.

TIP 엑셀 2003 버전까지는 위의 레이아웃이 기본이었는데, 2007 버전 이후로 현재 형태로 바뀌었습니다. 구 버전이라는 의미로 '클래식 레이아웃'이라고 부릅니다. 저처럼 여전히 구 버전의 레이아웃을 선호하는 사람들이 많이 있답니다.

▼ 클래식 피벗테이블 레이아웃으로 설정하면 피벗테이블의 구성 요소(행, 열, 값, 필터)의 위치 가이드 라인이 표시되어서 이해가 쉽다.

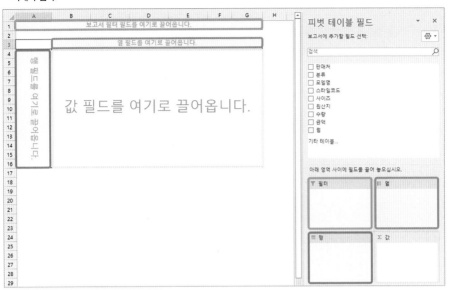

보기 쉽다는 것 외에도 클래식 피벗테이블 레이아웃을 추천하는 두 번째 이유는 필드 목록을 드래그&드롭 할 수 있다는 점입니다. 조작이 쉬우면 시간도 아끼고 실수도 줄일 수 있습니다.

오른쪽 피벗테이블 필드 목록 중에 '판매처' 항목을 클릭해서 '행' 네모 박스 안에 드래그 해보겠습니다. 백화점, 아울렛, 온라인, 직영점 이렇게 네 개 글자가 나타납니다. 마치 필터에서 봤던 것처럼 로우 데이터에서 중복된 항목을 없애주고 딱 네 개만 보여줍니다.

▼ 클래식 피벗테이블 레이아웃 설정에서는 필드 목록 안의 제목(판매처)을 마우스로 클릭, 드래그해서 원하는 위치에 데이터를 놓을 수 있다.

'행 필드'에 놓을 때와 '열 필드'에 놓았을 때의 다른 점이 무엇이냐면, '세로로 나열할래?
가로로 나열할래?'의 차이입니다. 행 필드에서 열 필드로 옮기는 것도 역시 드래그&드
롭으로 가능합니다. 빼는 것 또한 필드 제목을 클릭한 후, 드래그해서 파란 선 밖으로 쑥
빼주면 됩니다.

▼ 행 필드에 있던 필드 제목(판매처) 클릭 → 열 위치로 드래그하면 데이터가 열 필드로 이동한다.

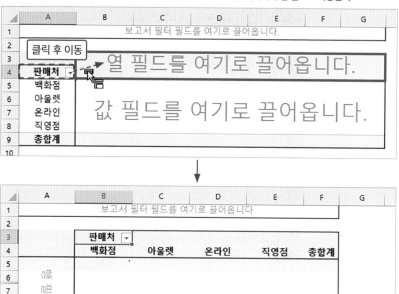

기본 피벗테이블 레이아웃

클래식 레이아웃이 아닌 기존의 세팅을 다시 한번 볼까요? 이 기본 레이아웃은 클래식
과 다르게, 초보자들에게는 어디에 무슨 영역이 들어가야 하는지 감이 잘 잡히지 않습니
다. 그리고 시트 안으로 끌어다 놓을 수가 없고 아래에 있는 영역으로만 드래그&드롭이
가능합니다.

기본 레이아웃은 클래식에 비해 직관적이지 않고 한 번 더 생각을 해야 하기 때문에 사용하기가 쉽지 않습니다. 따라서 초보자들에게는 '클래식 테이블 레이아웃'으로 설정하는 것을 추천드립니다.

▼ 기본 설정에서는 필드 목록 하단의 네 개 영역으로 드래그해서 사용한다.

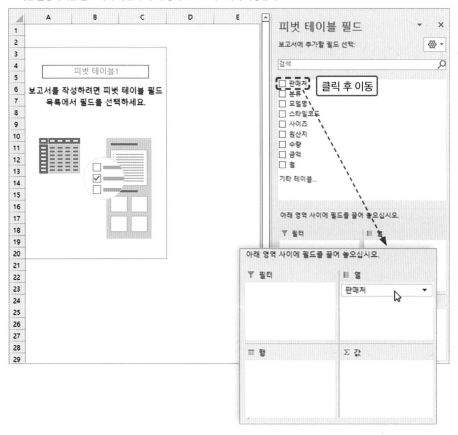

02 다른 함수 왜 배웠나 싶다

앞서 피벗테이블이 무엇인지와 초보자들에게 쉬운 레이아웃 설정 방법에 대해서 알아봤는데요. 그럼 이제는 피벗을 어떻게 쓰는지 본격적으로 배워볼게요!

테이블 구성하기

피벗테이블은 어떤 데이터를, 어떻게 나열하는지에 따라서 도출되는 계산값이 달라지는데요. 가장 먼저 각 필드에 어떤 항목들을 어떻게 배치하는지 보겠습니다.

[행 필드와 열 필드] 여기에는 필드 목록 항목을 아무거나 넣으셔도 됩니다. 필드 목록에서 '판매처' 항목을 [행 필드]에 넣으면, 로우 데이터 판매처 열에 있던 데이터가 중복된 내용이 다 제거된 채로 세로로 나열됩니다. [열 필드]에 넣으면 가로로 놓이고요.

▼ [행 필드]와 [열 필드]에는 나열해서 살펴보고 싶은 데이터를 배치한다.

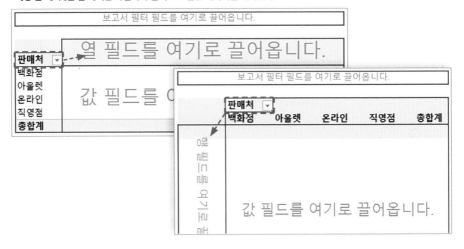

간혹 이런 질문을 받아요. "무엇을 행에 놓고, 무엇을 열에 놓나요?" 상관없습니다. 피벗은 보통 '돌린다'고 표현하는데요. 여러분이 데이터를 여기다 놓고 저기다 놓고 하면서 시사점을 뽑아보는 거예요.

일반적으로 많이 하는 것들을 보자면, 시계열적인 데이터(월별, 연도별)는 주로 열 항목에 가로로 놓습니다. 가로로 보는 것이 편해서 그렇게 두지만, 필요에 따라 세로로 놓아도 상관없습니다. 어떤 데이터를 어떻게 보는 것이 편한지, 어떤 시사점을 뽑을 것인지에 따라 달라지는 문제입니다.

[값 필드] 여기에는 '숫자'를 넣습니다. 정확히 말하면, 계산을 통해 결과를 확인하고자 하는 숫자 항목을 넣습니다. 예시의 로우 데이터를 보면, 합계를 구할 수 있는 숫자는 '수량'과 '금액' 두 항목이 있습니다. 판매처별로 판매수량을 알고 싶으면, '수량' 항목을 드래그해서 [값 필드]에 넣어줍니다.

뽕 넣었더니, 백화점이 얼마 팔았는지 온라인이 얼마 팔았는지 합이 나오네요. 여러분, 우리 SUMIF 왜 배웠어요…? SUMIF 배울 필요 있었나요? 피벗이 이렇게 알아서 더하기를 해주는데? 😛

▼ 값 필드에 '수량' 항목을 드래그해서 놓으면, 행/열 필드 항목별 합을 도출한다.

합계 : 수량	
판매처 ▼	요약
백화점	1040
아울렛	900
온라인	587
직영점	816
총합계	3343

합계 : 수량	판매처 ▼				
	백화점	아울렛	온라인	직영점	총합계
요약	1040	900	587	816	3343

TIP '수량'이나 '금액' 항목처럼 숫자인 항목을 행 필드나 열 필드에 배치하게 되면, 각 숫자들이 가로나 세로로 나열되어 합계를 도출할 수 없습니다.

▼ '수량' 항목을 열 필드에 끌어 놓았더니, 로우 데이터 수량 열에 있던 숫자들이 나열된다.

	수량 ▼									
	1	2	3	5	7	9	10	11	13	15	21

[Matrix 구조] 피벗의 강력함은 여기서 끝나지 않습니다. 행과 열을 한 번에 사용할 수도 있거든요! [행 필드]에는 판매처 항목을 넣은 상태로, [열 필드]에는 분류 항목을 넣어보 겠습니다. 짠! 판매처별로 긴팔티가 얼마나 팔렸는지, 바지가 얼마나 팔렸는지, 이 똑똑 한 피벗이 다 해결해주네요.

▼ [행 필드]에 판매처, [열 필드]에 분류, [값 필드]에 수량을 배치하면 두 조건에 따른 수량을 구할 수 있다.

합계 : 수량	분류 ▼						
판매처 ▼	긴팔티	바지	반팔티	셔츠	원피스	치마	총합계
백화점	150	296	258	45	105	186	1040
아울렛	153	343	137	154	92	21	900
온라인		98	160	43	75	211	587
직영점	141	274	65	157	153	26	816
총합계	444	1011	620	399	425	444	3343

자주 하는 구성, 월별 실적 보고하기 • • •

자, 우리가 자주 마주하게 되는 데이터 예시를 한번 볼까요? 팀장님께서 판매처별로 월별 판매수량과 판매금액을 알려달라고 하셨어요. 이렇게 판매처별로, 또는 품목별로, 원산 지별로 실적 보고를 해야 하는 일들이 생길 수 있습니다. 판매처의 월별 판매수량과 금액 을 알고 싶은 것이니, 우선 '판매처'를 [행 필드]에, '월' 항목을 [열 필드]에 놓겠습니다.

두 조건을 행과 열에 세팅했다면, 이번에는 [값 필드]에 합해야 하는 '수량'과 '금액' 항목을 넣어보겠습니다. [값 필드]에 여러 항목을 한 번에 넣을 수 있기 때문에 '수량'과 '금액' 모 두 넣을 수 있습니다. '수량'과 '금액' 각각 드래그해서 [값 필드] 항목에 넣어주겠습니다.

▼ [값 필드]에 여러 항목을 한 번에 넣을 수 있다(수량, 금액 항목 배치).

월 ▼	값						전체 합계 : 수량	전체 합계 : 금액
	1월		2월		3월			
판매처 ▼	합계 : 수량	합계 : 금액	합계 : 수량	합계 : 금액	합계 : 수량	합계 : 금액		
백화점	302	9789000	380	15475000	358	10179000	1040	35443000
아울렛	38	980000	420	14414000	442	10490000	900	25884000
온라인	161	4818500	142	4155000	284	8530000	587	17503500
직영점	253	6275000	259	8838000	304	11640000	816	26753000
총합계	754	21862500	1201	42882000	1388	40839000	3343	105583500

CHAPTER 8 데이터 분석의 치트키, 피벗테이블

현재는 1월의 수량/금액, 2월의 수량/금액 순으로 배치되어 있는데요. 얻고자 하는 시사점에 따라서 '수량의 1, 2, 3월/금액의 1, 2, 3월' 이런 형태로 보고 싶을 수도 있습니다. 이럴 때는 오른쪽에 피벗테이블 필드 아래 네모 박스들을 보겠습니다. 열 항목에 '월' 아래에 'Σ 값'이라고 하는 항목이 생겼는데요. 하단의 값 영역(수량, 금액) 전체를 합쳐서 열 영역에 값이라는 항목으로 추가로 생긴 겁니다. 이 둘의 위아래 위치를 바꿔주면 값 아래에 월이 나열되고, 반대가 되면 월 아래에 값이 나열되는 겁니다.

▼ [열 필드]에서 '월'을 'Σ 값' 하위에 놓으면, 테이블에서도 월이 하위 항목으로 표시된다.

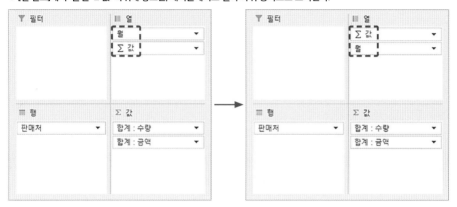

↑ 그럼 '값' 아래에 '월'을 위치시키고고겠습니다.

판매처	합계 : 수량 1월	2월	3월	합계 : 금액 1월	2월	3월	전체 합계 : 수량	전체 합계 : 금액
백화점	302	380	358	9789000	15475000	10179000	1040	35443000
아울렛	38	420	442	980000	14414000	10490000	900	25884000
온라인	161	142	284	4818500	4155000	8530000	587	17503500
직영점	253	259	304	6275000	8838000	11640000	816	26753000
총합계	754	1201	1388	21862500	42882000	40839000	3343	105583500

보고서 필터 필드를 여기로 끌어옵니다.

어떤가요? 이대로 보고해도 될 것 같지 않나요? 이렇게 간단하게 보고 자료를 만들 수 있습니다!

잠깐만요! **피벗테이블에 서식을 적용하고 싶어요!**

피벗테이블 그대로 사용할 수도 있지만, 보고를 위해 보기 좋게 서식을 수정할 수도 있습니다. 피벗테이블 전체 범위를 선택한 후, 복사/붙여넣기를 하면 해당 피벗테이블 기능 자체가 복사됩니다. 표의 형태만 복사하고 싶을 때는 값 복사를 하는 아래 단축키를 사용하세요.

[Windows] : 복사 `Ctrl` + `C`

　　　　　선택하여 붙여넣기 `Alt` → `E` → `S` → `V`, 또는 `Ctrl` + `Alt` + `V` → `V`

[Mac] : 복사 `Cmd` + `C`

　　　선택하여 붙여넣기 `Cmd` + `Ctrl` + `C` → `V`, 또는 `Cmd` + `Opt` + `V` → `V`

▼ 아무런 서식 없이 피벗테이블의 값만 복사된 상태

	값	월					전체 합계 : 수량	전체 합계 : 금액
	합계 : 수량			합계 : 금액				
판매처	1월	2월	3월	1월	2월	3월		
백화점	302	380	358	9789000	15475000	10179000	1040	35443000
아울렛	38	420	442	980000	14414000	10490000	900	25884000
온라인	161	142	284	4818500	4155000	8530000	587	17503500
직영점	253	259	304	6275000	8838000	11640000	816	26753000
총합계	754	1201	1388	21862500	42882000	40839000	3343	105583500

표를 예쁘게 만드는 방법은 회사마다 사람마다 차이가 있습니다. 이러한 표가 낯선 분들을 위해 무난하게 활용할 만한 서식을 소개해드립니다. 아래 예시는 참고로만 보시고, 회사에 가서는 여러분의 선배들이 만든 파일을 참고하는 게 가장 좋습니다.

▼ 쏘피 추천 : 가운데 병합 / 컬러는 무채색 / 숫자는 회계 형태 / 테두리 선은 최소한으로 / 단위 표시

(수량 : 개, 금액: 원)

판매처	수량			금액			1분기	
	1월	2월	3월	1월	2월	3월	수량	금액
백화점	302	380	358	9,789,000	15,475,000	10,179,000	1,040	35,443,000
아울렛	38	420	442	980,000	14,414,000	10,490,000	900	25,884,000
온라인	161	142	284	4,818,500	4,155,000	8,530,000	587	17,503,500
직영점	253	259	304	6,275,000	8,838,000	11,640,000	816	26,753,000
총합계	754	1,201	1,388	21,862,500	42,882,000	40,839,000	3,343	105,583,500

03 피벗으로 데이터 정리하기

사실 피벗테이블은 배울 기능이 많지는 않습니다. 피벗테이블을 생성할 줄만 알면, 그 이후는 데이터를 어디에 놓느냐에 따라서 시사점이 달라질 뿐이에요. 그럼 이번에는 피벗테이블의 행과 열을 조금 더 다양하게 돌려볼까요?

테이블 요리조리 배치하기 ●●●

피벗테이블의 각 필드는 필드 목록 한 개씩만 넣을 수 있는 것이 아니라, 복수의 항목을 배치할 수 있습니다. 항목을 놓는 순서에 따라 시사점이 조금씩 달라질 수 있어요.

[행 필드]에서는 맨 왼쪽(첫 열)에 있는 것을 가장 상위 개념으로 봅니다. '판매처-분류' 순으로 배치한 것과 '분류-판매처' 순으로 배치한 것의 차이를 보겠습니다.

이 둘의 차이가 보이시나요? 이렇게 하나의 데이터를 어떻게 배치하느냐에 따라 다른

▼ 행 필드에 '판매처 - 분류' 순으로 배치한 경우

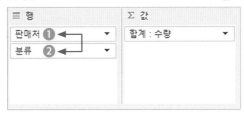

- 백화점에서 어떤 상품이 가장 많이 팔렸는지?
- 아울렛에서는 어떤 상품이 잘 팔리는지?
등의 시사점을 알기 쉬운 형태

- 반팔티는 어떤 유통에서 잘 팔리는지?
- 셔츠는 어디에서 가장 많이 파는지?
등의 시사점을 알기 쉬운 형태

시각으로 볼 수 있는 거랍니다. [행 필드]에서와 마찬가지로 [열 필드]에서도 상위/하위 배치를 조정할 수 있습니다. 이런 식으로 같은 데이터임에도 무엇을 상위 개념으로 놓는 지에 따라 표의 배치가 달라지면서 시사점이 달라지는 거예요.

피벗테이블 정렬

피벗테이블에서는 필터의 기능도 그대로 사용할 수 있습니다. 최상단 제목행에 있는 [필터] 버튼을 클릭해보면 필터에서와 마찬가지로 데이터의 구성 요소를 파악할 수 있고, 원하는 데이터만 선택해서 볼 수도 있습니다.

피벗테이블 내 정렬은 필터에서의 정렬과 조금 차이가 있는데요. 예를 들어, 아래 예시에서 매출금액이 가장 큰 순서대로 모델명을 정렬하고 싶습니다. 모델명에 있는 필터 버튼을 클릭하면, 텍스트 오름차순/텍스트 내림차순 정렬만 있습니다. 모델명이 텍스트이기 때문에 이렇게 나오는 거예요. 우리는 매출금액을 기준으로 정렬하고 싶으니까, 이럴 때 '기타 정렬 옵션'으로 이동합니다.

▼ [행 필드]에 위치한 항목을 값에 따라서 정렬하고 싶을 때는 [필터] 버튼 클릭 후 [기타 정렬 옵션]을 클릭한다.

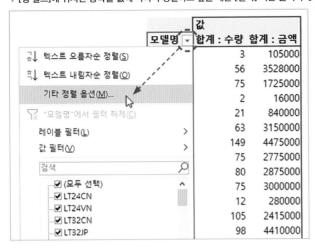

[기타 정렬 옵션]을 클릭하면, '오름차순으로 할래 내림차순으로 할래?' 이렇게 물어봐요. 우리는 매출금액이 큰 순서대로 정렬하고 싶으니까 '내림차순'을 선택합니다. 이번에는 기준을 물어보는데 이때 '금액'을 선택하면 완료입니다.

이렇게 하면 모델명이 '금액이 큰 순서대로 정렬'되는 것을 확인할 수 있습니다.

▼ '오름차순/내림차순'을 선택 후, 어떤 기준으로 묶어줄 것인지 결정한다.

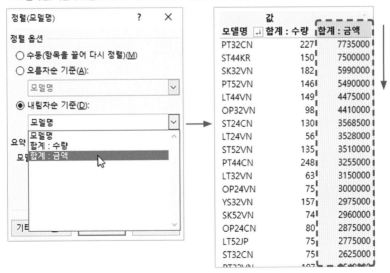

판매실적이나 시장점유율 등을 보고할 때, '매출수량' 기준인지 '매출금액' 기준인지를 꼭 확인해서 명시해주세요! 매출수량이 많은 것인지, 매출액(수량X가격)이 큰 것인지에 따라 회사에 주는 시사점이 다르답니다.

예를 들어 A사가 '수량 기준으로는 시장 3위, 매출금액 기준으로는 시장 1위'라는 것으로 A사가 주로 고가격대의 상품을 판매한다는 것을 추측할 수 있습니다.

보고서 필터 필드 ● ● ●

행/열/값 필드 이외에도 필드가 한 곳 더 있는데요. 바로 최상단에 있는 네모칸 [필터 필드]입니다. 말 그대로 필터를 걸 수 있는 창입니다. 필터 필드에서 특정 조건을 지정해서 그 세부 항목에 해당하는 값만 확인하는 것입니다.

▼ '원산지' 항목을 [필터 필드]에 넣으면, '원산지'의 세부 항목을 선택하여 조건을 부여할 수 있다.

합계 : 수량	월			
판매처	1월	2월	3월	총합계
백화점	302	380	358	1040
아울렛	38	420	442	900
온라인	161	142	284	587
직영점	253	259	304	816
총합계	754	1201	1388	3343

원산지 (모두) ▼

합계 : 수량	월			
판매처	1월	2월	3월	총합계
백화점	302	380	358	1040
아울렛	38	420	442	900
온라인	161	142	284	587
직영점	253	259	304	816
총합계	754	1201	1388	3343

판매처별 월별 실적에서 '원산지가 중국인 상품의 실적'만 궁금해요! 그렇다면 필드 목록에 있는 '원산지' 항목을 드래그해서 [필터 필드]에 놓고 '중국'만 선택하는 겁니다.

▼ [필터 필드]에 있는 '원산지' 항목에서 '중국'만 선택했더니, 중국에 해당하는 데이터만 표시된다.

원산지 (모두) ▼

합계 : 수량	월			
판매처	1월	2월	3월	총합계
백화점	302	380	358	1040
아울렛	38	420	442	900
온라인	161	142	284	587
직영점	253	259	304	816
총합계	754	1201	1388	3343

원산지 중국 ▼

합계 : 수량	월			
판매처	1월	2월	3월	총합계
백화점		97	155	101	353
아울렛	38	230	167	435
온라인	86	65		151
직영점		65	81	146
총합계	221	515	349	1085

숫자가 바뀐 거 보이시나요? [필터 필드]에서 설정한 필터가 적용된 상태로 하단 테이블 숫자가 변했습니다.

조금 더 응용해볼까요? '원산지는 중국이면서 분류는 바지인 것'만 궁금해요. 그럼 [필터 필드]에 분류 항목을 가지고 와서 '바지'를 선택하면 해당 항목만 간단하게 보여지는 거죠.

▼ 원산지가 '중국'이면서 '바지'인 상품에 한하여, 판매처별 월별 판매수량을 구할 수 있다.

원산지	중국			
분류	바지			

합계 : 수량	월			
판매처	1월	2월	3월	총합계
백화점	13	80	75	168
아울렛	3	145	160	308
온라인	21			21
직영점			78	78
총합계	37	225	313	575

 TIP '여러 항목 선택'에 체크하면 항목을 다중으로 선택할 수 있습니다.

피벗테이블 디자인 ● ● ●

이번에는 피벗테이블의 디자인 레이아웃을 변경해보겠습니다. 실무를 하다 보면, 회사의 보고 형식에 따라 피벗테이블의 부분합 위치를 바꾸고 싶을 때가 있습니다. 피벗테이블의 부분합 위치를 상단 또는 하단으로 변경하고 싶을 때는 피벗테이블 디자인에서 변경 가능합니다.

❶ 피벗을 클릭하면 상단 리본 메뉴 [도움말] 옆에 [피벗테이블 분석]과 [디자인] 탭이 생기는데요. 여기서 피벗테이블에 대한 여러 가지 옵션을 조정할 수 있습니다.

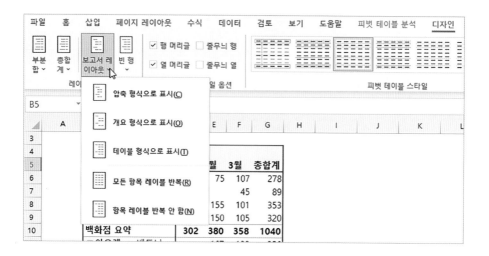

❷ 부분합의 위치를 변경하는 곳은 [디자인] 탭 → [보고서 레이아웃]입니다.

여기에서 필요에 따라 '테이블 형식/압축 형식/개요 형식'을 선택할 수도 있고, '항목 레이블 반복'에 대해서도 선택할 수 있습니다. '항목 레이블 반복'이란, 빈칸 없이 모든 행을 채울 것인지 아닌지를 선택하는 것입니다.

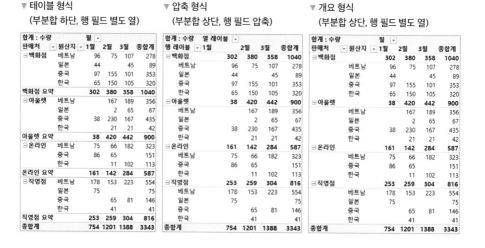

피벗테이블 내의 '요약' 행을 없애고 싶을 때는, 해당 열 우클릭 → [부분합]을 해제합니다.

반대로 각 항목에 대한 부분합/요약이 필요할 때는, 해당 열 우클릭 → [부분합]을 클릭합니다.

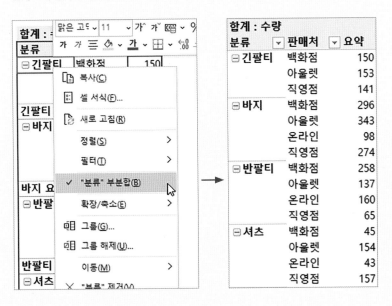

피벗테이블 활용 꿀팁

"아울렛에서는 2월에 뭘 이렇게 많이 판 걸까?"
"아울렛의 1월 대비 2월 성장률은 어떻게 구할까?"

합계 : 수량	월 ▼			
판매처 ▼	1월	2월	3월	총합계
백화점	302	380	358	1,040
아울렛	38	420	442	900
온라인	161	142	284	587
직영점	253	259	304	816
총합계	754	1,201	1,388	3,343

간단하게 드릴다운 (Drill Down)

피벗테이블로 판매처별 월별 실적을 보고 있었는데, 아울렛의 2월 매출이 유난히 눈에 띄었습니다. 도대체 뭘 팔아서 매출이 이렇게 많이 올랐을까 궁금해졌어요. 피벗을 연결해둔 로우 데이터에 돌아가서 필터를 걸고 '판매처' 열의 '아울렛'을 선택한 뒤, '월' 열에서 '2월'을 선택해서 데이터를 확인할 수도 있겠지만… 말만 들어도 어지간히 번거로운 일이 아닐 수 없습니다.

여기서 제가 추천드리는 방법은 '드릴다운'이라는 겁니다. 방법은 매우 간단해요. 피벗테이블 안에 '아울렛'의 '2월'에 해당하는 숫자, 420이라는 데이터가 어떻게 구성되어 있는지가 궁금한 거잖아요. 그럼 420이 입력되어 있는 셀을 더블클릭하는 겁니다.

 TIP 드릴다운(Drill down)은 '많은 정보를 찾기 위해 뚫고 들어가듯이 검색하는 것'을 의미합니다.

▼ '아울렛'의 '2월' 수량이 어떻게 구성된 것인지 궁금하다면, 해당 숫자를 더블클릭!

보고서 필터 필드를 여기로 끌어옵니다.			

합계 : 수량	월 ▼			
판매처 ▼	1월	2월	3월	총합계
백화점	302	380	358	1,040
아울렛	38	420	442	900
온라인	161	142	284	587
직영점	253	259	304	816
총합계	754	1,201	1,388	3,343

짠! 그럼 이렇게 아래 그림처럼 새로운 시트가 생깁니다. 그리고 그 시트 안에는 420이라는 데이터가 어떻게 구성되어 있는지에 대한 표가 나옵니다. 정말 간단하죠. 일일이 로우 데이터로 돌아가서 찾아볼 필요도 없고, 피벗테이블에 열이나 행 항목을 일일이 내려놓을 필요도 없습니다. 그냥 더블클릭만 했을 뿐 ☺

▼ 드릴다운 하면 새로운 시트에 판매수량 420을 구성하는 상세한 정보가 나타난다.

	A	B	C	D	E	F	G	H	I
1	판매처 ▼	분류 ▼	모델명 ▼	스타일코드 ▼	사이즈 ▼	원산지 ▼	수량 ▼	금액 ▼	월 ▼
2	아울렛	바지	PT52VN	52	M	베트남	35	1050000	2월
3	아울렛	긴팔티	LT32KR	32	S	한국	21	840000	2월
4	아울렛	원피스	OP32CN	32	L	중국	10	230000	2월
5	아울렛	긴팔티	LT32JP	32	M	일본	2	16000	2월
6	아울렛	긴팔티	LT24VN	24	L	베트남	56	3528000	2월
7	아울렛	바지	PT32CN	32	XS	중국	60	2100000	2월
8	아울렛	긴팔티	LT44VN	44	M	베트남	74	1850000	2월
9	아울렛	반팔티	ST15VN	15	S	베트남	2	50000	2월
10	아울렛	원피스	OP24CN	24	M	중국	75	2625000	2월
11	아울렛	바지	PT15CN	15	L	중국	85	2125000	2월
12									

GETPIVOTDATA는 뭐지? • • •

이번엔 아울렛의 1월 대비 2월 판매 성장률을 구하고 싶습니다. 피벗테이블 안에 있는 아울렛의 1월 숫자와 2월 숫자를 가지고 연산을 해야 하죠. G8셀에 성장률을 계산하는 수식을 쓰기 위해서 = 누르고, 2월 아울렛 판매수량 420을 클릭하는 순간! 여러분, 혹시 GETPIVOTDATA 이런 글자가 뜨지 않나요? 😅

▼ 피벗테이블 안에 있는 숫자를 수식에 넣으려고 클릭한 순간, 이상한 영어가 등장한다.

합계 : 수량	월			
판매처	1월	2월	3월	총합계
백화점	302	380	358	1,040
아울렛	38	420	442	900
온라인	161	142	284	587
직영점	253	259	304	816
총합계	754	1,201	1,388	3,343

=GETPIVOTDATA("수량",$B$5,"판매처 ","아울렛","월","2월")

GETPIVOTDATA는 셀의 이름을 일반적인 행과 열의 위치 기준이 아닌, 피벗테이블 안의 항목 구성 요소를 기준으로 가지고 오는 것인데요. 실무에서는 이 GETPIVOTDATA를 해제하고 사용하는 것이 일반적입니다.

해제하는 방법은 [파일] 탭 → [옵션] 탭을 클릭하면 [Excel 옵션] 팝업창이 뜹니다. 여기서 [수식] → [피벗테이블 참조에 GETPIVOTDATA 함수 사용]에 체크 해제하고 확인을 누르면 됩니다.

[Mac] : 피벗테이블을 클릭하면 나타나는 [피벗 테이블 분석] 탭 → [옵션] 옆의 ∨ 버튼 클릭 → GETPIVOTDATA 생성 클릭 해제

▼ [파일] > [옵션] > [수식] > [수식 작업] 항목에서 [GETPIVOTDATA 함수 사용] 선택을 해제한다.

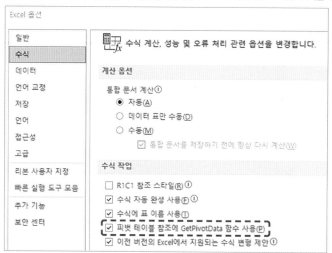

GETPIVOTDATA 사용을 해제하면 원래 셀에서 수식을 거는 것과 똑같이 위치를 기준으로 연산 작업을 수행할 수 있습니다. 또한, 이 GETPIVOTDATA 해제는 사용하는 기기에서 한 번만 설정하면 다른 엑셀 파일에서도 해제 상태가 지속됩니다.

▼ GETPIVOTDATA 옵션을 해제하면 원래대로 셀의 행/열 위치 기반 이름으로 표시된다.

합계 : 수량	월 ▼			
판매처 ▼	1월	2월	3월	총합계
백화점	302	380	358	1,040
아울렛	38	420	442	900	=D8/C8-1
온라인	161	142	284	587
직영점	253	259	304	816
총합계	754	1,201	1,388	3,343

값 필드 설정을 주의하자 ● ● ●

이번에는 피벗테이블에서 자주 실수하는 '값 필드 설정'에 대해 알아보겠습니다. 피벗테이블을 활용할 때, 값 필드는 '합계'가 표시되는 것이 일반적인데요. 가끔 여기에 '개수'라고 나올 때가 있습니다.

▼ '합계'와 '개수'가 무엇인데, 테이블의 결괏값이 이렇게 많이 차이가 나는 걸까?

합계 : 수량	월 ▼			
판매처 ▼	1월	2월	3월	총합계
백화점	302	380	358	1040
아울렛	38	420	442	900
온라인	161	142	284	587
직영점	253	259	304	816
총합계	754	1201	1388	3343

개수 : 수량	월 ▼			
판매처 ▼	1월	2월	3월	총합계
백화점	7	6	7	20
아울렛	2	10	7	19
온라인	3	3	5	11
직영점	4	4	6	14
총합계	16	23	25	64

로우 데이터에 있는 숫자를 숫자로 인식하지 못하고, 텍스트로 인식할 때 '개수'로 집계되는 경우가 발생합니다. 특히 외부에서 데이터를 받아서 오는 경우에 이런 일이 종종 생기곤 합니다. 셀 안에 있는 숫자들을 텍스트로 인식했기 때문에 값 필드에서 합하지 못하고 개수를 세고 있는 것입니다.

예를 들어 현재 백화점이 좌측 '합계 : 수량'의 총합계에서는 1040인데 우측의 '개수 : 수량'의 총합계는 20이라고 되어 있습니다. 이는 로우 데이터에서 백화점 셀 안의 숫자 합계는 1040인데, 백화점에 셀이 채워져 있는 개수가 20개라는 뜻입니다. 셀 안의 데이터와는 상관없이 그 안에 숫자가 쓰여 있는지 안 쓰여 있는지를 센 결과가 20개라는 뜻입니다.

▼ 로우 데이터 내 '백화점'만 선택해보니 수량의 합이 1040이고, 총 20개의 셀이 채워져 있다.

	A	B	C	D	E	F	G	H	I	J
5		판매처 ▼	분류 ▼	모델당 ▼	스타일코 ▼	사이 ▼	원산기 ▼	수량 ▼	금액 ▼	월 ▼
6		백화점	바지	PT13CN	13	S	중국	15	450,000	2월
7		백화점	치마	SK15CN	15	M	중국	26	1,040,000	3월
16		백화점	바지	PT32KR	32	M	한국	65	1,950,000	1월
17		백화점	치마	SK44JP	44	M	일본	11	550,000	1월
22		백화점	셔츠	YS32JP	32	XS	일본	1	30,000	3월
23		백화점	반팔티	ST44KR	44	L	한국	77	3,850,000	2월
25		백화점	긴팔티	LT32CN	32	XL	중국	75	1,725,000	1월
30		백화점	바지	PT32CN	32	M	중국	65	2,275,000	2월
31		백화점	바지	PT44CN	44	M	중국	75	1,725,000	3월
32		백화점	치마	SK32VN	32	XL	베트남	96	3,840,000	1월
37		백화점	원피스	OP32KR	32	XS	한국	105	2,415,000	3월
42		백화점	긴팔티	LT44VN	44	M	베트남	75	2,625,000	2월
43		백화점	바지	PT32VN	32	XXL	베트남	63	1,449,000	3월
47		백화점	바지	PT44CN	44	S	중국	13	650,000	1월
52		백화점	치마	SK32JP	32	M	일본	44	1,320,000	3월
53		백화점	반팔티	ST44KR	44	M	한국	73	3,650,000	2월
55		백화점	치마	SK44CN	44	M	중국	9	315,000	1월
60		백화점	셔츠	YS15VN	15	XL	베트남	44	2,200,000	3월
61		백화점	반팔티	ST32CN	32	XXL	중국	75	2,625,000	2월
62		백화점	반팔티	ST44JP	44	XL	일본	33	759,000	1월

평균: 52　개수: 20　합계: 1,040

그런데 일반적으로 우리는 피벗에서 '개수'보다 '합계'를 원합니다. 그럼 설정을 합계로 한번 바꿔볼까요?

❶ '개수 : 수량'이라고 쓰여 있는 셀을 더블클릭합니다.

개수 : 수량				
판매처 ▼	1월	2월	3월	총합계
백화점	7	6	7	20
아울렛	2	10	7	19
온라인	3	3	5	11
직영점	4	4	6	14
총합계	16	23	25	64

❷ 클릭하면 [값 필드 설정] 창이 뜨고, 현재 어떤 기준으로 설정되어 있는지 볼 수 있습니다. 우리는 합계가 궁금하니까 '합계'로 변경하고 확인을 누르면,

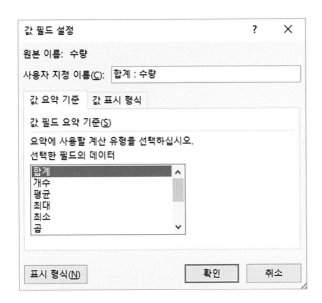

❸ 이렇게 합계 기준으로 바뀝니다.

합계 : 수량	월 ▾			
판매처 ▾	1월	2월	3월	총합계
백화점	302	380	358	1040
아울렛	38	420	442	900
온라인	161	142	284	587
직영점	253	259	304	816
총합계	754	1201	1388	3343

피벗을 돌렸는데 '뭔가 숫자가 작다', '이 합이 이렇게 나올 리가 없는데' 하는 생각이 들 때는, 예시처럼 값 기준이 '합계'가 아니라 '개수'로 설정되어 있지는 않은지 확인해보는 것이 좋습니다.

실무에서 꼭 쓰는 '성장률'과 '할인율' 구하는 계산식

입사한 지 얼마 안 되었을 때, 가장 당황했던 순간이 있었습니다. 바로 '전년 대비 올해 판매량의 성장률'을 구해달라는 요청이었습니다. 고등학교 3학년 때 이후로는 수학을 해본 적이 거의 없는데, 갑자기 '소금물의 농도를 구하라'는 시험지를 받은 기분이었습니다.

분명 어려운 수식은 아니었던 것 같은데, 한번 당황하게 되니 방법이 전혀 생각나지 않았습니다. '그래도 내가 수능도 보고, 대학까지 졸업한 사람인데!' 하며 선임에게 물어보기가 민망해서 조용히 초록 검색창을 두드린 기억이 납니다. 여러분은 수식 앞에 당당하시길 바라는 마음에, 성장률을 포함한 변화율을 구하는 공식을 설명드리고자 합니다.

2029년 판매량 100개에서 2030년에 120개를 판매했을 때, 성장률을 구하는 공식은 다음과 같습니다.

$$\frac{\text{30년 판매량} - \text{29년 판매량}}{\text{29년 판매량}} = \frac{\text{30년 판매량}}{\text{29년 판매량}} - \frac{\text{29년 판매량}}{\text{29년 판매량}}$$

$$\frac{\text{30년 판매량}}{\text{29년 판매량}} - \frac{\cancel{\text{29년 판매량}}}{\cancel{\text{29년 판매량}}} = \frac{\text{30년 판매량}}{\text{29년 판매량}} - 1 = \frac{120}{100} - 1 = 0.2$$

아래위 동일한 값을 없애고 나면, 남는 수식은 (변화 후 / 변화 전) - 1 입니다.

위의 경우에는 (120 / 100) - 1 = 0.2가 도출되었네요. 여기서 % 전환을 누르면, 전년 대비 20% 성장한 것을 확인할 수 있습니다.

변화율은 성장률을 비롯해서 할인율, 가격 인상률 등에 다양하게 쓰이는 계산식입니다. 여러분의 실무에 어떻게 적용할 수 있을지 생각해보면서 유용하게 활용하셨으면 합니다.

VLOOKUP과 피벗이 만나면?

"현재 데이터에서는 '남성복/여성복'을 구분할 수 없다. 참조표를 참고하라는데…!"

◎ 쏘피패션 1분기 판매량

판매처	분류	모델명	스타일코드	사이즈	원산지	수량	금액	월
백화점	바지	PT13CN	13	S	중국	15	450,000	2월
백화점	치마	SK15CN	15	M	중국	26	1,040,000	3월
직영점	치마	SK32VN	32	L	베트남	21	525,000	1월
온라인	바지	PT44VN	44	XL	베트남	66	1,980,000	2월
아울렛	원피스	OP24CN	24	S	중국	5	250,000	3월
아울렛	바지	PT32CN	32	XS	중국	60	2,100,000	2월
직영점	바지	PT51KR	51	XL	한국	41	943,000	2월
온라인	반팔티	ST24CN	24	XXL	중국	65	1,293,500	1월
직영점	긴팔티	LT52JP	52	S	일본	75	2,775,000	1월
아울렛	바지	PT15CN	15	L	중국	85	2,125,000	2월
백화점	바지	PT32KR	32	M	한국	65	1,950,000	1월
백화점	치마	SK44JP	44	M	일본	11	550,000	1월
아울렛	원피스	OP24CN	24	M	중국	75	2,625,000	2월

◎ 참조표

스타일코드	성별
13	남
15	남
24	여
32	여
44	남
51	여
52	여

로우 데이터에 새로운 내용 추가하기

실무에서 자주 발생하는 상황을 가정해보겠습니다. 현재 나의 로우 데이터와 피벗테이블에 없는 항목의 실적을 구하라는 미션이 떨어졌습니다.

쏘피패션 1분기 판매량 데이터를 보고, 남성복/여성복의 판매수량을 보고해달라고 했는데요. 필드를 봤더니 성별 정보가 없어요. 어떻게 해야 할지 물어보니, [참조] 시트에 있는 표를 참고하라고 합니다. 참조표에는 스타일코드별로 이 옷이 남성복인지 여성복인지 적혀 있네요. 그러면 이 테이블을 활용해서 로우 데이터를 업데이트하면 되겠죠!

자, 어떻게 할까요? 우리 이제까지 배웠던 것을 떠올려볼게요.

1. 우리에게 이미 주어진 참고할 표가 있고
2. 스타일코드별로 성별을 찾아서 매칭해줘야 합니다.

어떤 함수를 쓰나요? 바로 VLOOKUP입니다. 함수를 쓰기에 앞서서 로우 데이터 안에 VLOOKUP 함수를 작성할 공간을 만들어주어야 하는데요. 여기서 중요한 점은 로우 데이터와 피벗테이블은 연결되어 있기 때문에, 로우 데이터 영역/범위 내에 열을 삽입해서 데이터를 추가해주어야 이후 피벗테이블에서도 불러올 수 있습니다. 따라서 '스타일코드' 우측에(E와 F열 사이) 열을 삽입해서 공간을 만들겠습니다.

▼ [Raw] 시트에서 E와 F열 사이에 열을 삽입하여 함수를 쓸 공간을 만들었다. 기존 피벗테이블을 만든 영역 내에 새로운 데이터를 추가해야 피벗테이블에서 쉽게 불러올 수 있다.

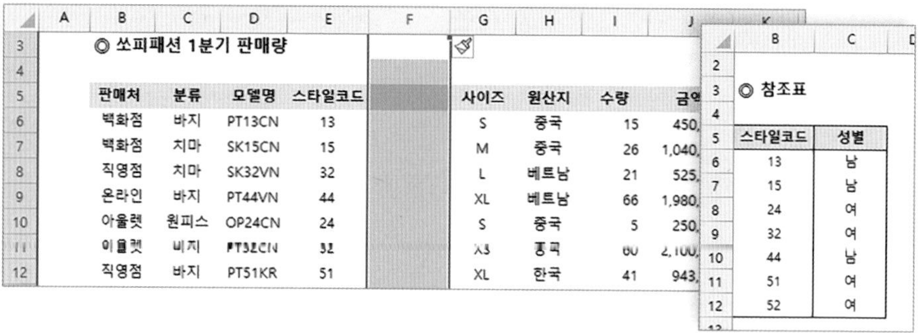

그럼, 가장 먼저 F6셀에 함수를 입력해서 E6셀에 있는 스타일코드 13이 어떤 성별인지 판별할 거예요. 다시 한번 VLOOKUP을 복습해보겠습니다. 워낙 중요한 함수잖아요!

= VLOOKUP (lookup_value, table_array, col_index_number, range_lookup)

= VLOOKUP (찾고 싶은 값, 참조할 범위, 몇 번째 열, 정확/유사 일치 여부)

❶ 찾고자 하는 값이죠. 13이라는 코드가 뭔지 찾고 싶어. 찾아서 매칭시켜줘!

= VLOOKUP ('13'에 해당하는 걸 찾아줘,

= VLOOKUP (E6,

❷ 그 찾을 데이터가 어디 있는데? 여러분, 여기서 한 번 당황하셨죠? 찾을 데이터가 [Raw] 시트에 없고 [참조] 시트에 있는데요. 이때는 그냥 [참조] 시트를 클릭하고, 여기서 참조할 범위를 잡아줍니다. 범위를 잡았으면 절대참조 F4 키 꼭 눌러주어야겠죠? [Mac] : F4 또는 Cmd + T

> = VLOOKUP ('13'에 해당하는 걸 찾아줘, '참조표' 범위에서
>
> = VLOOKUP (E6, 참조!$B$5:$C$12,

> **TIP** '다른 시트에 있는 테이블을 못 가져오겠어ㅠㅠ' 혹시 이런 분들이 있다면 좌절하지 마시고요. 어려우면 그냥 이 참조 테이블을 복사/붙여넣기 해서 같은 시트로 가지고 오세요. 틀리지 않는 것이 더 중요합니다!

❸ 쉼표를 누른 이후에, 성별은 스타일코드 열에서부터 오른쪽 2번째 열에 있으니까 2를 입력해주고, 정확한 값을 반환할 것이니까 0 입력 후 괄호를 닫아줍니다.

> = VLOOKUP ('13'에 해당하는 걸 찾아줘, '참조표' 범위에서, '성별' 열의 값을, 정확하게)
>
> = VLOOKUP (E6, 참조!$B$5:$C$12, 2, 0)

▼ [참조] 시트에 있는 표를 기준으로 매칭해서 스타일코드 13은 남성복과 대응함을 구했다.

❹ 13에 대응하는 값을 구했으면 그 아래에 있는 15, 32, 44 등에 해당하는 값들도 매칭 해주어야겠죠. 함수 여러 번 쓸 필요 없이, 함수를 입력한 셀(F6)을 복사해서 아래 빈 영역에 붙여넣기 해줍니다.

TIP 키보드만 사용해서 원하는 범위까지만 빠르게 복사/붙여넣기 하는 방법은 Chapter 3-4 를 참고하세요!

▼ F6셀의 함수를 복사/붙여넣기 하여, 스타일코드 전체 데이터에 대응하는 성별을 매칭했다.

	A	B	C	D	E	F	G	H	I	J	K
4											
5		판매처	분류	모델명	스타일코드		사이즈	원산지	수량	금액	월
6		백화점	바지	PT13CN	13	남	S	중국	15	450,000	2월
7		백화점	치마	SK15CN	15	남	M	중국	26	1,040,000	3월
8		직영점	치마	SK32VN	32	여	L	베트남	21	525,000	1월
9		온라인	바지	PT44VN	44	남	XL	베트남	66	1,980,000	2월
10		아울렛	원피스	OP24CN	24	여	S	중국	5	250,000	3월
11		아울렛	바지	PT32CN	32	여	XS	중국	60	2,100,000	2월
12		직영점	바지	PT51KR	51	여	XL	한국	41	943,000	2월
13		온라인	반팔티	ST24CN	24	여	XXL	중국	65	1,293,500	1월
14		직영점	긴팔티	LT52JP	52	여	S	일본	75	2,775,000	1월

자, VLOOKUP으로 스타일코드와 대응되는 성별을 다 입력했다면 다시 빨리 피벗 시트를 확인하러 가볼까요?

피벗 새로고침 하기 　　●●●

[피벗] 시트로 와서 봤더니 아무것도 변한 게 없어요. 로우 데이터에 분명히 성별을 추가 했는데 '피벗테이블 필드' 목록에 아무것도 없습니다. 왜 그럴까요?
피벗테이블은 테이블을 우클릭한 후 새로고침을 해주어야만 수정사항이 반영되기 때문 입니다!

▼ 로우 데이터에 추가한 내용이 피벗에 바로 적용되지 않는다. 피벗테이블 우클릭 후 새로고침을 해주어야 로우 데이터 내용에서 추가/수정된 부분이 반영된다.

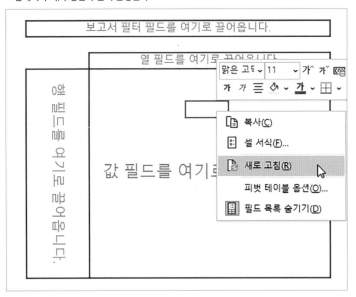

'새로고침'까지 잘 눌렀는데, 이번엔 또 필드 이름이 잘못되었다는 경고창이 뜹니다 😫

▼ 피벗 '새로고침'을 눌렀는데, 이름이 잘못되었다는 팝업창이 뜬다면?

우리 당황하지 말아요. 엑셀이 하라고 안내해준 대로 하면 됩니다. 피벗테이블을 이용하려면 열 이름과 목록으로 된 데이터를 사용해야 하니 필드 이름을 입력하라고 하네요. 다시 로우 데이터로 돌아가서 보니, 최상단 제목 행 F5셀의 이름이 비어 있었어요. F5셀에 '성별'이라고 입력 후, 다시 피벗테이블을 우클릭하고 새로고침 하면… 짠! 필드 테이블 목록에 '성별' 항목이 생겼습니다.

▼ 로우 데이터 새로 추가된 열 최상단 행에 텍스트(성별)를 입력하고, 피벗테이블 새로고침을 하면 필드 목록에 '성별' 목록이 생성된다.

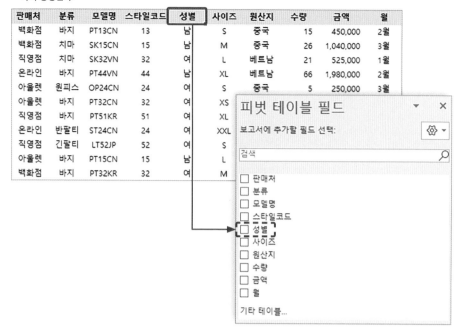

[행 필드]에 '성별', [값 필드]에 '수량'을 넣어보면 남성복을 1,114벌, 여성복을 2,229벌 팔았다는 것을 알 수 있습니다.

▼ VLOOKUP으로 피벗테이블에 새로 필드 목록을 추가하면 다양한 분석이 가능하다.

합계 : 수량	
성별 ▼	요약
남	1,114
여	2,229
총합계	3,343

VLOOKUP을 통해서 로우 데이터에 새로운 정보를 추가하고, 데이터를 풍성하게 만들어주는 겁니다. 아까까지는 남성복/여성복의 판매량을 알 수 없었는데, 이제는 참조표를 가지고 새로운 정보를 넣을 수 있는 거죠. 이렇게 VLOOKUP과 피벗을 결합해서 쓰는 형태가 굉장히 많습니다. VLOOKUP과 피벗까지 같이 알면, 실무에서 엄청 큰 무기가 되겠죠!

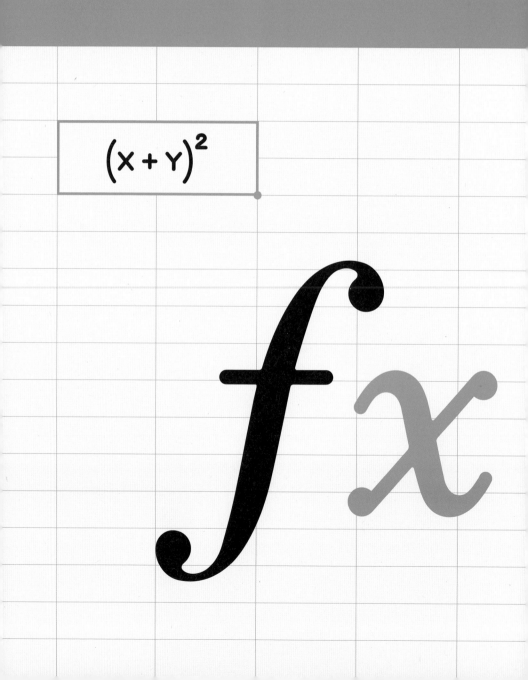

칼퇴를 위한
필살기 모음

이제 가장 중요하고 어려운 함수들은 끝이 났습니다. 이제부터는 알아두면 분명 쓸모가 있으나 VLOOKUP, SUMIF, 피벗… 같이 어려운 건 아니고, 조금만 신경 쓰면 업무 능력을 확 올려줄 수 있는 기능들을 알려드릴게요.

01 너의 선택지는 정해져 있다! 드롭다운

"정해진 목록 내에서 선택하게 하는 그래픽 인터페이스"

이름	성별	서울거주여부
박성희		▼
최인혜	남	
박진솔	여	
김하나		
박하빈		
사공혁		
정지웅		
석윤준		

이름	성별	서울거주여부
박성희	여	▼
최인혜		Y
박진솔		N
김하나		
박하빈		
사공혁		
정지웅		
석윤준		

드롭다운 만들기 ● ● ●

처음 신입사원으로 회사에 갔을 때, 엑셀 파일에 적용된 드롭다운을 보고 어떻게 만드는 건지 너무 배우고 싶었습니다. 마치 컴퓨터 개발 같아서 멋져 보였거든요. '드롭다운'은 그래픽 인터페이스의 일종으로, 목록 선택을 위한 스타일의 이름입니다. 목록의 제목 부분을 마우스로 클릭하면 해당 위치에서 목록이 아래로 펼쳐지고, 그 목록 중 하나를 선택할 수 있습니다.

실장님이 우리 실원들의 성별과 서울 거주 여부를 취합해달라고 하셨습니다. 취합 담당자인 제가 실원에게 메일을 보냅니다. 취합하기 편하도록 성별은 '남'과 '여'로, 서울 거주 여부는 'Y'와 'N'으로 취합해달라고 부탁했습니다.
그런데 취합한 결과를 보니 저는 분명히 '남'과 '여'로 적어달라고 했는데 남, 녀, 여자, Female… 서울 거주 여부도 네, 네, 예, 아니오, 아니요… 이렇게 엉망으로 답변이 왔어요.

CHAPTER 9 칼퇴를 위한 필살기 모음

이름	성별	서울거주여부
박성희	여자	Y
최인혜	Female	Yes
박진솔	녀	아니오
김하나	여	예
박하빈	남자	No
사공혁	남자	nope
정지웅	M	네
석윤준	남 자	N

성별	서울거주여부
남	Y
여	N

이렇게 뒤죽박죽으로 취합되면 데이터를 다시 정리해야 해서 번거로워집니다. 그래서 애초에 사람들이 답변할 수 있는 목록을 제한해버릴 거예요. '남/여'밖에 못 골라. 다른 거 못 써! 이렇게 막는 거죠.

❶ 우선 목록을 제한하고 싶은 범위를 선택합니다. 성별 열에 제한을 걸고 싶으면, 해당 열(C6:C13)을 드래그하고 [데이터] 탭을 클릭합니다. [데이터] 탭 → [데이터 유효성 검사]를 클릭합니다.

▼ 목록을 제한할 범위를 선택 후, [데이터] 탭 > [데이터 유효성 검사]를 클릭한다.

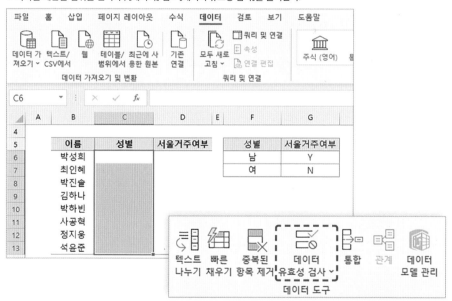

❷ 팝업창이 뜨면 [설정] 탭 안에 있는 제한 대상을 '모든 값' → '목록'으로 변경하고, '드롭다운 표시'가 설정되어 있는지 체크한 후에 '원본' 부분에 목록을 입력합니다. 목록은 쉼표로 구분합니다.

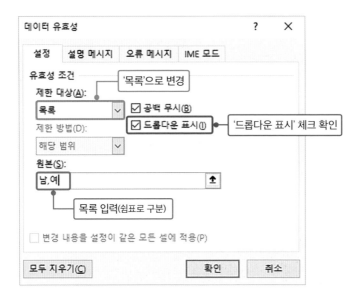

목록 입력은 직접 쉼표로 구분하면서 쓸 수도 있지만, 목록이 여러 개라면 일일이 입력하기 귀찮겠죠. 엑셀의 발전은 무엇을 바탕으로 한다고요? "엑셀은 귀찮을 때 발전한다!"

그럴 때는 원본 우측에 있는 화살표 아이콘을 클릭한 후, 목록으로 불러올 범위를 드래그하세요. 범위 안에 있는 셀 한 칸 한 칸을 각각 인식해서 목록으로 변환해줍니다. 자, 그럼 확인을 눌러볼까요?

▼ 목록은 직접 입력하지 않고, 범위를 드래그해서 불러올 수도 있다.

범위를 드래그

선택 버튼이 생긴 거 보이나요? 클릭해보면 '남/여'밖에 선택할 수 없습니다. 대부분 사람들은 버튼이 있으면 일단 클릭해보고 싶으니, 버튼을 클릭하면 나오는 선택지 안에서 선택할 겁니다. 만약 지정된 목록 이외의 값을 입력한다 해도 오류창이 뜨면서 입력을 제한합니다.

▼ 범위를 지정한 셀에 가면 '드롭다운(목록 선택창)'이 추가되어서 '남/여'만 선택할 수 있다.

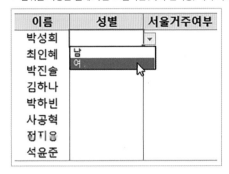

▼ 목록에 포함되지 않은 내용을 입력하면 '부합하지 않는다'는 알림창이 뜬다.

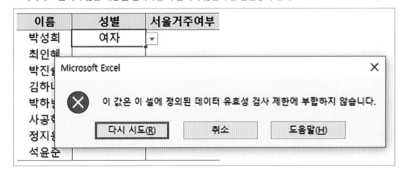

드롭다운 활용하기 (feat. VLOOKUP)

드롭다운은 이렇게 데이터 취합 시 목록을 제한하기 위해서 쓰기도 하지만, 더 중요한 목적은 데이터 입력 시 실수를 방지하기 위해서입니다.

우리 VLOOKUP에서 배웠던 걸 떠올려볼까요? '귀걸이'를 찾고 싶어요. 그런데 엑셀은 '귀걸이'와 '귀걸이'와 '귀 걸이'를 모두 다른 글자로 인식합니다. 그래서 스페이스바 하나만 잘못 쳐도 참조 범위 안에 멀쩡히 있는 데이터를 찾을 수가 없는 상황이 발생하기도 하는 거죠.

▼ 엑셀은 빈칸 유무도 다른 글자로 인식하기 때문에, VLOOKUP을 사용해도 ' 귀걸이'는 '귀걸이'의 구매원가를 불러올 수 없다.

품목	구매원가		품목	구매처	구매원가	재고수량
귀걸이	2,000		귀걸이	동대문	2,000	100
귀걸이	#N/A		귀찌	남대문	2,500	200
귀 걸이	#N/A		목걸이	동대문	3,000	150
			팔찌	중국	800	180
			발찌	동대문	900	220
			반지	중국	1,000	110
			헤어핀	중국	250	70

데이터를 직접 입력하면 이런 입력 실수가 생길 수 있기 때문에, 직접 입력하지 못하도록 목록을 아예 제한하는 겁니다. 드롭다운은 이런 식으로 다른 함수의 인수로서의 역할을 할 때도 자주 쓰이게 된답니다.

▼ 주어진 목록에서 선택하면, 데이터를 직접 입력하면서 발생하는 실수를 줄일 수 있다.

품목	구매원가		품목	구매처	구매원가	재고수량
귀걸이	2,000		귀걸이	동대문	2,000	100
목걸이	3,000		귀찌	남대문	2,500	200
발찌	900		목걸이	동대문	3,000	150
귀걸이			팔찌	중국	800	180
귀찌			발찌	동대문	900	220
목걸이			반지	중국	1,000	110
팔찌			헤어핀	중국	250	70
발찌						
반지						
헤어핀						

TIP 드롭다운을 없애고 싶을 때

경로는 동일합니다. 범위를 지정하고, [데이터] 탭 → [데이터 유효성 검사] → [설정] 탭에서 하단의 [모두 지우기]를 클릭하면 사라집니다.

02 천의 자리에서 반올림해주세요

우리가 실무에서 많이 쓰는 함수 중에 '반올림' 함수가 있습니다. 반올림, 딱 들어도 많이 쓸 것 같죠? 그런데 이렇게 자주 쓸 것 같은 함수인데, 우리가 실제로 엑셀에서 이 함수를 보면 지레 겁을 먹곤 합니다. 왜냐하면 이 반올림 계열 함수가 써 있는 순간, 전체 수식이 굉장히 길어 보이기 때문이에요. 앞으로는 반올림 함수를 만나도 겁먹지 않기 위해서, 이 함수를 제대로 한번 파헤쳐보겠습니다.

수학 같지만 엑셀, 반올림하기 ● ● ●

우리 먼저 반올림, 올림, 버림에 대한 기억을 떠올려보고 시작할까요? 같은 숫자여도 반올림을 했느냐, 올림을 했느냐, 버림을 했느냐에 따라서 숫자가 달라집니다.

십의 자리

1,234.5678

십의 자리에서 반올림 ▶ 3이 반올림/올림/버림의 대상

- 반올림(ROUND)하면   1,200.0000   (3은 5 아래 숫자이기 때문에 0으로 버림)
- 올림(ROUNDUP)하면   1,300.0000   (3이 5보다 작건 크건 앞 단위 수를 올림)
- 버림(ROUNDDOWN)하면   1,200.0000   (3이 5보다 작건 크건 0으로 버림)

이렇게 반올림, 올림, 버림을 엑셀로 쉽게 하는 방법, 같이 알아볼까요?

■ 숫자를 반올림하는 함수

= ROUND (number, num_digits)

= ROUND (반올림할 숫자, 몇의 자리에서)

올림과 버림은 각각 ROUNDUP과 ROUNDDOWN으로 입력하면 됩니다. 인수의 구성은 ROUND와 같아요. 함수의 인수를 자세히 보면, number(숫자)는 내가 반올림할 숫자를 골라주면 되는데요. 문제는 num_digits, 몇의 자리를 대상으로 할지를 입력하는 것이 쉽지 않습니다.

num_digits는 아래와 같은 규칙으로 입력하면 됩니다.

		천	백	십	일	첫째	둘째	셋째	넷째	
숫자		1	2	3	4	5	6	7	8	소수점
num_digits		-4	-3	-2	-1	0	1	2	3	

외워야 하는 건가 생각할 수 있는데, 사실 저도 외우지는 않습니다. 반올림 함수에는 num_digits라는 걸 써야 하고, 매칭되는 숫자가 있었어! 이렇게만 알고 있다가 필요할 때는 검색창에서 검색해보세요. 그래도 됩니다. 꼭 모든 함수를 외워야 하는건 아니고, 이런 함수들이 존재한다는 것과 어떻게 쓰면 좋은지 정도만 이해해도 충분히 나중에 찾아서 잘 사용할 수 있어요.

그럼 1,234.5678을 백의 자리에서 반올림하기 위해서 num_digits 인수에 -3을 쓰면 백의 자리에 있는 2는 5 아래 숫자이니까 0으로 버려져서 1,000.0000으로 바뀌게 됩니다. 마치 제가 수학 선생님이 된 것 같은 느낌이네요 ☺

= ROUND (1,234.5678, 백의 자리에서)

= ROUND (D7, - 3)

기준과 num_digits		숫자	반올림 Round
백단위	-3	1,234.5678	=ROUND(D7,-3)

동일한 방법으로 각 단위에서 반올림, 올림, 버림을 해보면 아래와 같은 값을 구할 수 있습니다. 실습 파일에서 직접 풀어보면 조금 더 이해가 쉬워질 거예요!

▼ 1,234.5678을 각 단위에서 반올림/올림/버림하면 아래와 같은 숫자로 변환된다.

기준과 num_digits		숫자	반올림 Round	올림 Roundup	버림 Rounddown
백단위	-3	1,234.5678	1,000.0000	2,000.0000	1,000.0000
십단위	-2	1,234.5678	1,200.0000	1,300.0000	1,200.0000
일단위	-1	1,234.5678	1,230.0000	1,240.0000	1,230.0000
소수점첫째	0	1,234.5678	1,235.0000	1,235.0000	1,234.0000
소수점둘째	1	1,234.5678	1,234.6000	1,234.6000	1,234.5000
소수점셋째	2	1,234.5678	1,234.5700	1,234.5700	1,234.5600

ROUND 계열 함수 활용하기 •••

그럼 이 반올림, 올림, 버림을 언제 쓸까요? 주로 돈과 관련된 데서 많이 씁니다. 돈을 낼 때 1,537원처럼 1원 단위까지 계산하지는 않잖아요. 돈과 관련된 부분에서 '10원 단위로 처리하자', '100원 단위로 처리하자' 이런 식으로 가장 많이 사용합니다.

1. 판매가격 정하기

예전에 제가 해외영업기획부에서 일할 때 많이 하던 작업입니다. 상품의 우리나라 판매가격을 정한 후에, 미국에서 판매할 가격도 정합니다. 미국에서 판매할 가격을 어떻게 정하겠어요? 간단하게는 환율을 반영해서 정하겠죠.

예를 들어서 499,000원/439,000원/569,000원 가격의 상품을 미국 가격으로 바꿀 거예요. 환율로 한번 나눠볼게요. 499,000÷1,241=402달러가 나옵니다. 402달러, 그냥 이 가격으로 팔 건가요? 이렇게 어정쩡한 가격에 팔 수는 없죠. 숫자를 깔끔하게 만져주려 합니다.

▼ (한국 가격)÷(환율) 했더니, 공식 판매가로 쓰기 애매한 1달러 단위까지 나온다.

	A	B	C
7			
8		환율	1,241
9			
10		한국가격 ▶	미국가격
11		499,000	=B11/$C$8
12		439,000	354
13		569,000	459

우리가 배운 ROUND 계열 함수는 숫자에 직접 쓰는 것뿐만 아니라 숫자를 계산하는 수식에도 사용할 수 있습니다. 이미 수식을 걸어놓은 상태에서 앞에 ROUND 함수를 적용해보겠습니다. 일의 단위에서 반올림하기 위해 -1을 썼습니다. 그랬더니 400달러/350달러/460달러 이렇게 깔끔하게 바뀌었습니다.

▼ 일의 자리에서 반올림해서 판매가를 다시 정했더니 깔끔하게 0으로 떨어진다.

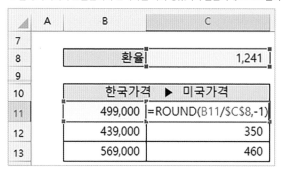

	A	B	C
7			
8		환율	1,241
9			
10		한국가격 ▶	미국가격
11		499,000	=ROUND(B11/$C$8,-1)
12		439,000	350
13		569,000	460

환율		1,241
한국가격	▶	미국가격
499,000		400
439,000		350
569,000		460

이대로 팔아도 되고, 아예 마이너스 1달러까지 입력해서 399달러/349달러/459달러로 조금 더 그럴듯하게 바꿀 수도 있습니다. 우리도 '39,900원' 이렇게 좀 더 저렴해 보이는 금액으로 눈속임해 팔기도 하잖아요 ☺

자, 이렇게 ROUND 함수를 사용해 어중간한 금액을 반올림해서 보기 좋은 가격으로 만들어주었습니다!

2. 정산받을 가격 계산하기

이번에는 정산받을 가격을 구해봅시다. '499,500원에 팔고 있는 상품을 유통 수수료까지 다 내고 나면 나한테 얼마나 남을까?' 하는 걸 계산해보려 해요. 유통 수수료가 9%라고 하니 우리가 정산받을 금액은 91%(0.91)겠죠. 문제는 판매가에 0.91을 곱하면 돈이 10원 단위로 떨어지지 않고 1원 단위로 끝나게 됩니다. 그래서 유통 업체가 수수료를 뗀 가격의 십의 자리에서 올림한 백 원 단위로 정산해주겠다고 합니다.

그럼 한번 계산해볼까요. 수학 문제를 풀고 있는 느낌이네요. 하하 😅

▼ (판매가격)x91%로 계산하면, 1원 단위까지 나와서 유통 업체에서 백 원 단위로 정산해주겠다고 한다.

	E	F	G
9			
10		판매가격	정산 금액
11		499,500	=F11*91%
12		439,700	400,127
13		569,850	518,564

올림이라고 했으니까 사용할 함수는 ROUNDUP입니다. 올림할 숫자 넣어주고, 십의 자리에서 올림의 의미로 -2를 입력해줍니다. 그러면 454,600원이 됐네요. 간단하죠?

▼ 십의 자리에서 올림한 백 원 단위로 정산받기로 했다.

	E	F	G
9			
10		판매가격	정산 금액
11		499,500	=ROUNDUP(F11*91%,-2)
12		439,700	400,200
13		569,850	518,600

판매가격	정산 금액
499,500	454,600
439,700	400,200
569,850	518,600

이렇게 돈 관련된 업무를 하실 때 ROUND 계열 함수들을 활용하면 보다 쉽게 처리할 수 있습니다.

03 필터와 함께 알면 레벨업하는 기능

필터는 엑셀에서 '정말 정말' 많이 쓰는 기능이라고 강조했던 것 기억하나요? 이번에는 필터를 사용할 때 함께 알면 좋은 함수와 기능을 알려드리려 합니다. 실무에서 유용하게 활용할 수 있을 거예요.

[1] 필터로 선택한 데이터만 합하는 SUBTOTAL ● ● ●

1분기 쏘피패션 판매량 데이터에서 '백화점'의 판매수량만 알고 싶어요. 우리가 아는 가장 쉽게 데이터를 보는 방법인 필터를 걸고, '판매처'에서 '백화점'만 선택한 다음 해당 범위를 드래그해서 SUM 함수를 걸었습니다. SUM 결괏값이 1,418로 나왔는데, 어째 각 셀의 합보다 너무 커 보입니다.

 TIP 필터 걸기

데이터 안에 커서를 두고, (Alt) → (D) → (F) → (F) 또는 (Ctrl) + (Shift) + (L)을 입력하면 편하게 필터를 만들 수 있습니다(Chapter 2-1 참고).

[Mac] : (Cmd) + (Shift) + (F)

▼ SUM 함수를 구할 때, 필터링한 범위를 선택하면 눈에 보이지 않는 숨겨진 행의 숫자도 함께 범위에 포함되어 계산된다.

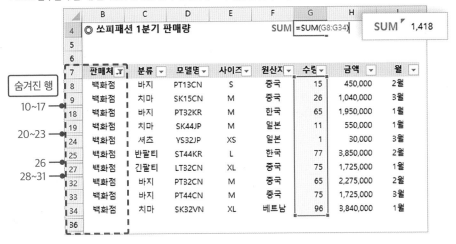

화면에 보이는 셀만 더하고 싶어요

이런 문제가 있다는 걸 알아버렸으니, 이대로 SUM으로 구할 수는 없겠죠? 그러면 보통은 1) 셀을 각각 클릭해서 더하기로 처리하거나, 2) 범위를 드래그해서 우측 하단 상태표시창에서 합계를 확인할 겁니다.

▼ 셀을 각각 더하거나

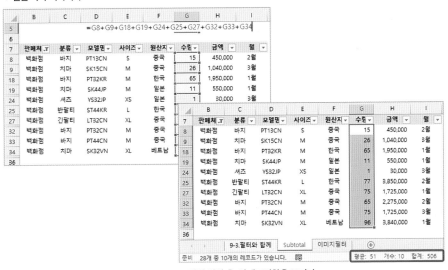

▲ 범위 선택 후, 상태표시창을 보거나

백화점 판매수량을 봤다가 또 아울렛 판매수량도 봤다가… 이렇게 왔다갔다 하며 계산하는 게 귀찮아지는 순간이 있을 거예요. 그럴 때 '아, 그냥 함수로 쉽게 보면 안 되나?' 하고 생각할 수 있습니다. 한눈에 보면 편하겠죠. 바로 이때 사용하는 함수가 SUBTOTAL이라는 '화면에 보이는 셀만 계산해주는 함수'입니다.

■ 화면에 보이는 셀만 계산하는 함수

= SUBTOTAL (function_num, ref1, [ref2], …)

= SUBTOTAL (함수 번호, 계산할 범위)

SUBTOTAL 함수는 처음에 입력할 때 어떤 계산을 하고 싶은지 함수 번호를 지정해주어야 합니다. 여러 가지 옵션이 있지만, 우리는 지금 합을 구하고 싶으니 SUM에 해당하는 9를 입력해줄게요.

다음 인수로 넘어가기 위해 쉼표를 입력한 후에는 계산할 범위(G8:G34)를 선택합니다.

▼ 화면에 보이는 셀의 합을 구하고 싶을 때는 '=SUBTOTAL(9,'를 입력한다.

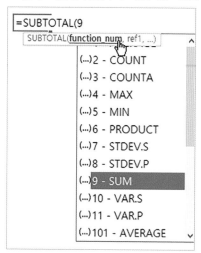

그러면 백화점에 해당하는 수량만 합해준 것 보이시나요?

= SUBTOTAL (9, G8:G34)

▼ SUBTOTAL은 지정한 범위에 보이는 셀만 계산해서 결괏값을 보여준다.

	B	C	D	E	F	G	H	I
5					=SUBTOTAL(9,G8:G34)	SUBTOTAL		506
6								
7	판매처 🔽	분류 🔽	모델명 🔽	사이즈 🔽	원산지 🔽	수량 🔽	금액 🔽	월 🔽
8	백화점	바지	PT13CN	S	중국	15	450,000	2월
9	백화점	치마	SK15CN	M	중국	26	1,040,000	3월
18	백화점	바지	PT32KR	M	한국	65	1,950,000	1월
19	백화점	치마	SK44JP	M	일본	11	550,000	1월
24	백화점	셔츠	YS32JP	XS	일본	1	30,000	3월
25	백화점	반팔티	ST44KR	L	한국	77	3,850,000	2월
27	백화점	긴팔티	LT32CN	XL	중국	75	1,725,000	1월
32	백화점	바지	PT32CN	M	중국	65	2,275,000	2월
33	백화점	바지	PT44CN	M	중국	75	1,725,000	3월
34	백화점	치마	SK32VN	XL	베트남	96	3,840,000	1월
36								

단! 만약 필터를 풀었다 열었다 하면서 SUBTOTAL을 활용하고 싶은 경우라면 처음에 필터가 풀려 있을 때 전체 범위를 선택해서 SUBOTAL 함수를 걸어야 합니다.

왜냐하면 위의 경우 SUBTOTAL 함수는 G8행에서 G34행까지만 선택되어 있어서, G35행부터 아래에 있는 데이터는 누락된 상태이기 때문입니다. 처음에 필터를 열어둔 상태에서 판매수량 범위 전체를 선택하고(G8:G35) 필터링하면, 범위를 매번 다시 드래 그할 필요 없이 지정한 데이터의 합계만 확인할 수 있겠죠.

매번 범위 잡아서 합계 보고, 또 찾아서 보고, 셀 하나하나 더해서 봤던 분들! 이렇게 필 터랑 SUBTOTAL를 같이 사용해보세요. 굉장히 유용하게 쓸 수 있답니다.

전체 합과 부분 합을 한눈에 볼 때 좋아요

제가 추천하는 SUBTOTAL 활용법이 하나 더 있습니다. 바로 전체의 합과 부분의 합을 한눈에 보는 건데요. 예를 들어서 다음과 같이 2030년도 사업계획 목표수량을 SUM과 SUBTOTAL로 한 번에 계산해두면, 필터가 아무것도 활성화되어 있지 않을 때 두 함수 의 결괏값은 모두 8,868입니다.

	P	Q	R	S	T	U	V	W	X
3									
4		◎ 2030년 사업계획				전체 목표수량		=SUM(W8:W19)	
5						유통별 목표 수량		=SUBTOTAL(9,W8:W19)	
6									
7		국가	유통	1분기	2분기	3분기	4분기	연간	
8		한국	백화점	158	173	191	284		전체 목표수량 8,868
9		한국	온라인	291	320	352	523		유통별 목표 수량 8,868
10		한국	직영점	85	93	102	153		
11		한국	아울렛	100	110	121	180	511	
12		미국	백화점	138	153	171	294	756	
13		미국	온라인	271	300	332	533	1,436	
14		미국	직영점	65	73	82	163	383	
15		미국	아울렛	80	90	101	190	461	
16		중국	백화점	98	133	171	244	646	
17		중국	온라인	231	280	332	483	1,326	
18		중국	직영점	25	53	82	113	273	
19		중국	아울렛	40	70	101	140	351	
20									

온라인 판매량만 보고 싶어서 '유통' 항목에서 '온라인' 필터만 선택해볼게요. 그러면 어떻게 변할까요? 전체 목표수량은 8,868인데, 온라인 목표수량은 전체의 48%인 4,248인 것을 확인할 수 있습니다.

	P	Q	R	S	T	U	V	W	X
3									
4		◎ 2030년 사업계획				전체 목표수량		8,868	
5						유통별 목표 수량		4,248	48%
6									
7		국가	유통	1분기	2분기	3분기	4분기	연간	
9		한국	온라인	291	320	352	523	1,486	
13		미국	온라인	271	300	332	533	1,436	
17		중국	온라인	231	280	332	483	1,326	
20									

이렇게 SUM과 SUBTOTAL을 같이 두고 쓰면 전체와 부분의 합을 함께 보면서 해당 유통의 비중을 볼 수 있고, 경우에 따라서는 목표수량의 숫자를 변경해가면서 전체와 부분 합의 밸런스를 조정할 수도 있겠죠. 자, 이제 여러분도 실무에서 SUBTOTAL을 유용하게 사용할 수 있겠죠?

상품이나 재고를 관리하는 분들은 엑셀 파일에 해당 상품들의 이미지도 많이 넣을 겁니다. 이미지가 있는 표에서 필터를 걸면 이미지들이 엉망진창이 되는 경험, 해본 적 있나요? 저는 '앗, 이미지는 필터가 안 되는 건가 보다' 하고 포기했었는데요. 여러분은 포기하지 마세요! 이미지에도 필터를 거는 방법이 있습니다.

▼ '칵테일5'만 보고 싶어서 '품명' 항목에서 필터로 선택했는데, 이미지들이 엉망진창이 되었다.

엉망진창이 된 이미지를 해결하기 위해서는 각 이미지의 속성을 변경해주어야 하기 때문에, 우선 이미지 전체를 선택해보겠습니다. 이미지 전체를 선택할 때는 각각 클릭해도 되지만, 하나의 이미지만 선택한 상태에서 Ctrl + A / [Mac] : Cmd + A 를 누르면 모든 이미지를 한 번에 선택할 수 있습니다. 엑셀에서 A가 All을 대변한다고 했던 것, 기억하나요? '이미지 모두 다(All) 선택해줘'라는 의미로 보면 됩니다.

▼ 이미지 한 개만 선택한 후, (Ctrl) + (A)를 누르면 시트 내 모든 이미지가 선택된다.

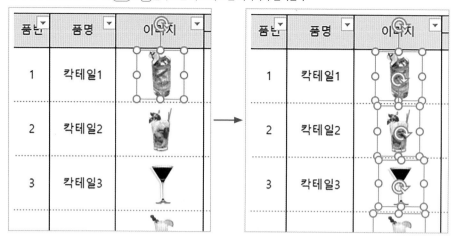

전체 이미지가 선택되었다면 우클릭하여 [개체 서식]에 들어갑니다. 우측에 [그림 서식] 창에서 좌표를 나타내는 것 같이 생긴 크기 및 속성 아이콘(▦)을 클릭하고, 속성 영역 에서 '위치와 크기 변함'을 선택합니다.

▼ 이미지 개체 서식에서 [위치와 크기 변함]으로 속성을 변경한다.

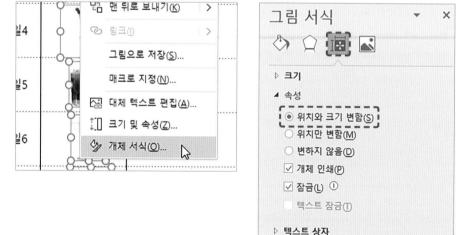

짠! 이렇게 이미지 속성만 바꿔주면 이미지도 필터 선택에 맞추어서 알맞은 자리에 나 타나게 됩니다. 이미지가 엉망이 될 때마다 고생했던 분들, 이제는 조금 더 쉽게 이미지 를 관리할 수 있을 거예요.

▼ 이미지 속성 변경 후, 품명에서 '칵테일5'와 '칵테일9'만 선택하면 해당 이미지만 걸러져서 나온다.

2030년 01월 09일

품번	품명	이미지	입고	출고	재고	비고
5	칵테일5					
9	칵테일9					

잠깐만요! 병합된 셀에서 필터를 걸 때

앞의 예시처럼 표에서 필터를 걸 때, 표 안에 병합된 셀이 있는 경우가 종종 있습니다. 필터는 병합된 셀을 통째로 처리해서 필터 버튼을 생성합니다. 그럼 각각의 열에 필터 버튼을 생성해서 활용하고 싶을 때는 어떻게 해야 할까요?

▼ 셀이 병합된 채로 필터 버튼이 생성되어 있다.

2030년 01월 09일

품번	품명	이미지	입고			출고			재고			비고
			수량	단가	금액	수량	단가	금액	수량	단가	금액	
1	칵테일1											
2	칵테일2											

우신아는 빙법은 표 세목행 아내에 행을 아나 삽입하고, 배명 앵 범위를 신박해서 필터를 식상하는 겁니다. 이렇게 하면 셀 병합 여부와 상관없이 각 열로 필터를 생성할 수 있어서 실제로 업무에서 많이 사용하는 방법입니다.

▼ 표의 제목행 아래에 행을 한 줄 삽입하고, 필터를 걸 범위를 선택한다.

2030년 01월 09일

품번	품명	이미지	입고			출고			재고			비고
			수량	단가	금액	수량	단가	금액	수량	단가	금액	
1	칵테일1											
2	칵테일2											

▼ 각 셀별로 필터 버튼이 적용되었다.

2030년 01월 09일

품번	품명	이미지	입고			출고			재고			비고
			수량	단가	금액	수량	단가	금액	수량	단가	금액	
1	칵테일1											
2	칵테일2											

04 동점일 땐 어떡하지, 랭킹 매기기

이번에는 순위를 한번 매겨볼까요? 랭킹 매기기. 말 그대로 'RANK'라고 하는 함수를 써서 랭킹을 매겨볼 거예요. 이제 조금은 익숙해진 쏘피패션의 판매량을 보면서 자세히 알아보겠습니다.

이 범위 내에서 몇 등? •••

쏘피패션에서 판매수량이 큰 순서대로 순위를 기재하고 싶습니다. 여기서 의문이 들 수 있어요. 왜 함수를 써서 랭킹을 매겨야 하나? 그냥 내림차순 정렬하면 되는 거 아닌가? 물론 됩니다. 필터를 걸어서 수량을 내림차순 정렬하면, 많이 팔린 순서대로 볼 수 있어요.

 TIP 필터를 생성하는 단축키

데이터 내에 커서를 두고 Alt → D → F → F (또는, Ctrl + Shift + L)를 누르면 쉽게 필터를 만들 수 있습니다. 최상단 행에서 Alt + ↓ 방향키를 누르면 키보드로도 필터를 열 수 있습니다.
[Mac] : Cmd + Shift + F

▼ 필터로 '수량' 열을 내림차순 정렬하면, 판매수량이 큰 순서대로 빠르게 확인할 수 있다.

판매처	분류	모델명	사이즈	원산지	수량	금액	월
아울렛	원피스	OP24CN	S	중국	100	250,000	3월
직영점	원피스	OP32VN	XL	베트남	98	4,410,000	2월
백화점	치마	SK32VN	XL	베트남	96	3,840,000	1월
아울렛	바지	PT15CN	L	중국	85	2,125,000	2월
백화점	반팔티	ST44KR	L	한국	77	3,850,000	2월
직영점	긴팔티	LT52JP	S	일본	75	2,775,000	1월
아울렛	원피스	OP24CN	M	중국	75	2,625,000	2월
백화점	긴팔티	LT32CN	XL	중국	75	1,725,000	1월

필터로 쉽게 볼 수 있는데, 굳이 RANK 함수를 알아야 하는 이유는 함수와 필터 정렬 기능의 쓰임이 다를 수 있기 때문입니다. 예를 들어 1) 순위를 정렬해야 하는 숫자가 정돈된 표 안에 있어서 필터로 행의 순서를 뒤엎으면 안 되는 상황, 2) 순위 정하는 작업을 반복적으로 해야 하는 경우는 정렬을 매번 필터로 하는 것보다는 함수를 걸어서 사용하는 것이 좋습니다.

쏘피패션의 판매수량을 RANK 함수로 순위를 부여하기 전에, RANK 계열 함수 세 가지의 차이점을 알아야 합니다.

■ 지정한 목록 내에서 다른 값에 대한 상대적인 크기를 구하는 함수

= **RANK** (number, ref, [order])
: 구 버전 함수. 엑셀 2007 및 이전 버전과의 호환성을 위해 제공됨

= **RANK.AVG** (number, ref, [order])
: 둘 이상의 값이 순위가 같으면, 평균 순위로 반환(ex. 3등이 2명이면, 2.5등/2.5등으로 표시)

= **RANK.EQ** (number, ref, [order]) ← 주로 사용!
: 둘 이상의 값이 순위가 같으면, 높은 순위로 반환(ex. 3등이 2명이면, 둘 다 3등/3등으로 표시)

주로 사용하는 것은 RANK.EQ 함수이므로, 쏘피패션의 판매수량을 RANK.EQ로 구해보겠습니다.

= RANK.EQ (number, ref, [order])
= RANK.EQ (순위를 구할 숫자, 지정 범위, [순서])

❶ 첫 번째 인수는, 순위를 알고 싶은 숫자가 무엇인지를 지정해주어야 합니다. J6셀에 함수를 입력할 거고, 같은 행에 있는 G6셀 판매수량 15가 몇 위인지 궁금하니까, 순위를 구할 숫자 인수에 G6셀을 입력합니다.

= RANK.EQ (15가 몇 번째로 큰 숫자인지 궁금해,

= RANK.EQ (G6,

❷ 그리고 쉼표를 누르면 ref가 뜹니다. ref는 참조(reference)의 약자죠. 어떤 범위에서 순위가 궁금한 건지 지정해줍니다. 우리는 수량 전체에서 15라는 숫자의 순위가 궁금한 것이기 때문에 G6:G33 범위를 선택합니다.

= RANK.EQ (15가 몇 번째로 큰 숫자인지 궁금해, 수량 전체 숫자 범위에서,

= RANK.EQ (G6, G6:G33,

	B	C	D	E	F	G	H	I	J	K	L	M
5	판매처 ▾	분류 ▾	모델명 ▾	사이즈 ▾	원산지 ▾	수량 ▾	금액 ▾	월 ▾	순위 ▾			
6	백화점	바지	PT13CN	S	중국	15	450,000	2월	=RANK.EQ(G6,G6:G33			
7	백화점	치마	SK15CN	M	중국	26	1,040,000	3월	RANK.EQ(number, ref, [order])			
8	직영점	치마	SK32VN	L	베트남	21	525,000	1월				
9	온라인	바지	PT44VN	XL	베트남	66	1,980,000	2월				
10	아울렛	원피스	OP24CN	S	중국	100	250,000	3월				
11	아울렛	바지	PT32CN	XS	중국	60	2,100,000	2월				
12	직영점	바지	PT51KR	XL	한국	41	943,000	2월				
13	온라인	반팔티	ST24CN	XXL	중국	65	1,293,500	1월				

❸ 마지막 인수는 '내림차순으로 순위를 알려줄까, 오름차순으로 순위를 알려줄까'를 물어봅니다. 0을 누르거나 아무것도 입력하지 않으면 자동으로 내림차순이 됩니다.

= RANK.EQ (15가 몇 번째로 큰 숫자인지 궁금해, 수량 전체 숫자 범위에서, [내림차순으로])

= RANK.EQ (G6, G6:G33, 0)

* = RANK.EQ (G6, G6:G33)처럼 0을 생략하면 내림차순으로 설정

▲	E	F	G	H	I	J	K	L	M	N	O
5	사이ᄌ ▼	원산지 ▼	수ᄐ ▼	금액 ▼	월 ▼	순위 ▼					
6	S	중국	15	450,000	2월	=RANK.EQ(G6,G6:G33,					
7	M	중국	26	1,040,000	3월	RANK.EQ(number, ref, [order])					
8	L	베트남	21	525,000	1월			(···)0 - 내림차순		참조ᄎ	
9	XL	베트남	66	1,980,000	2월			(···)1 - 오름차순			

15는 전체 판매수량 중에서 25등으로 큰 값이라고 합니다.

▲	E	F	G	H	I	J
5	사이ᄌ ▼	원산지 ▼	수ᄐ ▼	금액 ▼	월 ▼	순위 ▼
6	S	중국	15	450,000	2월	25
7	M	중국	26	1,040,000	3월	
8	L	베트남	21	525,000	1월	

아래의 판매수량 순위를 구하기 위해 일일이 함수를 입력할 것이 아니니 J6셀에 있는 함
수를 복사/붙여넣기 해서 전체 수량의 순위들을 구해야겠죠? J6셀을 복사/붙여넣기 하
면 끝…일까요? 이상한 거 못 느끼셨나요?

함수의 내용을 확인해보기 위해 F2 키를 눌러볼게요. 수식을 쓴 다음에 항상 F2 키 누
르는 걸 습관화하기로 했죠. 수식을 살펴보니 뭔가 이상합니다. 여기서는 얘가 1등인데,
저기서는 쟤가 1등인 이상한 상황이 발생했죠.

▼ 함수가 한 행씩 아래로 복사될 때마다, 참조 범위의 위치도 함께 변동되고 있다.

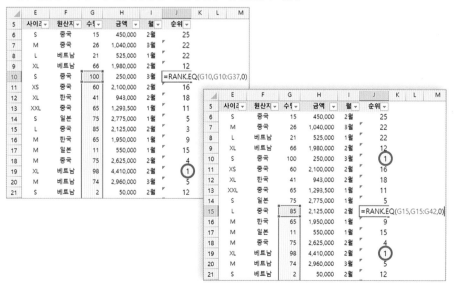

그럼 안 되죠. 참조하는 범위는 항상 같아야 해요. 그럼 우리 뭐해야 돼요? 절대참조. [F4] 키로 절대절대 절대참조 해주어야 해요. [Mac] : [F4] 또는 [Cmd] + [T]

▼ 기준을 같게 해야 하는 참조 범위에는 반드시 '절대참조' 처리를 해주어야 한다.

	E	F	G	H	I	J	K	L	M
5	사이즈 ▾	원산지 ▾	수량 ▾	금액 ▾	월 ▾	순위 ▾			
6	S	중국	15	450,000	2월	25			
7	M	중국	26	1,040,000	3월	22			
8	L	베트남	21	525,000	1월	23			
9	XL	베트남	66	1,980,000	2월	12			
10	S	중국	100	250,000	3월	=RANK.EQ(G10,$G$6:$G$33,0)			
11	XS	중국	60	2,100,000	2월	18			
12	XL	한국	41	943,000	2월	21			
13	XXL	중국	65	1,293,500	1월	13			

순위 강조하기 • • •

이번에는 1~5위까지 초록색으로 셀 색상을 채워볼까요? 사실 엄밀히 말하면 RANK 함수 관련한 내용은 아니지만, RANK와 함께 사용하기도 좋고 복습도 해보면 좋을 것 같아서 이 내용을 담아보았습니다.

셀 색상 채우기, 너무 옛날 일이라 기억이 안 나나요? 초록색이라고 하는 거 보니까 서식이겠죠. 조건에 따라서 서식을 바꿔야 하니 바로 '조건부 서식'입니다. 갑자기 복습이 많이 들어가서 깜짝 놀라셨죠! (조건부 서식 Chapter 2-3 참고)

자, 어떻게 한다고요? 가장 먼저 조건부 서식을 적용하고 싶은 범위(J6:J33)를 선택한 다음에, [홈] 탭에 있는 [조건부 서식]을 클릭합니다. 여기서는 [셀 강조 규칙]을 가장 많이 씁니다. 1, 2, 3, 4, 5니까 6보다 작은 값이겠죠. '보다 작음'을 클릭합니다.

▼ 순위 열(J6:J33)을 선택한 후, [홈] 탭 > [조건부 서식]으로 1~5위에 색상을 추가할 수 있다.

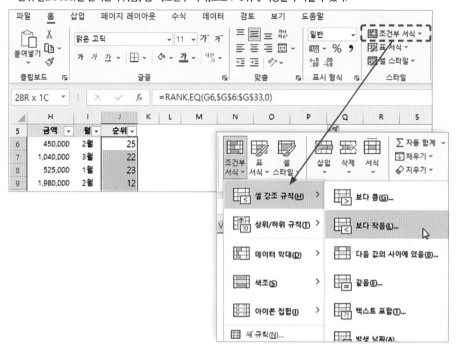

숫자창에는 '6보다 작음'으로 입력하고, 우리가 원하는 초록색으로 서식을 설정하기 위해서는 [사용자 지정 서식]을 클릭합니다. [셀 서식] 창이 나타나면 [채우기] 탭에서 초록색을 선택하면 됩니다.

▼ 6보다 작음을 입력하면 1, 2, 3, 4, 5가 서식을 적용할 숫자로 지정된다.

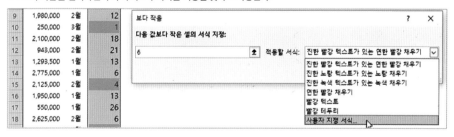

이렇게 1~5위까지 초록색으로 채워졌습니다.

▼ 조건부 서식으로 J열에 1~5 숫자가 들어 있는 셀을 초록색으로 채웠다.

	B	C	D	E	F	G	H	I	J
5	판매처	분류	모델명	사이즈	원산지	수량	금액	월	순위
6	백화점	바지	PT13CN	S	중국	15	450,000	2월	25
7	백화점	치마	SK15CN	M	중국	26	1,040,000	3월	22
8	직영점	치마	SK32VN	L	베트남	21	525,000	1월	23
9	온라인	바지	PT44VN	XL	베트남	66	1,980,000	2월	12
10	아울렛	원피스	OP24CN	S	중국	100	250,000	3월	1
11	아울렛	바지	PT32CN	XS	중국	60	2,100,000	2월	18
12	직영점	바지	PT51KR	XL	한국	41	943,000	2월	21
13	온라인	반팔티	ST24CN	XXL	중국	65	1,293,500	1월	13
14	직영점	긴팔티	LT52JP	S	일본	75	2,775,000	1월	6
15	아울렛	바지	PT15CN	L	중국	85	2,125,000	2월	4
16	백화점	바지	PT32KR	M	한국	65	1,950,000	1월	13
17	백화점	치마	SK44JP	M	일본	11	550,000	1월	26
18	아울렛	원피스	OP24CN	M	중국	75	2,625,000	2월	6
19	직영점	원피스	OP32VN	XL	베트남	98	4,410,000	2월	2

왜 군이 번거롭게 조건부 서식을 사용해야 하는 걸까요? 그냥 1부터 5까지의 숫자를 찾아서 직접 색깔을 채워 넣으면 되는 것 아닌가요?

조건부 서식의 장점, 값이 변경되면 자동으로 서식이 바뀐다는 것 잊지 않으셨죠? 함수의 멋진 점은 이런 거 아니겠어요?

▼ G6셀 숫자가 15→500으로 바뀌면서, J열에 있던 RANK 함수 결괏값과 조건부 서식 모두 변했다.

	F	G	H	I	J
5	원산지	수량	금액	월	순위
6	중국	15	450,000	2월	25
7	중국	26	1,040,000	3월	22
8	베트남	21	525,000	1월	23
9	베트남	66	1,980,000	2월	12
10	중국	100	250,000	3월	1
11	중국	60	2,100,000	2월	18
12	한국	41	943,000	2월	21
13	중국	65	1,293,500	1월	13
14	일본	75	2,775,000	1월	6
15	중국	85	2,125,000	2월	4
16	한국	65	1,950,000	1월	13
17	일본	11	550,000	1월	26
18	중국	75	2,625,000	2월	6
19	베트남	98	4,410,000	2월	2

	F	G	H	I	J
5	원산지	수량	금액	월	순위
6	중국	500	450,000	2월	1
7	중국	26	1,040,000	3월	23
8	베트남	21	525,000	1월	24
9	베트남	66	1,980,000	2월	13
10	중국	100	250,000	3월	2
11	중국	60	2,100,000	2월	19
12	한국	41	943,000	2월	22
13	중국	65	1,293,500	1월	14
14	일본	75	2,775,000	1월	7
15	중국	85	2,125,000	2월	5
16	한국	65	1,950,000	1월	14
17	일본	11	550,000	1월	26
18	중국	75	2,625,000	2월	7
19	베트남	98	4,410,000	2월	3

제가 G6셀 안에 있는 15라는 판매수량 숫자를 500으로 바꿔서 입력했습니다. 그러면 Enter 키를 누르는 순간 갑자기 이 RANK 함수도 바뀌었고, RANK 함수에 따른 1~5위 초록색 설정도 바뀝니다. 초록색을 내가 일일이 바꾸는 게 아니라, 조건에 따라서 자동으로 서식을 바꾸라는 의미로 '조건부 서식'을 걸어준 거니까요!

05 엑셀에서 이미지를 캡처하는 3가지 방법

"오른쪽의 결재란을 복사/붙여넣기 했더니, 행/열 너비가 엉망이 되었다."

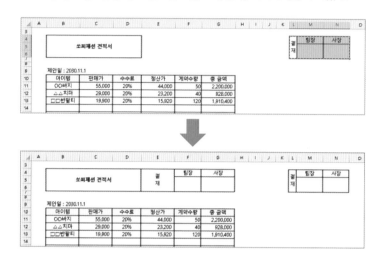

전자서류가 아닌 서면으로 보고를 하는 경우에는 보고 단계별로 결재가 필요한 경우가 종종 있어요. 이럴 때는 문서에 사인을 받을 수 있는 결재란을 추가하게 됩니다. 결재란 자체는 행과 열의 너비를 조정해서 어렵지 않게 만들 수 있답니다. 그런데 해당 양식을 다른 문서 위에 복사/붙여넣기로 얹으려고 하면 설정해둔 행과 열의 너비나 병합한 셀들의 모양이 엉망이 되어버리고는 하는데요. 이럴 땐 어떤 방법으로 해결할 수 있는지 알아볼까요?

그림으로 붙여넣기 •••

첫 번째 방법은 이미지로 붙여넣는 방법입니다. 별도의 캡처 프로그램을 쓰시는 분들도 있겠지만, 엑셀에서는 굳이 별도의 프로그램을 쓰지 않아도 캡처할 수 있습니다. 어떻게 할 수 있는지 볼까요?

1. 캡처하고 싶은 범위를 선택한 후 [Ctrl] + [C] 하고,

2. 붙여넣고 싶은 시트 내 아무 곳이나 클릭한 후,

3. [홈] 탭 → 붙여넣기 → '그림'을 클릭합니다.

그러면 행과 열이 무너지지 않고, 그 상태 그대로 '그림 형식'으로 붙여넣어집니다.

▼ 엑셀에서는 '그림' 붙여넣기를 통해 간단하게 캡처할 수 있다.

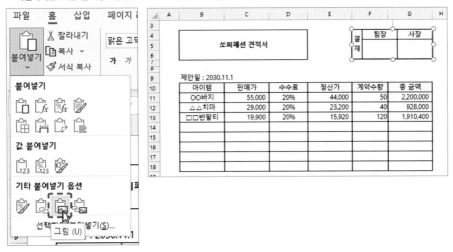

연결된 그림으로 붙여넣기 ●●●

두 번째 방법은, 첫 번째와 비슷한데 조금 다른 '연결된 그림으로 붙여넣기'입니다. 방법
은 동일합니다.

1. 캡처하고 싶은 범위를 선택한 후 [Ctrl] + [C] 하고,

2. 붙여넣고 싶은 시트 내 아무 곳이나 클릭한 후,

3. [홈] 탭 → 붙여넣기 → '연결된 그림'을 클릭합니다.

▼ '연결된 그림' 붙여넣기를 해도 마찬가지로 그림 형식으로 복사된다.

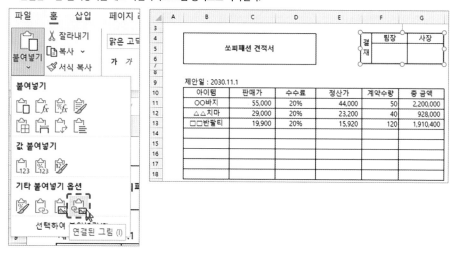

'그림'과 '연결된 그림'은 무엇이 다를까요? 그림은 이미지 자체를 찍어서 저장한 고정된 형태인 반면, 연결된 그림은 말 그대로 원본과 복사본이 연동되어 있는 가변의 형태입니다.

예를 들어서 '연결된 그림'에서는 원본에 '팀장'으로 쓰여 있는 셀을 '회장'으로 수정하면 복사본에 '팀장'으로 쓰여 있던 셀도 같이 '회장'으로 바뀌게 됩니다. 셀 안에 입력된 글씨뿐만 아니라 셀의 색깔, 테두리 등 모든 것이 연동되어 있습니다. '연결된 그림'을 활용하면 원본을 수정할 때마다 다시 캡처할 필요 없이 계속해서 사용할 수 있겠죠!

▼ '연결된 그림'은 원본과 복사본이 연동된 형태로, 원본이 수정될 경우 복사본에도 반영된다.

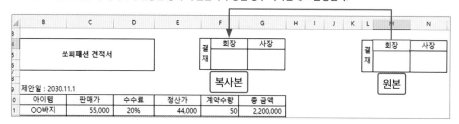

엑셀 카메라

'연결된 그림'과 동일한 기능을 수행하는 '카메라' 기능도 있습니다. '카메라'는 별도 메뉴를 제공하고 있지는 않아서 '빠른 실행창'을 통해서 설정해주어야 합니다.

이전에 Chapter 1-4에서 [빠른 실행 도구] 설정한 것 기억하시나요? 자주 사용하는 열기/서식 복사/인쇄 미리보기 등의 아이콘을 셀 좌측 상단에 넣어두었죠. 여기에 카메라 기능도 추가해보겠습니다.

▼ 엑셀 파일 좌측 상단에 위치한 [빠른 실행 도구 모음] 버튼 > [기타 명령]을 클릭한다.

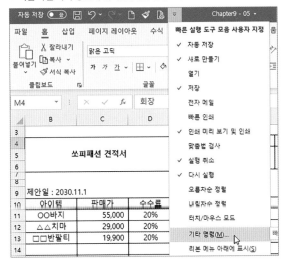

▼ 명령 선택을 '많이 사용하는 명령' > '모든 명령'으로 바꾸고, '카메라'를 찾아서 추가한다. 가나다순 정렬되어 있다.

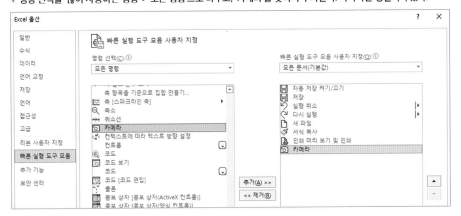

카메라를 추가했다면, 이제 사용해볼까요? 캡처하는 것과 동일하게 복사하고 싶은 범위를 드래그해서 범위를 선택한 후 카메라 아이콘을 클릭해줍니다.

▼ 복사할 범위 선택 후 카메라 아이콘을 클릭하면 마우스 포인터가 (+) 모양으로 변한다.

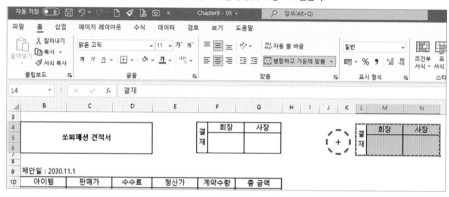

카메라 아이콘을 클릭하면 마우스 포인터가 (+) 모양으로 변합니다. 붙여넣을 위치에서 마우스를 클릭 후 드래그하면 그림 붙여넣기 한 것과 동일하게 복사됩니다. 카메라 렌즈를 통해서 본다고 생각해보세요. '연결된 그림'과 같은 원리로, 원본이 변경되면 복사본에도 변경 내용이 똑같이 반영된답니다. '연결된 그림'과 '카메라'는 동일한 기능이니 더 선호하는 방법을 사용하면 됩니다.

▼ 붙여넣을 위치에 드래그하면 복사되고, 복사본은 원본과 연동된다.

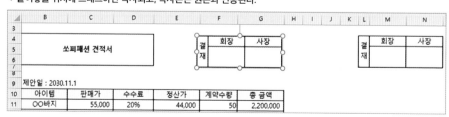

TIP 카메라로 붙여넣었더니 이중선이 생겼어요!

카메라로 붙여넣는 경우에 종종 이중선이 생기는 경우가 있는데요, 이 선을 간단하게 없애보겠습니다.

이중선이 생긴 복사본을 우클릭한 후 [그림 서식]의 페인트 통(채우기 및 선)을 클릭합니다.

[선] 부분에서 '실선'으로 되어 있는 것을 '선 없음'으로 변경해주면 원본 형태 그대로 돌아옵니다.

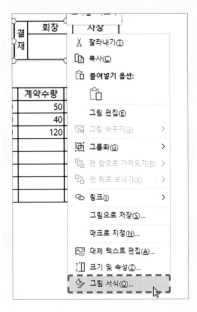

CHAPTER 10

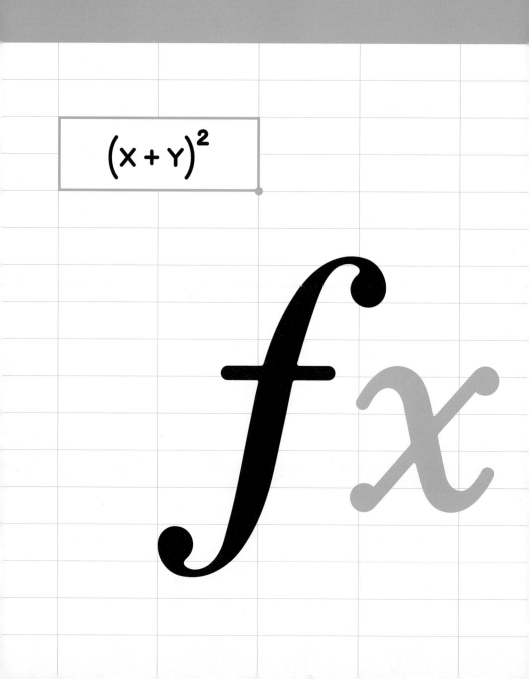

숫자보다 그림이
직관적이다,
차트 만들기

지금까지 우리는 데이터 분석도 해보고, 다양한 기능을 이것저것 써보기도 했습니다. 함수와 여러 가지 기능을 배워서 데이터를 열심히 분석했는데 이걸 나만 알고 있으면 안 되겠죠. 다른 사람들에게도 보여줘야 한단 말이에요. 물론 숫자로, 표로 깔끔하게 정리하는 방법도 있지만 사람들이 조금 더 쉽게 볼 수 있도록 차트로 만들어보겠습니다. 숫자보다 그림이 직관적이니까요!

01 간단하게 미니차트 그리는 방법

"작은 공간에서 셀 안에 간단하게 만드는 미니차트!"

	1분기	2분기	3분기	4분기
바지	50	100	200	400
치마	70	100	60	100
티셔츠	190	140	110	70

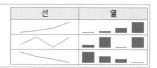

본격적인 차트를 그려보기 전에, 간단하게 미니차트 만드는 방법을 알아보겠습니다. 미니차트는 말 그대로 공간을 효율적으로 사용하기 위해 '작게 만든 차트'입니다. 별도의 시트 영역을 차지하는 것이 아니라 '데이터가 입력되어 있는 셀 안' 또는 '셀 한 개'만 사용해서 만들 수 있어요.

조건부 서식으로 차트 만들기 •••

조건부 서식으로 데이터가 입력되어 있는 셀 위에 차트를 만들 수 있습니다. 아래 표에서 바지의 1~4분기 데이터를 선택한 후, [홈] 탭 → [조건부 서식] → [데이터 막대]를 선택합니다. [데이터 막대]에서 '그라데이션 채우기'나 '단색 채우기' 등등 컬러는 마음껏 선택하면 됩니다.

▼ 차트 그릴 범위를 선택한 후, [홈] 탭 > [조건부 서식] > [데이터 막대]에서 원하는 양식을 선택한다.

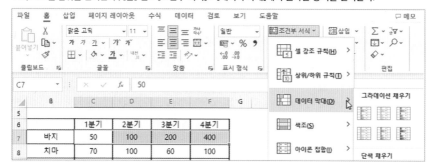

원하는 막대 색상을 선택하면, 데이터 셀 안에 바로 막대가 생깁니다. 데이터와 막대가 셀 안에 함께 표시되기 때문에 많이들 선호하는 타입의 미니차트인데요. 주의할 점은, 이 막대는 범위 내에서 가장 큰 숫자를 100%로 기준으로 나머지 숫자의 막대 크기를 표시한다는 점입니다.

▼ 데이터가 입력된 셀 안에 막대가 생기고, 가장 큰 숫자를 기준으로 막대의 크기가 정해진다.

	B	C	D	E	F
5					
6		1분기	2분기	3분기	4분기
7	바지	50	100	200	400
8	치마	70	100	60	100
9	티셔츠	190	140	110	70

따라서 바지/치마/티셔츠의 판매량을 각각 범위 잡아서 데이터 막대를 그리면, '바지는 400/치마는 100/티셔츠는 190'을 기준으로 해당 데이터끼리의 크기 비례로 막대가 표시됩니다. 만약 바지/치마/티셔츠 판매량을 동일한 기준으로 비교하고 싶다면, 세 개의 범위를 한 번에 선택하고 데이터 막대를 생성하면 됩니다.

▼ 바지/치마/티셔츠 각각 범위 선택하여 데이터 막대를 그린 경우 : 100% 기준점이 모두 다름

	B	C	D	E	F
5					
6		1분기	2분기	3분기	4분기
7	바지	50	100	200	400
8	치마	70	100	60	100
9	티셔츠	190	140	110	70

▼ 전체 데이터를 범위로 선택하여 데이터 막대를 그린 경우 : 가장 큰 숫자인 400을 100% 기준점으로 설정

	B	C	D	E	F
5					
6		1분기	2분기	3분기	4분기
7	바지	50	100	200	400
8	치마	70	100	60	100
9	티셔츠	190	140	110	70

조건부 서식에서 '데이터 막대' 아래에 있는 '색조'는 숫자의 크기에 따라 탭 색이 변화하는 차트입니다. 마치 등고선처럼요. 지역별 인구수라던가 매출수량 등을 나타낼 때 사용하면 좋은 차트입니다.

▼ '색조'는 숫자의 크기에 따라 탭 색이 변한다.

	1분기	2분기	3분기	4분기
바지	50	100	200	400
치마	70	100	60	100
티셔츠	190	140	110	70

'조건부 서식'은 각 셀에 규칙이 걸려 있는 것이기 때문에, 차트 숫자가 바뀐다면 당연히 해당 범위 안에서 막대의 크기나 색상이 자동으로 변합니다.

마지막으로 '조건부 서식'을 없애고 싶을 때는, 범위를 선택 후 [홈] 탭 → [조건부 서식] → [규칙 지우기] → [선택한 셀의 규칙 지우기]를 클릭하면 됩니다.

스파크라인 ● ● ●

'스파크라인'은 엑셀 2010 버전에서 생긴 기능으로, 단일 셀에 추세나 트렌드를 표현하는 미니차트입니다. 셀 안에 그리는 차트인 만큼 많은 정보를 효율적으로 표현할 수 있습니다.

셀 안에 바지의 판매 추이를 꺾은선형 스파크라인으로 만들어볼게요. H15셀에 커서를 두고, [삽입] 탭 → [스파크라인]의 꺾은선형 아이콘(📉)을 클릭하면 → [스파크라인 만들기] 창이 뜹니다. 위치 범위는 우리가 커서를 둔 $H$15로 적혀 있는 것을 확인할 수 있습니다. 여기서 데이터를 수집할 범위(C15:F15)를 드래그해서 확인을 눌러줍니다. 반대로 데이터 범위를 선택한 후, [스파크라인 만들기] 창을 띄워서 위치 범위를 지정하는 것도 가능합니다.

▼ 스파크라인을 만들기 위해서는 '수집할 데이터 범위'와 배치할 '스파크라인의 위치'를 지정해주어야 한다.

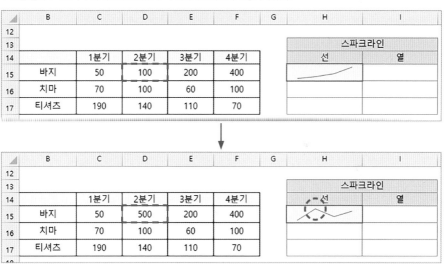

H15셀 안에 우상향하는 꺾은선형 미니차트가 그려진 것 보이시나요? 이 차트는 왼쪽에 있는 바지의 판매 숫자와 연동되어 있기 때문에, 만약 2분기 판매수량이 500으로 변하면 차트의 모양도 함께 변하게 됩니다.

▼ 단일 셀에 1~4분기 추세 차트가 그려졌다. 각 데이터는 차트와 연동되어 있다.

이렇게 그린 스파크라인 차트는 복사/붙여넣기도 가능합니다. H15셀을 Ctrl + C 해서 아래 H16셀과 H17셀에 붙여넣어보세요. 마치 수식/함수처럼 위치 규칙을 복사해서 치마와 티셔츠의 데이터도 잘 불러왔죠.

▼ 스파크라인은 수식을 복사하는 것처럼 위치 규칙을 복사해서 붙여넣기가 가능하다.

	B	C	D	E	F	G	H	I
12								
13							스파크라인	
14		1분기	2분기	3분기	4분기		선	열
15	바지	50	100	200	400			
16	치마	70	100	60	100			
17	티셔츠	190	140	110	70			

	B	C	D	E	F	G	H	I
12								
13							스파크라인	
14		1분기	2분기	3분기	4분기		선	열
15	바지	50	100	200	400			
16	치마	70	100	60	100			
17	티셔츠	190	140	110	70			

만들어진 스파크라인을 클릭하면, 리본 메뉴 도움말 옆에 [스파크라인] 탭이 생성됩니다. 이 안에서 선형으로 만들어진 스파크라인의 종류를 열(막대형)로 변경할 수도 있고, 표식을 넣는 등의 스타일 변화를 줄 수도 있습니다.

▼ 스파크라인을 선택하면 표시되는 [스파크라인] 탭에서 디테일한 설정이 가능하다.

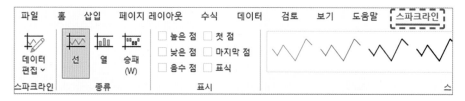

▼ 열(막대형)로도 표시할 수 있다.

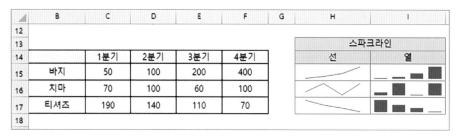

	B	C	D	E	F	G	H	I
12								
13							스파크라인	
14		1분기	2분기	3분기	4분기		선	열
15	바지	50	100	200	400			
16	치마	70	100	60	100			
17	티셔츠	190	140	110	70			
18								

스파크라인도 조건부 서식과 마찬가지로 Delete 키를 누른다고 사라지지 않습니다. 삭제할 스파크라인을 선택한 후에, 리본 메뉴 도움말 옆에 [스파크라인] 탭으로 들어가서 '지우기'를 눌러야 합니다.

이렇게 해서 '조건부 서식'과 '스파크라인'으로 간단하게 미니차트 그리는 방법을 알아봤습니다. 그럼 이제 본격적으로 차트를 그려볼까요?

트렌드를 표현하는 꺾은선형 차트

"꺾은선형 차트로 보니 바지, 치마, 티셔츠의 판매 추이가 더 쉽게 눈에 들어온다."

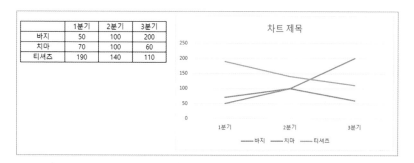

	1분기	2분기	3분기
바지	50	100	200
치마	70	100	60
티셔츠	190	140	110

가장 많이 쓰는 차트 중에서 '꺾은선형 차트'에 대해서 알아보겠습니다. '꺾은선형 차트'는 주로 여러 가지 항목의 시간에 따른 추세를 보여줄 때 사용합니다. 예를 들어 쏘피패션에서 판매한 바지, 치마, 티셔츠의 1분기부터 3분기까지 판매량을 숫자로만 보면 상품별로 판매량이 어떻게 변화했는지 한눈에 읽히지 않거든요. 그럼 한눈에 읽기 쉬운 꺾은선형 차트를 만들어볼까요?

꺾은선형 차트 만들기 ●●●

차트를 만들고자 하는 표 전체를 드래그해서 범위를 선택하고, [삽입] 탭의 [차트] 부분에서 선 모양 아이콘을 클릭하면, 각종 선 차트들을 골라서 볼 수 있습니다. 그중에서 가장 기본인 '2차원 꺾은선형 차트'가 일반적으로 많이 쓰는 차트입니다. 각 지점마다 점을 찍고 싶다면 표식이 있는 꺾은선형 차트를 고르면 됩니다.

▼ 표 범위 선택 → [삽입] 탭 → [차트]에서 [선 차트] 선택 → '2차원 꺾은선형'을 클릭한다.

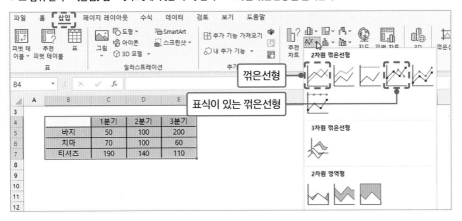

아이콘을 클릭하면 시트에 바로 차트가 그려집니다. 꺾은선형 차트를 보니 주황색 선 '치마'는 2분기에 판매량이 올라갔다가 3분기에 내려갔고, 회색 선 '티셔츠'는 쭉 하락세인 반면, 파란색 선 '바지'는 계속 상승세입니다. 이런 식으로 꺾은선형 차트를 표시하면 각 항목의 상대적인 추세를 한눈에 확인할 수 있습니다.

▼ 표식이 있으면 각 구간값을 명확하게 알 수 있다.

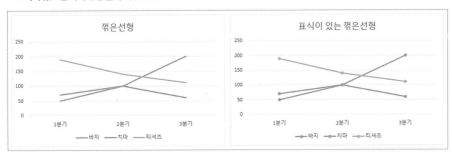

꺾은선형 아이콘 우측에 있는 '누적 꺾은선형'은 비교적 많이 사용하지 않고, 전체에서 비율의 변화를 나타낼 때는 하단에 있는 '누적 영역형' 차트를 더 자주 사용합니다. 각 차트 모양에 마우스를 가까이 가져가면 차트의 기능과 사용하면 좋은 예시가 나오니 참고하면 좋습니다.

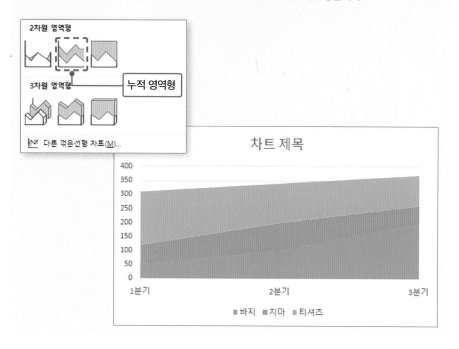

차트에 데이터 추가하기

방금까지는 1~3분기 데이터만 있었는데, 막 4분기 데이터까지 마감되어서 표에 4분기 판매량이 추가되었습니다. 4분기까지 추가된 데이터로 차트를 만들려면, 표 범위를 다시 선택해서 또 차트 삽입을 해야 할까요? 그렇지 않습니다.

기존에 만들어진 차트를 클릭하면, 차트를 만들기 위해 선택된 표의 영역이 표시되죠. 이 가이드선에 마우스를 가까이 가져가면, 포인터 모양이 ↕로 바뀌는데, 이때 드래그해서 4분기까지 포함해주면 됩니다. 그러면 4분기 데이터까지 포함된 차트가 예쁘게 만들어져요. 이렇게 간단하게 범위를 재지정할 수 있습니다 ☺

CHAPTER 10 숫자보다 그림이 직관적이다, 차트 만들기

▼ 차트 클릭 시 표시되는 영역을 마우스로 드래그하면 범위를 재지정할 수 있다. 재지정한 범위는 차트에 바로 반영된다.

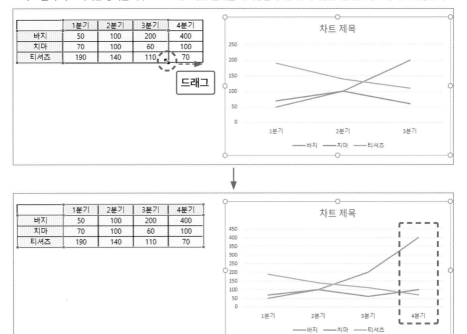

눈에 잘 보이는 차트 만들기 •••

꺾은선형 차트도 만들어봤고, 데이터 추가도 해봤어요. 이제는 차트를 조금 더 예쁘게 꾸미는 방법을 알아볼 건데요. 저는 우선 깔끔하게 차트 제목과 눈금선을 선택한 후 Delete 키로 삭제했습니다(필수는 아닙니다).

1. 선 서식

선의 서식을 조정하고 싶을 때는, 선 우클릭 → [데이터 계열 서식]을 클릭합니다. 우측에 [데이터 계열 서식] 창이 생기면 페인트 통 아이콘(채우기 및 선)을 눌러 세부 서식을 조정할 수 있습니다.

▼ 선 우클릭 > [데이터 계열 서식]

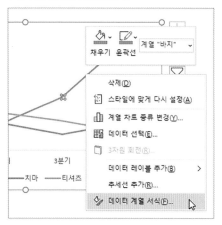

▼ '선'과 '표식'에 대한 설정은 '페인트 통' 클릭

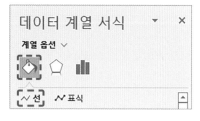

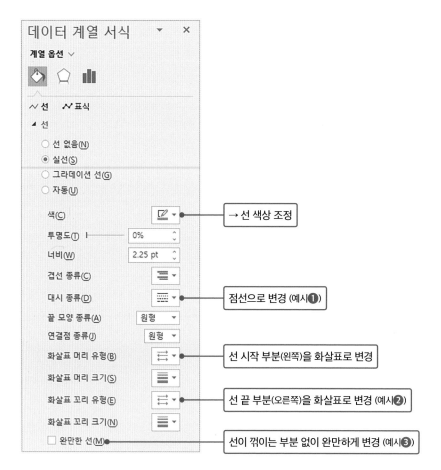

CHAPTER 10 숫자보다 그림이 직관적이다, 차트 만들기

예시❶ '바지' 선만 점선으로 변경

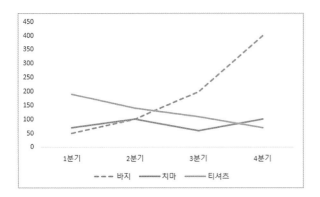

예시❷ '바지' 선의 끝나는 부분(오른쪽)을 화살표 모양으로 변경

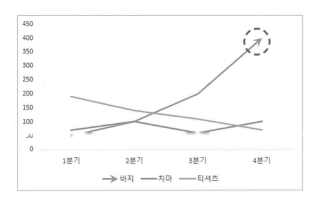

예시❸ 전체 선을 '완만한 선'으로 변경

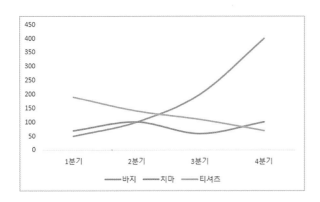

2. 표식

처음에 그래프를 만들 때 '표식이 있는 차트'를 선택하지 않았더라도 이후에 추가할 수 있습니다. 또는 선별로 다른 모양의 표식(동그라미, 세모, 네모 등)을 추가하고 싶을 때에도 [표식]에서 선택 가능합니다.

선 서식 때와 마찬가지로 각 선을 우클릭한 후 → [데이터 계열 서식]으로 들어가서 페인트 통 안에 [표식]을 클릭합니다. [표식 옵션]에서 '기본 제공'을 클릭하면 표식이 추가되고 여러 모양의 형식과 표식의 크기를 조정할 수 있습니다. 채우기와 테두리는 해당 표식에 대한 설정값입니다.

▼ '바지' 선에만 네모 모양 표식을 추가했다.

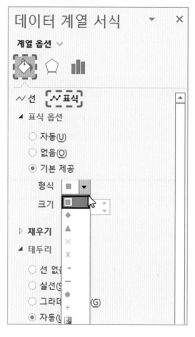
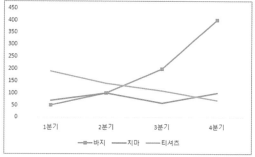

3. 축 서식

마지막으로 '축 서식'이라고 하는 게 있는데요, 이건 어떨 때 쓰는 것인지 봅시다.

쏘피패션의 판매량이 나름 좋은데, 쏘피패션을 폄하하려는 사람들이 "쟤네 매출 엄청 낮아, 잘 팔리는 것처럼 보이지만 사실 바닥을 기고 있어." 이렇게 얘기하고 싶어 해요.

그러면 이 표를 다르게 보기 위해서 '축'을 가지고 데이터를 바꿀 수가 있습니다. 즉 보이는 형태를 바꾸는 방법인데요, 어떻게 바꾸는 건지 한번 볼게요.

축에 대한 서식이니 일단 축을 클릭해야 합니다. 차트 전체를 클릭하는 게 아니라, 정교하게 축만 클릭해야 해요. 축 주변에 네모 모양이 생기면 축이 선택된 겁니다. 이 상태에서 우클릭 → [축 서식]을 클릭합니다. [Mac] : 축 클릭 후 → 축 옵션

▼ 세로 축을 마우스로 선택한 후, 우클릭 > [축 서식]을 누른다.

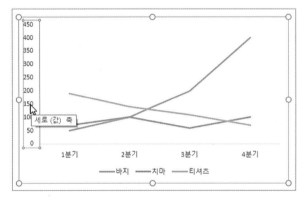

[축 서식]에 들어가면 '자동'으로 설정된 축의 최댓값이 450으로 보기 편하게 되어 있는데요, 이 최댓값을 2000으로 바꿔볼게요.

▼ 축의 높이를 바꾸고 싶으면, 축 서식의 최댓값을 자동 설정값보다 크게 입력한다.

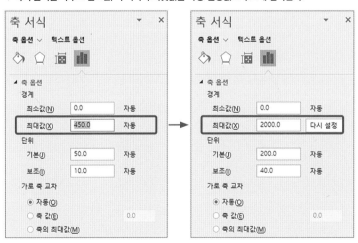

왼쪽에 있는 축 경계의 최댓값이 커지면서 판매량 선들이 바닥을 기는 것처럼 보여요 ☺️

▼ 축의 최댓값을 키우면, 상대적으로 선의 높이가 낮아 보인다.

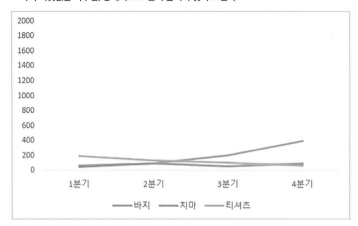

나쁘게 말하자면 축을 가지고 장난을 친다고 말할 수도 있어요. 화자의 의도를 굉장히 많이 집어넣은 겁니다. 숫자는 같은데 보여주는 형태를 다르게 한 거니까요. 그래서 이렇게 축 변형하는 것을 싫어하는 분들도 많아요. 만든 이의 의도가 너무 깊게 들어가거든요. '이렇게도 할 수 있다' 정도로만 알아두세요.

간혹 차트가 너무 작아 보여서 더 크게 보기 위해 축 서식을 오히려 줄이는 경우도 있습니다. 축 서식 변형은 선 차트뿐만 아니라, 축이 있는 모든 차트(다음 장에서 배울 막대 차트 포함)에도 동일하게 적용되는 내용입니다.

03 비교에 용이한 막대형 차트

선형 차트 못지않게 많이 쓰는 차트가 '막대형 차트'입니다. 꺾은선형 차트가 수치의 변화에 집중했다면, 막대형 차트는 수치의 크고 작음을 비교하는 데 더 적합합니다. 쏘피패션의 1~4분기 실적을 보면서 더 자세히 다뤄보겠습니다.

막대형 차트 만들기 •••

만드는 방법은 꺾은선형 차트와 동일합니다. 표 전체를 드래그해서 범위를 선택하고, [삽입] 탭의 [차트] 부분에서 막대 형태를 클릭하면, 다양한 막대형 차트들을 선택할 수 있습니다. 그중에서 자주 쓰이는 차트는 '누적 세로 막대형' 차트입니다.

▼ 표 범위 선택 > [삽입] 탭 > [차트]에서 [막대 차트] 선택 > '누적 세로 막대형'을 클릭한다.

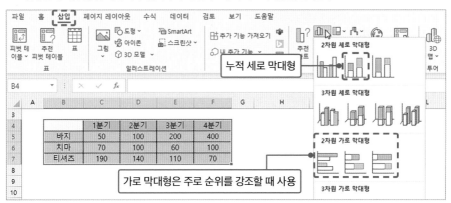

이 차트는 전체와 개별 항목의 값을 한 번에 비교하기가 용이합니다. 예를 들어 '꺾은선형 차트'가 바지/치마/티셔츠 개별 항목 판매량의 추이를 분기별로 확인하는 용도라면, '누적 세로 막대형 차트'는 각 분기 전체 판매량의 분기별 추이를 보면서, 그 안의 개별 항목의 비중이 어떻게 변하는지도 같이 확인할 수 있는 차트입니다.

▼ 꺾은선형 차트

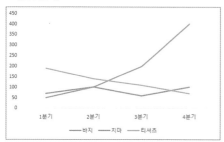

▼ 누적 세로 막대형 차트

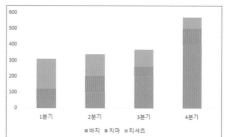

TIP '100% 기준 누적 세로 막대형'은 각 분기별 판매량을 100이라고 가정하고, 그 안에서 비중의 변화를 보고 싶을 때 사용합니다.

행/열 전환하기 ● ● ●

지금은 '1분기, 2분기, 3분기, 4분기'를 가로축으로 두고 '바지, 치마, 티셔츠' 상품명이 세로로 쌓여 있는 상태인데요. 반대로 상품명을 가로축으로 두고, 분기를 세로로 쌓고 싶다면 어떻게 하면 될까요? 막대형 차트 안에 있는 기능으로 빠르게 해결할 수 있습니다. 변형하고자 하는 차트를 클릭하면, [도움말] 탭 옆에 [차트 디자인] 탭과 [서식] 탭이 생깁니다.

▼ 차트 클릭 시, 상단 리본 메뉴 [도움말] 옆에 새로운 탭이 생겨서 차트에 대한 여러 가지 옵션을 조정할 수 있다.

그중 [차트 디자인]에서 [행/열 전환]을 클릭하면 말 그대로 정렬 방향이 달라집니다. 한 번 클릭해볼까요?

▼ [차트 디자인] 탭에 있는 [행/열 전환]을 클릭했더니, 각 상품의 전체 합 안에서 분기별 비중을 보는 것으로 차트의 형태가 바뀌었다.

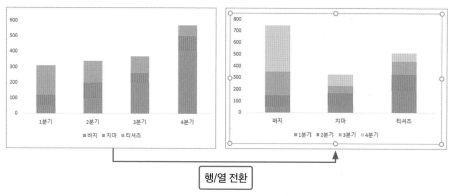

짠! 바지, 치마, 티셔츠의 1, 2, 3, 4분기 비중이 나옵니다. 표 전체를 수정하지 않아도 행과 열을 알아서 차트 내에서 바꿔주는 편리한 기능이에요.

막대 내 데이터 순서 바꾸기

자, 그럼 이런 경우도 있을 것 같아요. 팀장님과 같이 보고서를 수정하다가 팀장님이 "티셔츠 부분 회색 박스를 맨 아래로 내려서 강조하고 싶은데…"라고 하시네요.

▼ 막대 차트 안 회색 박스를 맨 아래에 위치하게 하고 싶다…고 하셨다 🙂

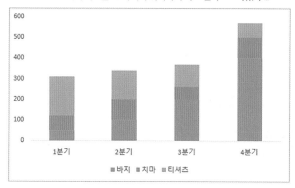

저걸 어떻게 바꿔야 할까 막막한 생각이 들죠. 보통은 원본 표 자체의 순서를 이렇게 저렇게 바꿔보려고 해요. 저도 처음엔 그랬고요! 그런데 그럴 필요 없이 차트 안에서 바로 바꿀 수 있습니다. 굳이 원본 표를 건드리지 않아도 되는 방법이죠.

아까와 마찬가지로 변형할 차트를 클릭합니다. 새로 생긴 [차트 디자인] 탭에 들어가면 [행/열 전환] 옆에 [데이터 선택]이라고 하는 것이 있어요.

▼ [차트 디자인] 탭 안에 [데이터 선택]을 클릭하면, 막대 안의 순서를 바꿀 수 있다.

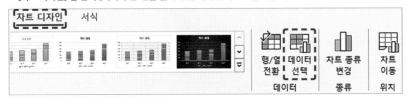

[데이터 선택]을 클릭하면 '범례 항목'이라고 해서 바지, 치마, 티셔츠가 순서대로 적혀 있는데요. 여기서 화살표 버튼으로 순서를 바꿀 수 있습니다. 순서를 보면 그래프 맨 아래에 있는 바지가 맨 위에 있네요. 티셔츠를 클릭해서 화살표로 올려봅니다.

▼ 위치를 변경하고자 하는 '티셔츠' 항목을 클릭 후, 화살표로 이동시킨다.

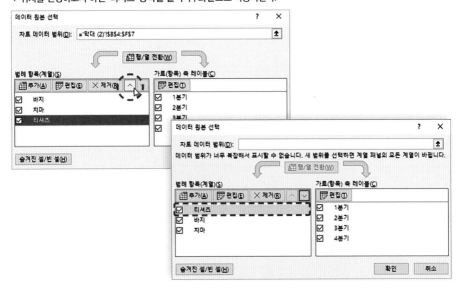

짠! 이렇게 티셔츠(회색 박스)의 위치를 가장 아래로 이동시켰더니 티셔츠 판매량이 감소하고 바지 판매량이 늘어난 것이 강조되었습니다. 이렇게 여러분의 보고 의도에 따라서 막대 차트의 순서를 마음껏 바꿀 수 있습니다.

▼ 회색 박스(티셔츠 판매량)가 줄어드는 것이 강조되었다.

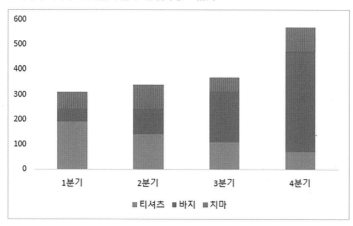

04 선 차트와 막대 차트를 함께 넣는 법

"연간 월별 매출과 영업이익률을 한 차트로 만들어서 보고하고 싶다."

◎ 쏘피패션 2030년 영업실적

	1월	2월	3월	4월	5월	6월	7월	8월	9월	10월	11월	12월
매출	500	200	900	300	400	600	500	700	800	1,000	1,100	900
영업이익(%)	5%	10%	3%	8%	7%	4%	5%	4%	4%	3%	2%	3%

실무에서 다음과 같은 경우가 종종 발생합니다. 막대형 차트와 선형 차트를 같이 넣고 싶은 거
예요. 보고할 때 한 번씩 이렇게 차트를 합쳐야 하는 경우가 있었는데, 어떻게 해야 하는지 몰
랐을 때는 일단 막대형 차트를 하나 만들어놓고 선형 차트도 하나 만들어서 수작업으로 합치는
작업을 했어요. 굉장히 이상하게 합쳐졌겠죠. 모양이 예쁘게 잡히지도 않고 나중에 수정할 때도
막 어그러져요. 그러니 이런 방법 말고, 차트 기능 안에서 쉽게 해결하는 방법을 알아볼게요.

혼합형 차트 만들기 ● ● ●

마지막으로 쏘피패션의 2030년도 연간 월별 실적을 차트로 보고하고 끝내겠습니다. 표
에 있는 숫자를 보니까 '음, 뭔가 커지고 있네!' 하는 느낌은 들어요. 숫자로도 대략 느낌
이 오지만 우리가 열심히 분석한 것들을 좀 더 효과적으로 보여주기 위해서 차트로 나타
내볼 거예요.

표를 차트로 만들기 위해서 범위를 잡고, [삽입] 탭에 가서 우선은 '누적 세로 막대형' 그
래프를 만들어볼게요.

▼ 표 전체를 선택해서 '누적 세로 막대형' 차트를 만들었더니 수치가 작은 영업이익은 거의 보이지 않는다.

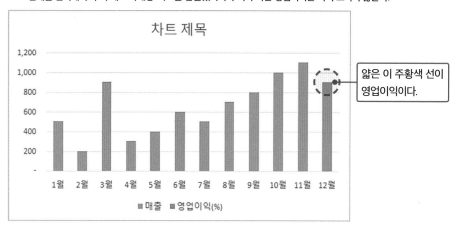

이렇게 만들었더니 영업이익은 눈에 보이지도 않고, 별로 예쁘지도 않죠. 그래서 영업이익은 선형 차트로, 매출은 막대형 차트로 만들어보기로 했습니다. 변형하고자 하는 차트를 클릭하면 리본 메뉴 탭에 뜨는 [차트 디자인] 영역에서 해결할 수 있습니다. [차트 종류 변경]을 클릭해볼게요.

▼ 차트 클릭 > [차트 디자인] 탭 > [차트 종류 변경]에서 혼합 차트를 만들 수 있다.

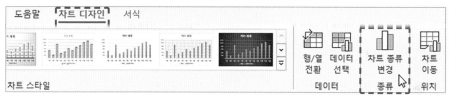

[차트 종류 변경] 팝업창에서 가장 하단의 [혼합]으로 들어가보면, 가장 기본으로 추천하는 차트 '묶은 세로 막대형 - 꺾은선형' 조합 미리보기를 할 수 있습니다.

▼ [차트 종류 변경] 창 > [혼합]에서 각 계열별 차트 종류를 선택할 수 있다.

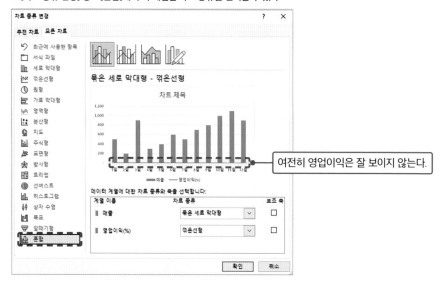

그런데 여전히 영업이익이 바닥에 붙어서 잘 보이지 않네요 😅 축이 하나로 설정되어 있기 때문에 그렇습니다. 전체 숫자에 맞춰져서 축의 최댓값이 1,200으로 되어 있으니 5%(0.05), 10%(0.1) 같은 숫자는 눈에 보이지 않는 거죠. 그러면 영업이익만을 위한 축을 별도로 설정해줄 필요가 있습니다. 영업이익 계열 옆에 '보조 축'을 클릭해주도록 할게요.

▼ 각 계열의 보조 축을 설정하면, 그 계열만의 기준 축이 반영된다.

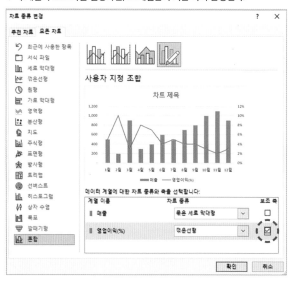

자, 이제 눈에 잘 보이죠! 우리의 매출액은 잠깐 고꾸라졌다가 다시 올라갔어요. 4분기에는 판매가 잘 되고 있는 것 같고요. 상대적으로 영업이익은 줄어들고 있네요. 이렇게 보니까 데이터의 상관관계를 알 수도 있을 것 같아요. 매출이 줄면 영업이익이 높아지고, 매출이 뛰면 영업이익이 줄어드네요.

▼ 매출액과 영업이익을 하나의 차트로 그렸더니, 시사점을 찾기가 더 쉬워졌다.

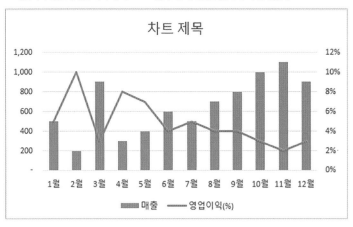

레이블 추가하기 ♦♦♦♦

자, 이렇게 혼합형 차트를 만들어봤는데요. 다른 사람들에게 이 자료를 더 예쁘게 보여주기 위해서 이것저것 작업을 좀 해볼까 해요.

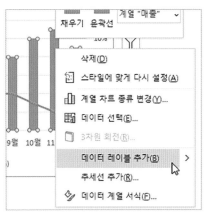

현재 차트에서 매출의 트렌드는 보이는데 '그래서 얼마 팔았는데?'가 안 보여요. 얼마나 팔았는지를 숫자로 보여주려고 합니다. 우리는 그걸 '레이블'이라고 합니다. 레이블은 막대 차트를 선택해서 우클릭한 후 → [데이터 레이블 추가]를 눌러서 만들 수 있어요.

[데이터 레이블 추가]를 클릭하면 각 막대 차트 위에 매출 숫자가 같이 떠서 한눈에 볼 수 있어요. 훨씬 직관적이고 좋네요!

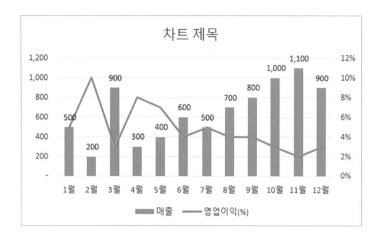

마찬가지로 영업이익 선도 우클릭해서 [데이터 레이블 추가]를 클릭해 제목을 달아주겠습니다. 짠! 최종적으로 이렇게 됩니다.

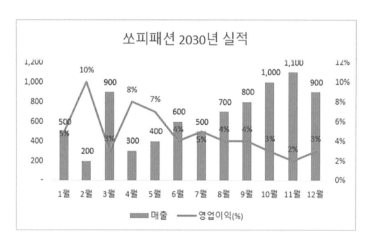

TIP 레이블의 위치(위/가운데/아래/왼쪽/오른쪽)를 바꾸고 싶다면?
레이블 우클릭 → [데이터 레이블 서식]에서 레이블 전체 위치를 변경할 수 있습니다. 개별적으로 바꾸고 싶다면 각 레이블을 클릭한 후, 원하는 위치로 드래그할 수 있어요.

자, 이렇게 만들어본 차트가 마음에 드시나요? 물론 회사에 오래 다니신 분들은 숫자만 봐도 어떤 데이터인지 느낌이 옵니다. 하지만 이렇게 직관적인 차트로 만들어서 보고하면 좀 더 많은 사람들에게 센스 있는 직원으로 인정받을 수 있겠죠? ☺

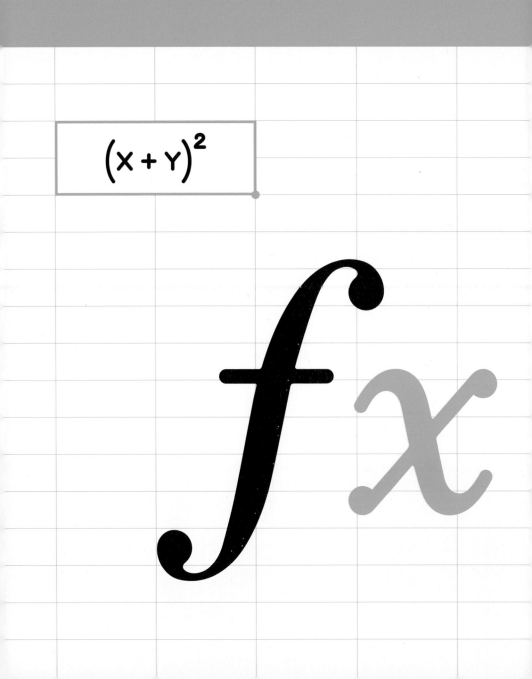

CHAPTER 11

공동 작업에
최적화된
구글 스프레드시트

요즘 회사나 학교에서 구글 스프레드시트 많이 쓰시죠? 2010년대 초반만 해도 쓰지 않았었는데, 클라우드 개념이 정립되면서 2017~2018년부터는 공유 파일 형태를 많이 사용하게 된 것 같습니다. 기본적으로 '스프레드시트'라는 형태는 같기 때문에 모든 걸 새로 배울 필요는 없습니다. 엑셀과 구글 스프레드시트의 차이점과 스프레드시트만의 특장점, 그리고 활용 방법까지 같이 알아볼까요?

구글 스프레드시트의 장단점과 활용법

"구글 스프레드시트의 장단점"

장점		단점
별도의 저장이 필요 없다	vs.	속도가 비교적 느리다
여러 사람과 동시 작업이 가능하다		처리할 수 있는 데이터의 양이 적다
링크만 있으면 어디에서든 작업 가능하다		

(+ 별도의 사용료가 없다!)

엑셀 vs. 구글 스프레드시트 ●●●

구글 스프레드시트는 '클라우드 기반 프로그램'이라는 것이 핵심입니다. 마이크로소프트사의 엑셀은 개인 PC에 탑재되는 프로그램으로, PC 안에서만 작동하고 저장됩니다. 반면 구글 스프레드시트는 우리가 글자를 입력하거나 기능을 사용할 때마다 구글의 클라우드에 호출하고 호출받는 시스템입니다.

구글 스프레드시트의 장점

따라서 내 PC에 있는 데이터를 공유하기 위해서 매번 파일을 저장하고 전송해야 하는 엑셀과 달리, 구글 스프레드시트는 여러 명이 동시에 접속해서 작업할 수 있습니다. 또한 최종 파일이 단 하나만 있기 때문에 어떤 파일이 진짜 최종 버전인지 찾아야 하는 혼선도 없습니다(feat. '최종', '최최종', '진짜최종'…). 게다가 링크만 있다면 회사 PC가 아니라 개인 PC에서도, 휴대폰에서도 언제든지 작업을 할 수 있다는 장점이 있습니다.

구글 스프레드시트의 단점

다만, 바로 그 클라우드 기반이기 때문에 생기는 단점도 있는데요. 아무래도 프로그램의 속도가 조금 느리고, 처리할 수 있는 데이터의 양이 적습니다. 또한 기존 엑셀 사용자들의 입장에서는 기능이 조금 다르거나 부족하다고 느낄 수 있습니다.

이러한 장단점이 있으니 실무에서 대용량의 데이터를 처리해야 하는 경우에는 PC 엑셀로 작업하고, 취합이 필요한 업무나 파일을 서로 공유해야 하는 경우에는 구글 스프레드시트의 장점을 최대한 활용하면 좋습니다.

구글 스프레드시트 만들고, 공유하기 ● ● ●

자, 그럼 구글 스프레드시트를 한번 만들어보겠습니다. 구글 스프레드시트는 별도의 사용료가 없는 대신, 구글 계정이 있어야 합니다. 구글 계정에 로그인한 상태에서 오른쪽 상단 폴더 아이콘을 누르면 펼쳐지는 앱 중에 '스프레드시트' 아이콘을 클릭하면 됩니다. 또는 검색창에서 바로 구글 스프레드시트를 입력해서 들어갈 수도 있습니다.

▼ 구글 계정에 로그인하고, 구글 앱 폴더 아이콘을 클릭하면 '스프레드시트'를 찾을 수 있다.

스프레드시트 앱에 들어가서 왼쪽에 + 버튼이 있는 '새 스프레드시트 시작하기'를 누르면 새로운 시트를 생성할 수 있습니다.

▼ 앱 첫 화면에서 + 버튼을 누르면 새 스프레드시트를 생성할 수 있다.

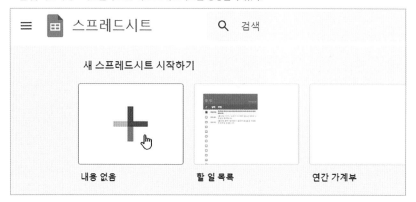

와, 엑셀 시트랑 너무 똑같이 생겼죠? 사실 다를 건 없습니다. 제공하는 기능들은 대부분 다 비슷합니다. 다만, 기존에 엑셀을 사용하던 분들은 알고 있는 단축키들이 적용이 안되거나 기능 이름들이 달라서 답답할 수 있어요.

▼ 엑셀 스프레드시트와 똑같이 생겼다.

이 스프레드시트를 혼자서 쓰는 건 의미가 크게 없으니 공유를 해보도록 하겠습니다. 공유하는 건 생각보다 굉장히 간단합니다. 구글 스프레드시트에서 '공유'는 매우 중요한 기능이기 때문에 오른쪽 상단에 큼직하게 쓰여 있거든요. 이 버튼을 클릭해볼게요.

▼ 중요한 만큼 큰 자리를 차지하고 있는 '공유' 버튼

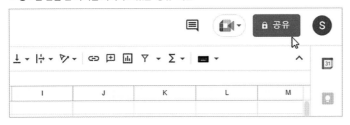

공유 버튼을 클릭하면 나오는 창에서 어떻게 해야 할지 망설여질 텐데요. '사용자 및 그룹과 공유'에 이메일 주소를 쓰고 보내면, 이메일로 권한 부여에 대해 확인하는 과정이 있습니다. 접속자에 대한 철저한 관리를 해야 한다면 이렇게 사용해도 좋지만, 일일이 권한을 부여하는 과정이 아무래도 조금 번거롭죠. 따라서 보안이 중요한 문서가 아니라면 하단에 있는 '링크 보기'에서 '링크가 있는 모든 사용자로 변경'하는 것을 추천합니다.

▼ 하단에 있는 '링크가 있는 모든 사용자로 변경'하면 더 간단히 공유할 수 있다.

링크를 공유받은 모두가 볼 수 있고, 편집까지 할 수 있도록 설정을 변경한 후 링크를 복사하면 됩니다. 해당 링크를 이메일이나 메신저로 보내서 접속하면 모두 함께 공동 작업을 할 수 있습니다. 약간의 시간차는 있지만, 그래도 거의 실시간으로 상대방이 작업하는 것도 확인할 수 있습니다.

▼ 링크에 모두가 접속하고 편집할 수 있도록 설정한 후, [링크 복사]를 눌러 전달한다.

공동 작업, 취합할 때 최고 ●●●

이 스프레드시트는 실무에서 데이터 '취합'이 필요한 경우에 가장 많이 사용합니다. 회사에서는 한 팀이 하는 일보다 여러 팀이 함께 하는 일이 많기 때문에, 취합이 필요한 업무가 꽤 있는데요. 여러 부서가 동시에 취합하는 경우에, 구글 스프레드시트 이전에는 취합 파일을 모아서 취합 담당자에게 보내고 → 그 파일을 취합 담당자가 합쳐서 관리하고… 그러다 보면 누락된 것도 생기고, 제때 취합이 안 되는 경우도 많았습니다.

그러나 구글 스프레드시트에서는 여러 부서가 동시에 취합을 할 수 있습니다! 하나의 파일을 같은 시간에 모두가 보고 있으면 취합하기 너~무 쉽겠죠. 제가 취합 담당자라면, 마감 시간이 되면 맨 위에 대문짝만하게 '마감'이라고 써놓을 거예요.

▼ 모두가 동일한 시간에 같은 파일을 함께 보고 있으므로 취합 관리에 용이하다.

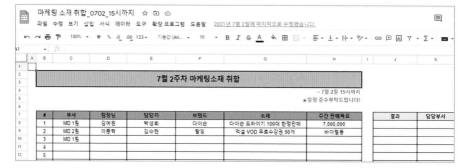

자, 그럼 취합한 최종 파일을 엑셀 형태로 다운받아볼게요. [파일] 탭에 가서 [다운로드]
→ [Microsoft Excel(.xlsx)]로 다운받으면 됩니다. 업로드는 [파일] 탭 → [가져오기]에서
가져오면 됩니다. 가져오기에서 엑셀 파일을 클릭하면, 구글 스프레드시트 형태로 업로
드됩니다. 이렇게 내 PC에 있는 파일을 구글 스프레드시트로 연동시키기도 하고 다운받
기도 하는 겁니다.

▼ 구글 스프레드시트 파일을 엑셀로 다운받을 수도, 반대로 엑셀 파일을 업로드할 수도 있다.

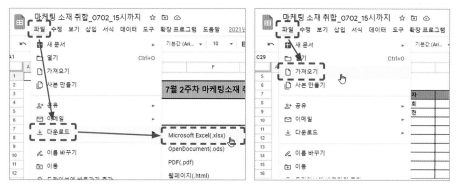

엑셀과 다른 기능 몇 가지 ●●●

위의 내용들만 알아도, 실무에 필요한 구글 스프레드시트 사용법은 익힌 겁니다. 지금부
터는 구글 스프레드시트가 엑셀과 다른 점 몇 가지만 소개해드릴게요.

❶ 탐색 기능 : 숫자를 드래그하고 우측 하단에 [탐색] 버튼을 클릭하면 SUM, AVERAGE
등 자주 쓰는 함수의 결과와 차트가 나와 있고, 심지어 이 항목을 드래그&드롭으로 바
로 시트에 옮겨 사용할 수도 있습니다.

▼ 범위를 지정하고 탐색창을 열면, 자주 쓰이는 다양한 옵션들을 제공한다.

	1분기	2분기	3분기	4분기
바지	500	100	200	400
치마	400	200	50	500
티셔츠	190	140	110	70

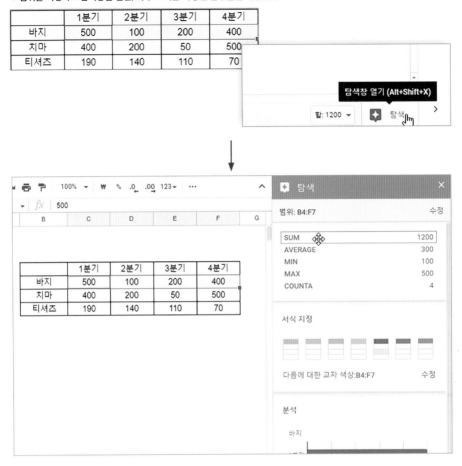

❷ '서식 복사'의 모양이 브러시가 아니라 페인트 롤러 모양입니다.

❸ '드롭다운' 기능은 [데이터] 탭 → [데이터 확인]이라는 이름으로 있습니다.

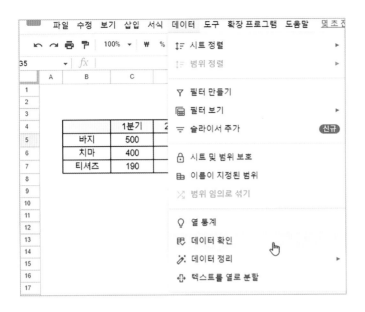

자, 그럼 여기까지 엑셀과 구글 스프레드시트의 차이점에 대해서 대략적으로 설명드린 것 같습니다. 이 정도만 알아도 회사에서 "구글 스프레드시트로 공유해주세요~!"라는 요청을 들었을 때, 당황하지 않을 수 있을 거예요.

지금까지 열심히 데이터를 분석해보고, 더 쉽고 빠르게 일하기 위해 다양한 함수를 배워봤어요. 또 완벽한 보고를 위한 차트 기능과, 공동 작업을 위한 구글 스프레드시트까지. 여러분, 너무 수고 많으셨어요!

스물네 살에 사회로 발걸음을 내딛으며 설렘과 동시에 두려움을 느끼던 저를 회상해보았습니다. 회사 생활이 때때로 힘들기도 했습니다만, 그 시간은 '현재의 나'라는 사람을 만든 아름답고 반짝이는 세월로 자리 잡았습니다.

엑셀이 회사 업무의 전부는 아니지만, 적어도 엑셀이 여러분에게 걸림돌이 되지는 않기를 바라는 마음으로 쓴 책입니다. 이 책에서 소개한 내용들만 잘 이해했다면, 엑셀로 하는 업무는 누구보다 빠르고 정확하게 해낼 수 있을 것이라고 장담합니다.

그렇게 아낀 시간은 더욱 '가치 있는 일'에 집중하시길 바랍니다. 가치 있는 일이란 개인적으로 해보고 싶었던 일일 수도 있고, 나에게 주는 휴식 시간일 수도 있고, 가족이나 친구들과의 소중한 만남일 수도 있습니다.

업무가 조금이라도 쉬워지고, 회사를 다니는 시간이 즐거워진다면, 우리의 평범한 하루하루가 더 행복해지지 않을까요?

그럼 저는 끝으로 여러분의 사회생활에 건투를 빌겠습니다. 여러분의 소중한 하루하루를 진심으로 응원합니다. 행복하세요.

– 2022년 8월, 쏘피

회사는 엑셀을 가르쳐주지 않아요

초판 12쇄 발행 2024년 11월 20일
초판 1쇄 발행 2022년 9월 20일

지은이 쏘피(박성희)
발행인 손은진
개발책임 김문주
개발 김민정 정은경
제작 이성재 장병미
마케팅 엄재욱 조경은

발행처 메가스터디(주)
출판등록 제2015-000159호
주소 서울시 서초구 효령로 304 국제전자센터 24층
전화 1661-5431 팩스 02-6984-6999
홈페이지 http://www.megastudybooks.com
원고투고 메가스터디북스 홈페이지 <투고 문의>에 등록

ISBN 979-11-297-0832-8 13000

메가스터디BOOKS

'메가스터디북스'는 메가스터디㈜의 출판 전문 브랜드입니다.
유아/초등 학습서, 중고등 수능/내신 참고서는 물론, 지식, 교양, 인문 분야에서 다양한 도서를 출간하고 있습니다.